U0753562

国家出版基金项目
NATIONAL PUBLICATION FOUNDATION

辛亥著名人物传记丛书

方可礼强 著

杨度

团结出版社
UNITY PRESS

图书在版编目（ＣＩＰ）数据

　　杨度 / 方可，礼强著. -- 北京 ： 团结出版社，
2011.1（2021.6 重印）
　　（辛亥著名人物传记丛书）
　　ISBN 978-7-5126-0421-6

　　Ⅰ．①杨… Ⅱ．①方… ②礼… Ⅲ．①杨度（1874～
1931）一传记 Ⅳ．①K827=6

　　中国版本图书馆 CIP 数据核字(2011)第 073751 号

出　　版：团结出版社
　　　　（北京市东城区东皇城根南街 84 号　邮编：100006）
电　　话：(010) 65228880　65244790　（出版社）
　　　　　(010) 65238766　85113874　65133603（发行部）
　　　　　(010) 65133603（邮购）
网　　址：http://www.tjpress.com
E-mail：zb65244790@vip.163.com
　　　　　tjcbsfxb@163.com（发行部邮购）
经　　销：全国新华书店
印　　装：三河市东方印刷有限公司

开　　本：170mm×240mm　　　16 开
印　　张：16.25
字　　数：211 千字
版　　次：2011 年 1 月　第 1 版
印　　次：2021 年 6 月　第 3 次印刷

书　　号：978-7-5126-0421-6
定　　价：46.00 元

辛亥著名人物传记丛书
编辑委员会

辛亥著名人物传记丛书
总序言

　　整整一百年前，在中国处于半殖民地半封建黑暗统治的时代，爆发了一场对中国历史发展进程产生巨大影响的革命，这就是以伟大的革命先行者孙中山为代表的革命党人发动的辛亥革命。这场革命，是中国近代历史上一次比较完全意义的反帝反封建的民族民主革命，它推翻了清朝政府，结束了中国几千年的封建君主专制制度，同时沉重打击了帝国主义在华侵略势力。中华民国的建立，标志着中国历史进步的新纪元。辛亥革命极大地推动了中华民族的思想解放，为中国先进分子探索救国救民的道路打开了新的视野，八年后，五四运动爆发；十年后，中国共产党诞生。辛亥革命开启的革新开放之门，对于推动中国社会的发展与进步具有不可估量的历史功绩和伟大意义。

　　以孙中山为代表的革命党人，在开启思想闸门、传播先进思想、点燃革命火种、推动历史进步的过程中发挥了重要作用。他们站在时代前列，为追求民族独立和民主自由而向反动势力宣战；他们不惜流血牺牲，站在斗争一线浴血奋战；他们具有坚定的信念和坚强的意志，愈挫愈奋，在失败中不断汲取和凝聚新的力量；他们适应历史发展的趋势，与时俱进，不断修正前进的方向和斗争的目标。正是因为有了这样一批革命先驱和仁人志士，才有了辛亥革命的爆发，也才有了以此为开端的中国民族民主革命的不断发展和最终胜利。当然，我们在分析评价历史人物时，既要看到他们有超越时代的进步性，又要看到他们不可避免地受到社会客观条件影响而具有的局限性与片面性，这是我们在看待历史人物时应当坚持的历史唯物主义态度，也就是既不文过饰非，也不苛求前人。

几十年来，关于辛亥革命及其重要人物的研究工作不断深入，也陆续出版了大量的图书、画册等，但仍然不十分系统和完整，有些出版物受到时代因素和其他客观条件的影响，难免有失偏颇和疏漏。在即将迎来辛亥革命100周年的时刻，团结出版社编辑出版了本套《辛亥著名人物传记丛书》，并得到国家出版基金的资助，这充分表明了国家对于辛亥革命历史研究的重视。这套丛书的出版，无疑是一件非常有意义的事，既可以对辛亥革命的研究工作起到重要的填补空白和补充资料的作用，同时也是对立下丰功伟绩的仁人志士的纪念与缅怀。

为了保证本套丛书的编辑质量，编辑委员会在民革中央的领导下，做了大量认真细致的组织工作，特别是邀请了著名专家金冲及先生、章开沅先生、李文海先生担任顾问，他们在百忙之中分别对本套丛书的编辑思想、人物范围、框架体例、写作要求等方面提出了重要的指导性意见，成为本套丛书能够高质量出版的重要保证。此外，参与本套丛书写作的，都是在近代历史和人物的研究方面卓有建树的专家学者，他们既有对辛亥革命历史进行深入研究的学术功底，又有较丰富的写作经验和较高的文字水平，因此，我们可以寄希望于本套丛书的出版，会对推动辛亥革命及其重要人物研究工作的不断深入起到重要作用，对弘扬爱国主义、提高民族凝聚力，实现中华民族的伟大复兴产生积极的影响。

周铁农

2011 年 3 月 16 日

目　录

引　言

杨　度

引 言

清末民初是中国传统社会向现代社会转型的变动时代。在这个外患紧逼、内忧丛集的大变动时代，涌现出了一大批救国救民的仁人志士。杨度，无疑是那个时代极富个性色彩的风云人物。

一个人间稀有的天纵之才，一个渴望大展宏图的青年才俊，一个狂放自大的时代精英，一个理性冷静的爱国主义者，这就是大变革时代中的杨度。作为叱咤政治风云场的活跃人物，他的生活经历和思想轨迹堪称是近代中国的缩影。他以个人的才智和努力影响了那个时代，然而，他的所思所想、所作所为，又为那个时代所局囿。

为了拯救国家民族免于灭亡，处于大变革时代的仁人志士提出了众多的救国方案。有人要效仿法国大革命，用暴力革命推翻清朝政府，建立共和国；有人要效仿日本和英国，实行君主立宪；此外还有教育救国、实业救国、科学救国等等。杨度根据当时的中国社会情况，主张采取和平的社会改良主张，提出了以开国会的方式建立君主立宪政体的行动方针。在他看来，沿用旧的君主统治外壳，既可以避免因暴力革命而导致的国内民族分裂，及因国内分裂而可能招致的外部瓜分，又能够达到追求近代宪政的目的。

深厚的传统学问根底，使杨度能够清醒地把握中国的过去；渊邃的西学新知功力，使杨度能够准确地瞻望中国的未来，这些条件造就了一个理性冷静的爱国主义者。他思考问题的基本出发点，为是否符合国家和民族的根本利益。他对当时的许多敏感问题作了深入研究，从建设性的角度提供了切实可行的解决办法，提出了以争取开国会为号召的舆论斗争方式，掀起了规模浩大的国会请愿运动，将清末立宪运动推向了高潮。

杨度提出系统完整的君主立宪政治思想，不是追求理论的精致和完美，而是为了再造风雨飘摇中的清政府，把这个无能的放任专制政府逐步改造为负责任的立宪政府，使民富国强的中华民族雄立于世界的东方。然而，这个可以使中国政治和平转型的改革办法，没有能够主宰晚清大变局。从小的方面说，这是杨度揽辔澄清天下之志的大挫折；从大的方面讲，这预示着中华民族命运的曲折晦暗。

杨度是一位传奇人物，也是一位悲剧人物。他禀赋极高，而又狂放不羁，是非由己，独往独来。他时而意气飞扬，独立潮头；时而独持己意，脱离潮流，沦入官场或茫茫俗世之中。对此，褒之者有之，贬之者亦有之。对杨度本人而言，其得利处常由于此；其受诟病处亦常由于此。

杨度以热情豪迈的气概，创作了《湖南少年歌》，发出了"若道中华国果亡，除非湖南人尽死"的时代强音，唤醒了千千万万沉睡的中国少年，真可谓豪气冲天。他为立宪运动鼓吹奔走，为速开国会呼吁呐喊，为国家统一斡旋南北，受到了时人的尊敬和称赞。然而，受"帝王之学"影响，他将做"帝师"及实现"君宪"的希望寄托于袁世凯身上，发起成立筹安会，为复辟帝制效力，受到时人的指责和痛骂。伴随着洪宪帝制的失败，其孜孜追求的宪政理想也彻底破灭，令人扼腕痛惜。

杨度追随着近代中国变革的时代洪流，完成了人生的一次次角色转变。他从一个受旧学熏染的乡村士绅，变成一个新知识分子；他由一介白面书生，变成一个组党从政的社会活动家；他由一个留日学生领袖，变成一个备受訾议的政府官员；他由一个举国闻名的宪政专家，变成一个人人痛恨的洪宪祸首；他由一个落后的帝制余孽，变成了一名中共秘密党员。为了爱国救民，杨度走过了不少坎坷的道路，挨过不少讥讽嘲骂。他晚年知过就改，毁家纾难，不畏风险，最后终于找到了真理，确认马克思主义是挽救中国的唯一指针。

从其不断变换的人生角色中，可以看出，杨度是近代中国非常复杂的历史人物。对于这样一位复杂多变的历史人物，只有将其置于清末民初的大变革时代中，才能给予客观的评判。

让我们回到清末民初的历史场景中，重新认识杨度这位大变革时代所造就的天之骄子吧。

杨

度

第一章
早年岁月

一、家世及师承

1875年1月10日（同治十三年十二月三日），杨度出生于湖南省湘潭县姜畲镇石塘乡。

杨家原籍江苏金陵（今南京），先祖杨惧高在明末时移居湖南，安家立业。后来杨家子孙逐渐兴旺，繁衍不息，散居于湖南湘潭、衡山两县。到了第13代时，杨氏家族开始以一首诗为各代排辈取名的依据："景代隆清叙，家承孝友传。敦诗兼学礼，裕后益先前。"

杨度属于该家族第19代孙，是"承"字辈，故取名承瓒。后来他自取名为度，号皙子，别号虎公、虎禅，又号虎禅师、虎头陀、释虎等等。

杨度这位少年时就有"才子"之誉的名士，并非出于世代书香门第。他在《湖南少年歌》中陈述自己的家世时说："我家数世皆武夫，只知霸道不知儒。家人仗剑东西去，或死或生无一居。"

杨度这个概括，是比较准确的。杨度出生于湘军武夫之家，而非湖湘书香之门。杨度的祖父杨礼堂，是一位跟随湘军名将曾国藩镇压太平天国的低级军官。杨礼堂在曾国藩创办湘军之初就应募入伍，隶属于李续宾部，在湖北、江西、安徽等地与太平军作战。杨礼堂因军功而升任哨长，正四品都司衔。1858年（咸丰八年），李续宾部在安徽三河镇与太平天国英王陈玉成作战中，被太平军包围全歼，杨礼堂阵亡。杨礼堂共有四个儿子，其中第二、第三子早年去世，长子名杨瑞生，第四子杨懿生，就是杨度的父亲。

杨度的伯父杨瑞生在15岁时就随父参加湘军，父子同在李续宾营中。杨礼堂在三河镇之战中阵亡，杨瑞生则死里逃生，侥幸逃出包围，被收编到鲍超的霆字营。杨瑞生荫袭了父亲杨礼堂的官职，后改投曾国荃的吉字营，跟着曾国荃转战安徽各地，收复了安庆等地，升为守备衔哨长。到了攻占太平天国首都天京之时，杨瑞生因军功升至参将衔的哨官。镇压太平天国运动后，湘军进行大裁军，杨瑞生没有被裁掉，而是编入了张诗日部，北上与捻军作战。湘军平定捻军起义之后，杨瑞生因战功实授参将，以后又升任副将，不久奉旨调升河南南阳镇总兵，成为镇守一方的高级武官。世代贫寒的杨氏家族，终于靠军功涌现出一位光宗耀祖的政治人物。

杨瑞生荫袭了父亲杨礼堂的官职后，成为杨家的一家之主。杨度的父亲杨懿生天分很高，文字功夫也很强，善写议论文章，也能画几笔仕女图，颇具才华。他在湘潭家乡务农，兼作吹鼓手。杨度是其长子，另有子杨钧（字重子）、女杨庄（字叔姬）。杨懿生虽然天资颇高，喜欢舞文弄墨，但身体非常羸弱，而且贪图杯中之物，平时除了饮酒吟诗之外，再无养家糊口之能力。故杨懿生全家日常生活，主要靠在外当官的哥哥杨瑞生来接济。为了解决弟弟的生活负担，杨瑞生帮助杨懿生捐了个候补县官。这是一个只拿薪俸不办事的闲职，所以，杨懿生做起来比较省力。后来，杨瑞生把体弱多病的弟弟介绍到曾国荃的幕府中，司职文书，借以增加收入，维持家庭生计。但杨懿生在曾国荃幕府中刚刚干了不长时间，就因饮酒过量吐血，不得不抱病回到家乡，从此卧床不起。1884年（光绪十年），杨懿生因病不治，在湘潭家乡逝世。

杨懿生因病去世时，杨度刚满6岁，杨庄5岁，杨钧仅4岁。杨懿生的年轻妻子李氏，抚养着三个幼小的孩子。孤儿寡母，没有固定的生活来源，只能靠着杨度的伯父杨瑞生的接济，来维持四口之家的清贫生活。

杨度与其父一样，从小天资很高，长得眉清目秀，五官端正，颇有贵人之相。杨懿生去世后，杨度的伯父杨瑞生因还没有子嗣，就收杨度为自己的继子。在战争中发迹的伯父视杨度如己出，给其以父爱的照顾与长者的关怀。杨度的伯父长期担任总兵之职，见过大世面，而且又有足够的财力照料杨度一家，从而使杨度的幼年生活与读书生涯并没受到太大的影响。这是杨度在家庭出身上不同于当时一般读书人之处。

在杨家子弟受教育问题上，杨瑞生的确很有远见。他用高薪从别的地方聘请有学问的老师来到湘潭姜畬镇石塘乡，开办了杨氏家庭私塾，为杨度及杨氏家族的十多个孩子开蒙。

在姜畬镇石塘乡私塾里，杨瑞生聘请的多位老师分别讲授诗文辞赋、四书五经等儒家经典。杨度反应敏捷，记忆力超强，凡看过一遍的文字，常能背诵下来，有着过目不忘的本领。杨氏亲友们纷纷称赞："这个孩子长大了，必定不凡。"因此，杨瑞生对这位聪颖的继子另眼相看，寄予殷切的期望。

少年时代的杨度才思敏捷，意志坚强，颇为自信，遇事具有独到的见解，故很难接受别人的不同意见。一次，他看见乡里的孩子们随着家人到田里耕种，便卷起裤脚，随大家前去。母亲李氏连忙阻止："这不是你干的事情，你不能去。"

杨度不高兴地说："为什么我不能去？大家都是一样的人，他们能去，我也能去！"

母亲劝道："你还是好好读书吧，这些事情你不要管。"

杨度根本不理母亲的劝告，背起锄头就随伙伴们到田间耕种去了。休息时，他还教伙伴们习文识字。每当遇到伙伴们发生争执时，杨度总是出来打抱不平，站在弱者一方，为其辩护。他的口才极好，伙伴们很难辩论过他，故弱者常常得到有效保护。

杨度自小聪颖过人，在私塾读书时常常抒发自己的鸿鹄大志，被乡人目为"神童"。当时，杨瑞生虽然在河南南阳镇担任总兵，但心里十分关心杨度的功课，时常让人将杨度在私塾里所写的诗词文稿寄过来。他只要遇到了有名望的文人，就把杨度填写的这些诗词文稿拿出来，请这些名士审阅，征求意见；或请人批改后，再寄回给杨度。湖南同乡中的文人名士，如赵芷生（启霖）、罗顺循（正钧）等人，对少年杨度的文章评价较高。

一次，杨度奉伯父之命，撰写了一首题为《酬邓先生辅轮客汴返宁道中留别一首》的送别诗，全文长达百余句。杨瑞生将这首诗拿给当时很有名望的徐老先生看。徐老看过之后，在这些诗句旁画了许多密圈，并批示道："慷爽激越，风格近苏，拜服拜服！"从此，杨度的文才在家乡传开了，十里八乡逐渐知道了这位少年才子。

杨瑞生从河南南阳镇调任归德镇总兵之后，家境逐渐优裕，就将杨度与其妹杨庄接到府中，聘请塾师加以严格教育。由于杨度资质聪颖，在伯父及塾师的严厉教导下，更加奋发用功，学业进步更快。无论三坟五典、九丘八索、四书五经、诸子百家、稗官野史，杨度见书就读，一读便通，没有多久，就通读了众多国学经典，打下了较为扎实的旧学根底。16岁时，杨度将其名由"承瓒"改为"度"，字皙子。

杨度的妹妹杨庄，同样才气横溢，能诗能文，被誉为杨家的女才子。其弟弟杨钧，自幼就爱悬腕写字，大篆小篆，汉魏碑帖都写得比较熟练，后来成为一位著名书法家。时人称这三兄妹为"湘潭三杨"。伯父杨瑞生对杨度兄妹三人特别喜爱，并予以严厉督责。

过去杨家的先辈是武将居多，杨瑞生希望杨度日后能以文章名动天下，建立起杨氏家族的"书香门第"。不久，因杨瑞生身体不好，加上杨度之母李氏独居乡间，与子女分离的日子太久而生想念之情，杨瑞生就将杨度、杨庄从归德镇送回湖南湘潭老家读书。杨度拜湘潭举人张登寿为师，继续求学。

杨度与有"抚孤之德"的伯父杨瑞生感情极深。杨度第二次留学日本期间，得知伯父去世的消息，立即回国奔丧，并为其伯父撰挽联道：

平生恩义，未忍追思，从兹落落一身，怅望出门谁念我？

国事栖皇，曾何所补，徒使悠悠千载，羁迟游子恨终天。

杨度对伯父的深痛追思及感恩之情，在此挽联中得到了集中表达。

回到湖南湘潭乡村的杨度，像传统的读书人一样，也是沿着科举之路，竭力成为绅士阶层。杨度的伯父在外居官多年，深谙科举考试之捷径。为了使杨度的进学之路更加顺畅，杨瑞生积极活动，于1892年为杨度捐了监生的功名，使杨度靠着"异途"，成为下层绅士集团的一员。这样，杨度就不用参加竞争激烈的生员考试，直接获得参加乡试的资格。

在杨瑞生的四处活动下，捐得监生后的杨度，可以在中举可能性更大的顺天府参加乡试，这无疑为其科举仕进之途铺平了道路。1893年，杨度考中顺天府乡试第55名举人，成为受人尊敬的"正途"出身的上层绅士。此时，杨度还不满20岁。

据张仲礼的统计分析，在各级科举考试中士子中榜时的平均年龄，生员约为24岁，举人约为30岁，进士约为35岁；对一个幸运者来说，从生员升至进士，平均要花10年以上的时间应考，而更多的人则可能是终生考试不售。相对而言，在整个科举制度的三级考试中，乡试是最难通过的关卡，通过乡试即可由下层绅士跻身于上层绅士的行列。他指出："举人的功名是儒林中地位高的一种标志，这一等级防范严密，任何时候都不容鬻卖的侵害。"因此，与绝大多数绅士阶层相比，不满20岁就考中举人，杨度无疑是极为幸运的。

杨度在不满20岁时就顺利通过乡试，可谓少年得志，仕途通畅，呈现在他面前的是一片非常光明的前景。此时的杨度，真可谓踌躇满志，春风得意，甚至以"山中宰相"自居，颇有揽辔澄清天下之志。他的堂弟杨敞在《皙兄遗墨》中记载："甲午年，兄中顺天乡试，复从王湘绮先生游治《春秋》，闻大义，有揽辔澄清之志，惟高视阔步，有狂士风。"

设想中的美好前程，助长了杨度目空一切的狂士之风。

1894年冬，杨度与湖南才子夏寿田一起赴北京参加会试。对于当时考试的情景，杨度后来对女儿杨云慧作了描述。杨云慧记述当时情景道：

"这是一个寒冷的冬天。考生们在黎明中挟着笔墨砚台，鱼贯走进考场。他们身上穿着厚厚的棉袄，手里带着干粮，小心翼翼地从门口禁卒的面前经过，一个个低着头，把所拿的东西交上去接受检查。一个满人小头目见有些人衣着臃肿，便下令搜身。此人的态度特别凶狠，对待考生如同犯人，叱责不已。考生们忍受着侮辱，进入考场。考场里是一排排像小鸽子笼似的房间，每人按号走进去。房里除了一桌一椅外，没有别的东西。考生们就这样坐在里面写文章，做答卷；外面还有人巡视。如要出来大小便，也有人监视着，以防止考生们互相通话，舞弊代庖。考生肚子饿了，就吃点干粮。这种考试，进考房如同进入了牢笼一般。"

杨度与好友夏寿田在熬过了这场艰难的考试以后，便回旅店等候发榜。杨度看到清政府如此对待考生，受了那些禁卒的无端侮辱，心里颇为不平，文章写得并不好，预感到可能会落榜。果然，夏寿田考中了第三名——榜眼，杨度则名落孙山了。

正当杨度情绪非常低落的时候，夏寿田兴冲冲地说："皙子，我们明天就要回湖南了，让我们今天出城去玩吧！"两人一起乘车到了北京城南的陶然亭。陶然亭里面有一泓湖水，一座江亭，吸引了众多游人来此闲眺。杨度与夏寿田走进江亭，远望江湖，只见蒲苇丛生，碧空苍净。回首城北，则是一片黄色的宫墙，一派森严的"王气"。杨度触景生情，就在江亭的墙壁上题写了两句词："西山王气但黯然，极目斜阳衰草。"

在这两句词中，杨度不满清政府的腐败无能，抒写了胸中积郁的悲愤。夏寿田却不然，因为考中了榜眼，已是有功名的人了，心情喜悦，随即题道：

"万顷菰蒲新雨足，碧水明霞相照。"

两人的心情迥然不同，写出来的诗词全然是两种情调。

十多年之后，杨度在北京当上宪政编查馆四品提调，再与夏寿田重游陶然亭江亭时，其心情格外舒畅，心中充满了对未来的希望，故题词云："昨夜东风吹梦远，梦里江山更好。"

此时的夏寿田虽然也在北京任职，但仕途并不顺利，早已没有当年的舒畅心情了，怅然题道："废苑菰蒲风又雨，作得秋声不了。"

两人的心境变化，在两次吟唱的词句中生动地呈现出来了。

在北京参加会试期间，恰逢康有为等人发起公车上书，杨度亦予以附和，并由此认识了梁启超、袁世凯、徐世昌等人。

杨度在《湖南少年歌》中，有四句概括了自己的青少年时代："我年十八游京甸，上书请与倭奴战。归来师事王先生，学剑学书相杂半。"

这四句诗所讲述的往事，是指杨度18岁离湘赴北京游学，考中举人，参加公车上书，曾与湖南应试举人联名上书皇帝，请求朝廷拒绝与甲午战争中的敌国日本议和；随后返回湘潭，师从一代名儒王闿运，边学武功边读圣贤书等等。

实际上，杨度最初随学晚清大儒王闿运，应该早在甲午年赴京参加会考之前。科考落第归来师事王闿运，应该是继续从前的学业而已。

王闿运，字壬秋，号湘绮，湖南湘潭人。自幼起便发愤苦读，十五明训诂，十八通章句，二十而言礼，知三代之制度，详品物之体用，进而述《春秋》微言，博通诸经，二十一岁中举，后入曾国藩幕，游京师，以布衣而动公卿。他不以文人学者自限，自青年时代就留意海内鼎柱人物之动向，欲辅佐其人以成就非常之业，自己亦随之而名垂青史。王闿运先是看准了湘军统帅曾国藩，以为他能创建光复汉族江山之伟业，结果遭到了曾氏冷遇；他随后转投清朝顾命大臣肃顺，将其视为底定大清皇朝乾坤的人物，但肃顺刚

王闿运

愎自用，颇令其失望，王氏慨而离开，不再过问清廷官场之事，潜心于经史研究，肆力于诗文创作。王闿运不仅是誉满三湘的绝代文豪，而且以一代名士见重于儒林，"举凡四千年之经、史、子、集，无不涉猎，其蕴蓄造诣之深，可于《湘军志》《庄子注释》《湘绮楼文集》，及其他等身之著作中见之。出其门下者颇多，皆一时之俊秀也。"

王闿运以知兵多谋自负，好谈军政大略，自谓平生志愿，满腹经纶，不得施展，每嗟感遇。他致函左宗棠说："故今世真能求贤者，闿运是也；而又在下贱，不与世事，性懒求进，力不能推荐豪杰，以此知天下必不治也。"

王闿运与另一朋友书中，曾自负地说："自来曾、胡、左、丁、肃、潘、阎、李诸公，相知者多。其或有许其经济，从无赏其纵横。尝有自挽联云：'春秋表仅传，正有佳儿学诗礼；纵横志不就，空留高咏满江山。'盖其自负别有在也。而麾下一见便能道其衷曲，曷名钦佩！"

作为晚清时期的湖南大名士，王闿运洒脱不羁，不拘小节，敢说真话，有胆有识。他在曾国藩幕府里当幕僚时，曾大胆地劝说曾国藩："将军拥强兵，操重器，宜先除太平军，然后整饬湘军，缀甲厉兵，伺机灭清兵，取天下而代之。今天下多事，机不可失。此事唯将军能为，何乐而不为之？"这显然是在仿效古代策士苏秦、张仪的行径，劝说曾氏反清做皇帝，一旦其献策成功，王闿运就可以"登龙门""居相位"，显赫于天下。出人意料的是，曾国藩听了他的这番话后，吓得面如土色，不敢作声。

杨度师从这样一位有胆有识的饱学名士，应该说是非常幸运的。

杨度拜到王闿运门下，应该是通过其湘潭塾师张登寿的引见。1888年，举人张登寿被王闿运聘请到自己家中担任家庭教师，教授自己的子女。此时，王闿运正在湖南衡阳东洲石鼓书院（后改为船山书院）任山长。一次，王闿运从衡阳回乡时，偶然看到杨度及其弟妹的诗文，大加赞赏。他称赞杨度为难得的少年才俊，欲招其为自己的入室弟子。随后，王闿运派人到姜畲镇石塘乡，将杨度招至自己担任山长的衡阳石鼓书院，重点加以栽培。这样，杨度便来到石鼓书院，正式拜王闿运为师。不仅如此，杨度的弟弟杨钧、妹妹杨庄也入衡阳东洲石鼓书院，先后拜王闿运为师。杨庄后来嫁给王闿运的四儿子王代懿。同门弟子还有杨度的好友夏寿田、齐白石、八指头陀、杨锐、刘光第、刘揆一等。

杨度跟随王闿运研学，不同于一般文士。他既不像正统士子那样读高头讲章，死抠八股，也不像风流才子那样玩弄华章绮句。杨度聪明绝顶而又勤奋刻苦，王闿运视其为自己学术生命的传人，倾己所有尽心传授。在王氏看来，杨度不仅是自己"经史之学"的继承者，而且是自己"帝王之学"的最佳传人。王闿运为能够有杨度这样的学术传人而感到幸运；杨度更为有这样的名士通儒为师而自豪。

杨度经常受到这位一代名师的耳提面命，加上天资聪颖，勤奋刻苦，学业进展神速，年纪轻轻就打下了深厚的儒学根柢，诗文造诣很高。

1895年会试落第还乡之后，杨度再次回到湖南衡阳东洲石鼓书院，继续师从王闿运研学。除了继续研习文史之学外，杨度还聆听王闿运谈论同治中兴诸事，不仅学问大增，而且性情亦变。杨度在狂傲自负、睥睨群伦等诸多方面，亦不让乃师。杨度的聪颖好学，深得王闿运喜爱。王闿运对杨度优待有加，师生关系非常亲密。他时常对杨度开些善意的玩笑，并在《湘绮楼日记》中敬称杨度为"杨贤子"。

杨度在王闿运门下除了研习经史辞赋之外，还醉心于王闿运研习的"帝王之学"。所谓帝王之学，就是有关如何成为帝王、如何做帝王、如何辅佐帝王、如何适应帝王的大学问。这种帝王之学，不再是故纸堆里的"死学问"，而是现实政治中的"活学问"，一向被王闿运视为不轻易传授的"秘学"。

王闿运称自己的帝王之学以经学为基础，以史学为主干，以先秦诸子为枝，以汉魏诗文为叶，通孔孟之道，上知天文，下知地理，集古往今来一切真才实学于一体，然后登名山大川，访民间疾苦以充实胸臆，结天下豪杰以为援助，联王公贵族以通声息。随后，或从容获取功名，厕身庙堂，献大计以动九重，发宏论以达天听，参知政事，辅佐天子，做一代贤相，建千秋伟业；或冷眼旁观朝野，寻觅非常之人，出奇谋，书妙策，乘天时，据地利，收人心，合众力，干一番非常大业，以布衣取卿相，由书生封公侯，名震寰宇，功标史册。

正因王闿运将杨度视为不世之英才，是自己学术衣钵的最佳传人，故他不仅将自己创悟的所谓"帝王之学"毫无保留地传授给杨度，而且时常向杨度灌输古代策士们的政治权谋，研究他们是怎样找到一位"明主"，怎样进行辅佐，怎样为其奠基立业，助其成帝为王，等等。王闿运郑重地告诫说："皙子，以你之才，日后是大有可为的，要好自为之！"

受王闿运"帝王之学"和他那种洒脱不羁性格的影响，少年气盛的杨度自视甚高，慨然有经营天下之志。他致函友人说："余诚不足为帝王师，然有王者起，必来取法，道或然与？"

王闿运传授的帝王之学，对杨度随后的政治生涯产生了极其深刻的影响。

二、耕读乡间

杨度在《湖南少年歌》中，有四句是概括了自己中举后在乡间读书时的情况："十载优游湘水滨，射堂西畔事躬耕。陇头日午停锄叹，大泽中宵带剑行。窃从三五少年说，今日中国无主人。每思天下战争事，当风一啸心纵横。"

杨度中举后，交游与治学上了一个新台阶。现存杨度从1896年到1900年的早期生活日记，提供了其中举后耕读乡间时的宝贵史料。它翔实记载了杨度的湖南乡居生活，生动地描述了他作为一名湖南乡绅的生活实录，呈现了一位有经营天下之志的青年才俊的读书交游情况。从这些宝贵的资料中，可以窥见其活跃于政治舞台前的思想行动脉络。早年日记所反映的杨度生活和文化思想状况，是考察19世纪末社会政治变动的一个样本。

绅士群体在19世纪中国社会构成中是一个居于领袖地位和享有各种特权的社会阶层，平时的日常活动主要是读书应试，此外还承担了大量的社会职责，视自己家乡的福利增进和利益保护为己任。在政府官员面前，他们代表了本地的利益，承担许多公益活动，如排解邻里纠纷、兴修水利工程、组织地方团练等，并且担负起社会文化上的领袖作用，是儒学社会价值观念的承担者和传播者。

杨度在湘潭乡居期间，除读书治学交游之外，还尽职尽责地履行着其应该担负的社会使命。当时绅士所享有的特权之一，是当家族祭祖时，身为绅士的家族成员就特别被推崇为族中领袖人物。某些家族的族规明确规定，每年的各种祭礼必须由有绅士身份者主持。杨度在1897年家族祭祀时，虽没有出任主祭，却对祭祀时的礼制安排拥有相当大的发言权，夜与八叔祖论作光公祠礼制，清检缮堂器物。到1899年时，杨度出任家族祭祀时的主祭，主持算结祠堂花费，重新选派祠堂总理，并向恋栈的原总理厉色以索所捐田契、屋基契，承担着乡间绅士的社会责任。

绅士作为地方上的头面人物，虽然没有严格意义上的司法权，但他们对在家族和地方上发生的纠纷有相当大的发言权，并且具有卫护传统儒家纲常伦纪的职责。杨度在主祭期间，主持调停了家族内的分田析产，成功地化解了经济矛盾，实现了田产均分。此外，杨度对不尊重族中长辈的"刺头儿"，不仅予以怒责，而且敢于行使家法。他闻同族杨作霖语益无状，侵及长辈八太爷，怒欲将其在祠堂上给予鞭笞，以正家法。后因杨作霖涕泣叩头谢罪，加上众人劝说，杨度才暂且给予饶恕。杨度虽然用"拨乱反正"之法，把纷繁复杂的家族矛盾逐一化解，但在夜月独游时，仍有些许感慨：旬朔以来，日与人接，则皆拨乱之世，至是独游，居然太平之世，亦一笑也。

杨度身为当地一名有相当地位的绅士，除要应对处理家族内的事务，对地方上的诸多事务也较为关心。1896 年初，杨度与一位朋友谈起当地因长时间不降雨，致使野有饥民，于是，思设法以萌其乱心，约与倡议富室派谷，平粜济贫，责重都甲团总，各安所辖，如有流民入临境者，彼境禀控甲总，冀互相联络，以安一乡，俟期会都甲团总言之。对这次可能因旱而致乱的灾荒，他设想了周密的解决办法，并为当地百姓撰写祈雨的《祭乡神胡公文》：

"古者，天旱不雨则祷于山川、神祇，将以民生饥苦之状，流离号救之声，默达神慈，以为乞命者也。……尊神为一乡所钦瞻，生民所寄命，使年谷不登，乡间流散，饥病困苦，如前所云。民以神为父母，神以民为赤子，顾此孩提，其能忍乎？如此乡之民，作孽尚浅，非无可活之理，则祈更赐以雨，使得安业，以终神之德。"

从这件事情可以看出，杨度在认真地履行着一个地方绅士应负的社会职责。他按照古已有之的方式，面对干旱洪涝等自然灾害，除积极平粜济贫萌其乱心外，亦只能敬天祭神，求其赐雨降福。很显然，杨度还没有接触到在通商口岸地区传布很久的西学书籍，他与以往的乡村绅士并没什么根本性差别。

在 19 世纪上半期，中国政治社会局势还相对安定，清政府有效地控制着军队和治安力量，但是在太平天国起义爆发之后，由于政府军队的腐败，绅士逐渐成为地方武装组织团练的军事首领。上层绅士通常负责地方团练的组织和筹款，并且拥有较大的控制权，而下层绅士在地方团练组织中拥有的控制权则相对较小。1900 年前后，政局动荡不安，各地纷纷倡议兴办团练，作为一名有治国安邦之宏愿的地方绅士，杨度积极参与了当地兴办团练的活动。他将练团只为保身家的想法，斥为"浅论"，设计了兴办团练的宏大规划：

"度意欲以五百人三月一换，尽遣再募，一年而得两千人。三月之中，令宝生切实训练，其意不重练兵，而重求将，才具长短，心地狡朴，三月必可尽知。十中得一，三月而得五十人，一年而得二百人，天下有事，将此二百人者，尽为偏裨，立地招募，一呼成军，一营布以五人，营官一，哨官四，一营五人，十营五十人，二百神将可成四十营，人满两万矣。即得其半，不犹多于江东八千乎？况未必仅一年也。偏裨得力，臂指相使，虽招市人，亦不练而自整。"

在设想该办法之初，杨度豪情满怀，对未来有着极为美好的憧憬。他想借此次兴办团练之机，造就他日自己经营天下的根本人才，"曾侯初起，兵数犹不及此，而能横行天下，况济之以时势，任之以权力乎？"但杨度多日为此奔波，却毫无头绪。一方面是湘潭人多市侩气，避费避事，任事诸公无任事意，而杨度本人在兴办团练的决策权上所能起到的影响又极为有限，致使其远大计划落空。杨度从此事中认识到，论团练事，徒儿戏身，最后就不再参加兴办团练的活动。

从杨度 1896（丙申）年到 1900（庚子）年这五年间的日记来看，杨度除戊戌（1898）年北上赴京参加会试离家近一年外，其余时间均在家乡居。他平时主要的活动或是从王闿运问学，或是在家读书治学、临帖写大卷，或是与同乡及邻近的其他友人论学交游。

根据《杨度日记》记载，1896 年杨度读的书主要有：《八代诗选》《王壮武公年谱》《皇清经解》杜诗《说文》《史记》《春秋》《初唐诗》《汉书》《真西山集》，武英殿丛书内《清汉对音》《帝范》《意林》《易纬》等数种，《傅子》《续后汉书》《国策》《诗经》《国策》《仪礼》《国语》《灵鹣阁丛书》《西江杂诗》《隋书》等，这些书都属于传统经史子集的范围。此时的杨度，既没有读任何西学新书，也很少关注维新之类的事情，只在五月廿三日记有：近有上谕颁行，各省书院算学、格致各派二生，长沙已设洋学堂，此盖乡学遍行之渐；八月二日记载：饭后，泛湘觅舟，乃常宁矿务局银砂入省者，问其省城总局及各省分局，多孝廉秀才主之。日得银数十两，经济在是矣；十二月十六日记载：夜记清与倭奴战事。

杨度在传统经史典籍中，最为关注的是《春秋》。1896 年日记中多处记载他抄录《春秋》、读《春秋》、评《春秋》，向王闿运请业问《春秋》，与朋友谈《春秋》，撰写了春秋卒葬表、春秋年表等。他在五月三日有如下评论："《春秋》内治诸夏，以及夷狄……凡以内不自治，无以治人，夷狄有君，中夏之耻。故亡国待之以初，而许夷狄不一而足。所谓王者欲一乎天下，必自近者始也。"这种评论，充分反映了此时的杨度对中外关系的认识，仍停留在传统天下主义之下的夷狄观，对清政府已被迫逐渐接受、一些开明士绅和维新官员已经了解的新型国际关系并无所知。

翻检 1897 年日记，杨度在读书治学方面似不如去年用功，读书数量和次数均明显少于上年。他所读的书籍主要有：《春秋》、《说文》、王湘绮《汉书》及《后汉书》评点本、《时务报》、顾亭林《音学五书》、《水经注》、《古韵通说》、《毛诗》、《东华录》、刘勰《文心雕龙》等。《春秋》依然是他阅读思考投入精力最多的一部书。但从这年开始，杨度接触了一些新学书籍，至长沙时到书肆买得洋书数种，在共赏书局购买了20种书，期中有不少洋书。

最值得注意的是，杨度在该年五月廿一日认真阅读了《时务报》，并作了大量摘录。这是他大量了解新知识新信息的开始。另外，朋友郭葆生赠给他西文地图一张，萨鄂送给他自己所画的地球扇，也启发他对西方地理知识的了解。但从日记可以看出，杨度此时更为关注的是考辨《水经注》。

1897年2月，杨度妹妹杨庄嫁给了王闿运的第四子王代懿，杨度与王闿运在师徒关系的基础上又加了一层亲戚关系。遗憾的是，这桩联姻并非皆大欢喜。与杨度相若，杨庄也是才华横溢，对才思不如自己的丈夫显得略有傲慢。王代懿积羞成怒，使用家庭暴力，酿成一场婚变。杨度记载这件事道："王郎谓妇不妇，则宜遣归，季姬谓夫不夫，亦当下堂求去。二人均无言，而夫日横，妇日傲，其势将终决裂。"

王闿运为了使家庭和睦，鞭打自己的小儿子，责其无能，借以安慰儿媳。杨度虽嘲笑妹婿不知教妇以礼，而逞其蛮，则又可怜他，但也尽快想出了解决此事的妥善方法。他先以母亲的名义迎接妹妹回家探母，小夫妻此时尚未决绝，过一段时间后尚可复合。杨度将此法称为"拨乱反正之法"，得到了其师王闿运的赞同。

杨度在处理这场家事时，援引《春秋》经义："《春秋》与君臣贤曹羁有去之义，来归常事，义绝则去之，无强合之烈女也。"他认为夫妇相处，离合应按照义的准则，即"合则留不合则去"，并评论说，若按照宋儒的标准，这样的疙瘩就无法解开。杨度在这件事情上的思想和态度，体现了鲜明的反宋学色彩。在"三纲五常"说深为多数民众所信服的时代环境中，杨度的态度无疑是非常开明的。他认识到自己观念的惊世骇俗，自谓是"自宋学入人深，此论鲜不惊俗矣"。

杨度在1896年时个人抱负并没有太多展露，只在读《王壮武公年谱》时，流露出对中兴诸公的慷慨仁义有向往之心，与朋友同榻睡觉的时候旷论形势，几欲起舞。到1897年后，杨度显得颇为踌躇满志。他与朋友聊天时，露才扬己，高视阔步。杨度此时虽未读过康有为《新学伪经考》等名著，但已经认为自己才学足以藐视此辈学人，展露出目空群学的自信。

杨度的确才情横溢，年纪轻轻就通过乡试，又有鸿儒名士耳提面命，遂有天下英才舍我其谁之感，自然会对康有为这样扬名天下者颇为不服。杨度认为，自己虽然只是一位普通的地方士绅，但自信超越康有为辈只是时间早晚的问题。他自负地写道："余不敢轻量天下士，亦不敢妄自菲薄，有成与否，要之皓首而定。"当然，他清楚地意识到，康有为可能压根就不知道他的存在，遂自嘲道："其谓各不相知，互相藐视，或其然与？"1897年12月5日，杨度早晨尚未起床，就听仆人说外面野桃开花，急忙起床察看。他继而自笑认为这是宰相所关注的事，"牛喘气乖，宰相所惊，世方乐止，又非以山中宰相自命也"，实则在内心已把自己视为未来的宰相了。

杨度胸怀大志，所思所学并非全为科考，而在经世致用。1894年会考失利后，普通士子都会致力于读书应考，苦作八股，以便应对1898（戊戌）年会试，从而获取难得的晋身机会。但在1897年的日记中，丝毫发现不了杨度为应考作准备的迹象。只是朋友欲刻拔贡卷而请求帮忙撰文时，杨度才撰一骈文应付，"久不作八股，就熟付以骈体"。

杨度不仅不着力练习八股时文以应考，而且在检出以前所作的八股时文时，还调侃这些时文代表国朝一代学问，但自己是无所用之，弃之恐误村塾，遂投之一炬。可见，杨度对强调格式重于内容的时文颇不以为然，而重视真才实学，这时已种下了他在次年会试中违反"三场不能全骈"的科场规条的种子。从这件事可以看出，杨度读书并非惟功名利禄是求，而是有治国平天下的志向；另一方面，他认为以自己的才学获取功名当如拾草芥般容易，实在太过自负，有过于托大之嫌。

杨度不但不屑于作八股时文，对清廷倡导的宋明理学亦不以为然。他在看《东华录》时，对于清朝树为天下士林楷模的理学诸臣李光地、汤斌、张履祥等人并不欣赏，认为宋明理学皆为伪理学，并给予冷嘲热讽。

被世人奉为圭臬、尊为文章泰斗的唐宋八大家，同样不入杨度的法眼，认为自己幼时即能做出此等文章。他奇怪于归有光、方苞等人竟能以文章名家，袁枚之流亦能以诗称名一世，这只能说明他们同时代的文人学士过于无能。能够为杨度所赞赏者，大概只有刘勰的《文心雕龙》。他称赞《文心雕龙》殊多妙识，并在日记中大量摘录精彩概要。

杨度师从王闿运多年，堪称王门嫡传弟子。但杨度对恩师王闿运并不盲从，与同门师兄张正旸论诗时，认为湘绮诗"灵于康乐而无其大"，不能超越齐、梁。有人把王闿运誉为晚清"诗之圣者"，杨度听后不以此为然。他评价其师之诗道："湘绮妙有诗心，由于天纵，故非明人所及。"

纵观杨度这五年的日记，可以说他与传统士绅几无二致，享受着传统绅士的特权，也尽力履行着应该承担的职责；虽然也阅读了一些谈及西学的新书，但所受影响几可忽略不计；仍然致力于传统学问，却无一般士子的酸腐和惟功名是求的取向；天纵英才胸有匡国救民之大志，却又过于自负自傲。

科举制度主导下的 19 世纪晚清社会，同以往时代一样，绅士阶层享有很多特权，特权的大小及能否有效利用与绅士本人所居住的地点有关联，绅士总倾向于移居行政驻地，因为绅士地位的上升往往与其所移居更重要的市镇有关。但也发生了不少新变化，原因在于西学的传播在通商口岸和内陆不同地区的影响差别极大。就晚清社会而言，绅士所居住的地点并不仅仅是影响其地位的上升，更重要的是制约其能否及时有效地了解外部信息，从而决定其对外部世界的看法。

杨度在1902年赴日留学之前，大多数时间居住在湖南湘潭乡村，从水路坐船到县城去需用几个小时，到省城长沙约用一天时间。杨度自1896年到1900年之间，专程去长沙的次数并不多。

1897年4月，杨度在长沙购买洋书数种，并第一次翻阅《时务报》，此时距《时务报》发行已近一年时间。而《时务报》自问世不久，便风靡全国，普通士大夫争相自费购阅，地方大吏通令政府各部门用官款购报。就湖南而言，不仅岳麓书院院长王先谦饬札住院诸生阅报，湖南巡抚陈宝箴更是命令全省府厅州县书院订阅《时务报》。《时务报》在湖南共设有七所派报处，长沙为湖南矿务总局、校经书院等四处，此外常德、衡州共三处。长沙在1896（丙申）年下半年共销售《时务报》600份，1897年上半年为800份，对有如此广泛影响的《时务报》，杨度竟然是在发行九个月后才看到，由此可见他对外界信息的了解是何等的闭塞和迟缓。1897年下半年发生的一些重大事件，如德国夺取胶州、即墨等事，杨度是从朋友和伯父杨瑞生的书信中才得以部分地了解。

杨度对居住乡间不能及时了解外界信息的缺陷，并没有过分介意，反而认为"山中迟于风闻，亦一乐也"。他对于所获取的极为有限的外部信息，仍根据其传统的合纵连横观念，判断时局为"四夷交侵，中国将强之时也""骎骎乎有向治之机矣"。

杨度在传统经史子集中孜孜以求的时候，湖南维新运动在湘抚陈宝箴的支持和带领下正蓬蓬勃勃地开展。1895年秋，浏阳算学社的成立揭开了湖南维新运动的序幕；1896年，开始架设湖南到湖北的电线，全线竣工后，于次年在长沙设立了电报局；1897年初，谭嗣同《仁学》撰写完稿；同年4月，以宣传维新变法为宗旨大量介绍西学的《湘学报》（原名《湘学新报》，自第 21 册起改称《湘学报》）出版，同年底对湖南维新影响深远的时务学堂成立，标志着湖南维新运动新局面的开始；1898 年初，谭嗣同、唐才常等在省府大吏支持下成立了南学会。这个兼学会和地方议会性质的新型学术团体，带动了全省各种学会的产生，并将湖南维新运动推向了高潮。

这些新兴之事均为杨度在湖南湘潭乡居时发生的。杨度不仅置身于这些轰轰烈烈的维新运动之外，而且并没有受到这些维新事业的影响。"举人"的头衔虽然为杨度提供了与其他上层士绅交往的条件，但他资望尚浅，尚无任何令人注目的业绩，加上居住在湘潭乡村，远离全省的政治文化活动中心，并没有与湖南维新活跃人物相往还的机会。

杨度这些年时相往来的人物，几乎全为王闿运的门下弟子，从属于以王闿运为核心的社会交游网络。王闿运既没有参与湖南的维新变法活动，其思想很少受西方近代思想的影响。他不仅没有主动汲取西学新知，反而视新学为"鬼话"，甚至将两个后辈对时务的议论斥为"新学鬼话一络流"。此时杨度的思想虽与其师王闿运略有差异，但基本上还是处于王闿运的思想观念笼罩之下。

三、再度落第

通过乡试成为举人，只能说杨度在科举仕进的道路上迈出了关键一步，但还没有到达每个读书人都渴望的人生研学的顶点。为了实现自己的人生理想，1898 年正月二十二日，杨度辞别母亲离家赴京参加会试。

舟行至省城长沙，杨度向朋友探问省里的知名人物。朋友告诉他，风头最健的是主讲时务学堂的梁启超，此人为康有为的弟子。杨度正欲闻康氏之学，乃往访之。这是杨度与梁启超的第一次会面。

这时的梁启超，已经以一个杰出宣传家和社会活动家的身份享誉全国。

梁启超

他任主笔的《时务报》成为维新时期最有影响的刊物，他本人则为当时宣扬维新、倡导变法、介绍西学最为突出的代表人物。正因如此，这个只有25岁的青年才俊，被湖南巡抚陈宝箴聘请为湖南时务学堂总教习，受到湖南官绅的热烈推崇。

与梁启超相比，此时的杨度只是一个默默无闻的普通士子，且远离维新变法大潮。该年正月六日，杨度第一次见到电报时，尚认为电报荒谬绝伦，其用处徒以摇动人心，对其抱排斥态度。他抱着其传统的治国平天下理念，鄙视萧、曹，超迈管、乐，正渴望着重建伊尹、吕尚治下那样的太平盛世。在这种情况下，杨度与宣扬西法倡导变革的梁启超开始了第一次思想交锋。

杨度和梁启超会面后，讨论了时务学堂章程和对《春秋》的不同理解。杨度原本对梁启超的老师康有为颇为不屑，或许也知晓康有为曾受王门高足廖平影响的学术公案。在论辩之初，杨度就以经学大师王闿运门生的姿态居高临下，与梁氏论《春秋》。

　　杨度对时务学堂章程中先让学生各授《孟子》、继读《春秋》以合公法的规定，颇不以为然，遂雄辩滔滔、词气壮厉地与梁启超进行争论："余谓公法之不合《春秋》者多矣，即以《春秋》正之，是非虽明，不能行于万国，第欲明其是非，则不合《春秋》，岂独公法一书哉。"

　　他与梁氏有如此大的观点分歧，毫不奇怪。梁启超以中西学并重教授学生，在《时务学堂功课详细章程》中对公法学作有具体说明，公法学为专门学三条目之一，分内公法和外公法。宪法、民律、刑律之类为内公法，交涉、公法、约章之类为外公法。梁启超所说的公法，已完全是在西学层面而言，是从民族国家之间互动的国际关系角度出发的；杨度所言的公法，则是在传统的中学层面上来说的，他依然是从传统治乱秩序的角度来理解周边的世界。

　　杨度认为自己在这场辩论中完全压倒了对方，自我感觉特好，故在日记中说，梁启超初犹肆辩，后乃遁词，杨为年少才美的梁启超以《春秋》"骗钱"而连呼可惜。殊不知梁启超是靠他对西学的介绍及对维新的宣传所赢得的名声，才得以出任时务学堂的总教习，杨度认为梁氏是以《春秋》"骗钱"，只能说是杨度误解了梁氏。把这场杨氏颇为得意、自以为稳操胜券的辩论，称之为聋子与瞎子之间的对话，恐怕亦不为过分。

　　这次辩论几天后，杨度再次到时务学堂时，恰逢梁启超患有重病，杨度颇有得意之色，认为是自己辩论压倒梁氏的结果，故在日记中说"卓如竟患疟疾，陈君移檄，何如杨子《春秋》"。或许这是由于杨度潜意识里嫉妒梁启超的缘故吧。

杨度与梁启超都是少年神童、天纵英才，皆有治国平天下的大志向；而且两人治学不囿于八股时文，思维极其活跃，在思想状态上却有如此巨大差异，着实令人困惑。其中的原因，主要有以下三点：

一是两人生活环境的差异。梁启超在沿海通商口岸地区，接触西学较早，且深受影响，而杨度在内陆乡村几乎没有受到西学的影响。

二是两人的师友网络差别极大。梁师康有为热衷于从西学里汲取新知，思想激进，并以此传授学生，梁启超同门师弟都为对西学了解较多的人；而杨师王闿运却对西学一向拒斥，是当时很有典型性的保守人物，思想落后，与杨度相往还的同门师友都对西学所知无多。

三是两人本身就对中国传统思想的理解有不同。但就当时两人的辩论分歧而言，这点不是主要的，两人当时分歧的关键原因是前两点。

杨度此次赴京会试途经长沙共逗留了12天。2月1日，适逢南学会第一次讲论之期，杨度问其命意，认为"亦未大谬"，但当听说讲期是"合于洋人礼拜"的每月四次，即不禁失笑。更令杨度颇为不屑的，是南学会讲演竟然不请他的老师王闿运，遂断定南学会的讲演只不过是场"儿戏"，没有多少听讲的价值，于是就不去参加。

被杨度视为儿戏的南学会，是一个团聚了湖南重要维新人物的新型政治学术团体，会员共分议事会友、讲论会友、通信会友三种。第一次讲演时官绅士民有三百多人，省府大员不仅积极参加，而且亲自登台宣讲。据《湘报》所载，这次演讲者为：皮锡瑞讲《论立学会讲学宗旨》、黄遵宪讲《论政体公私人必自任其事》、谭嗣同讲《论中国情形危急》、乔树楠讲《论公利私利之分》、陈宝箴讲《论为学必先立志》。南学会这次讲演，被《湘报》称赞为生平所未见的"三代盛仪"。

从杨度的言行可知，这位以"千秋王佐材"自诩的"潜龙"，不但远离维新大潮，而且停留于传统儒学的思想状况。居住于内陆腹地的乡村，加上受思想保守的老师王闿运的影响，杨度的思想被笼罩在象征传统的王闿运的学问阴影之下。恩师王闿运及其思想，乃是杨度判断是非高低的主要标准。王闿运对西学和西方科技排斥的态度，对杨度了解西学新知产生了相当的阻碍作用。能否走出偏僻的乡村广泛地接触西学，能否在对待西学的态度上脱离王闿运的藩篱，成为杨度人生及思想成长史上的界碑。

1898 年 2 月 4 日，杨度乘轮船离开长沙，途经上海，从海路北上，赴京参加科举会试。自长沙船行 10 天方至上海，杨度当夜即前往妓院访旧。但已"人面不知何处去矣"，他只有自哂多情，并自称"座中无妓，心中有妓"，方为正心之要。

康有为在 1879 年游历香港时，大为叹服西洋人治国有法度，此后即不再以传统"夷狄"看待西洋人。这次游览遂成了康有为讲求西学的起点。其对西洋认识的改变，刺激了康氏开始认真研习西学。杨度停留上海期间，"出步夷市，电灯如月"，或许是想念妓院旧情的缘故，虽同样目睹了西方近代文明之盛，但思想观念并未受到太大刺激。他仍然以古旧夷狄看待来沪的西洋人。

杨度离开上海后，自海路经七八天的航行，于 2 月 27 日到达北京。恰好在这天，康有为、梁启超在北京倡导成立了保国会。此时距会试日期尚有十多天，杨度拜会湖南同乡京官，与朋友逛戏院听戏游玩，过得洒脱自在。3 月 8 日，会试开始，杨度接卷入号。首场为"三艺"。因自己三年没有专门练习作八股文，杨度只得避生就熟，"三艺"均以骈文应付，在灯光帘影、万户寂然的考场中，想着各路士子在考卷上较量文采学识，他遂觉得"文场而有武营之象"。"三艺"之后的诗题，为杨度所擅长，故其早于其他士子作完交卷。

接着考试经文。杨度照旧作了五篇骈文。他早早作完交卷后，虽然找不到举子为伴，但依然风流潇洒地独自出城听戏，并没有将会试放在心上。

最后一场考策论。杨度因厌倦八股文，仍旧以词章作骈体策，以骈体形式完成了五篇策论。他交卷回寓不久，就听同考的朋友说"十三艺全散与十三艺全骈，皆犯科场条约"，就断定自己这次会试难以中第，但仍心存一丝希望。一个多月后，会试结果公布，他看到《题名录》上果然没有自己的名字，还是难掩失望之情。他嘲笑主持考试的四位总裁有眼无识，慨叹自己不遇良时。

毫无疑问，1898 年是近代中国具有界碑性标志的年份。此年的北京发生了一系列影响深远的重大事件。杨度前后在北京待了大约三个半月的时间，但与康、梁等维新活跃人物并没有多少往来，酬酢交往者多是同乡京官或应试士子。与康有为、梁启超等人一样，杨度也渴望搏击政治风云，但所用方式与康、梁差别甚大。

杨度施展政治抱负的举措，仍是继承传统式的"班杨之遗意"，作一寓含讽谏的《大阅赋》。照他自己的说法，"余身在此，不能无言，而直言极谏，宜于明主，昏朝以沽名则可耳，不纳则受其殃，止宜曲喻而已。"这种传统的讽谏式干政，因找不到合适的代奏之人，其《大阅赋》根本无法上达朝廷。杨度靠此博取政治名声和差使的希望，也就随之破灭了。

杨度为了解脱心中烦恼，再次出游陶然亭。他登高远望，惟有黯然余照，遥想燕王千金市骨的往事，他自己凄然有美人云端之感。虽然经受此次会试失利的沉重打击，但他对自己的政治才能依然信心十足。他安慰自己道：余诚不足为帝师，然有王者起，必来取法，深信自己握有使中国转弱为强的治术宝法。但面对目前会试落第的尴尬，他只好自欺欺人式地安慰自己：尧舜最苦，巢由最乐，余又不愿为伊、吕矣。

杨度原本就对维新变法的领袖康有为的学识颇为不屑，看了康有为撰写的《新学伪经考》《孔子改制考》后，更加断定康有为之才足以辨伪经，但其识不足以治真经。杨度颇不赞同康有为的政治主张，当得知皇上召见康有为，遂慨叹：自此有亡国之臣矣！在返棹南还时，他劝说朋友夏寿田要韬光养晦，不要急功近利，因为朝廷正在重用康有为之类的"巧人"，警告他露才将以取祸，更不要与康有为等维新人士接触。

杨度从北京南还时走海路，经上海到达武汉，一路纵览祖国大好山河，聊得江湖之意趣。他虽然落落不得志，但仍深信自己终有一展政治长才之机，慨然叹道："试掷腰间鹿庐剑，定作蛟龙跋浪游！"

杨度到达武汉后，并没有直接南下长沙，而是掉头北上，专程赶往河南探望时任归德镇总兵的伯父杨瑞生。在伯父的总兵衙门里，杨度及时迅捷地了解到了朝政大事，看到"电报"这种近代化通讯工具的便利。虽然他在年初离开长沙时认为电报"荒谬绝伦""徒以摇动人心"，但经过半年多的游历，杨度此时眼界已开，开始安之若素地使用电报了。杨度对朝廷的维新变法举措，既非顽固保守地予以抗拒，又非盲目地给以赞同，而是以己之见加以评论。他认为朝廷"以后不准复有教案"的谕旨，窘谬可笑；他自己虽赞同废除八股文，但对改科举为策论的办法，却断定是"固愈于八股"；对于朝廷"民间如有能治洋器与著述二十万言以上者予官"的措施，杨度颇不以为然，感叹道："洋务有何可谈，乃必二十万言？"

杨度从伯父收到的来往电报中，得知了慈禧太后垂帘训政、密旨严拿康有为的重大消息。他虽然素来对康有为的学问不屑，却也赞赏康氏变法维新的勇气，称赞康氏说：直言获罪，荣哉长素矣！他对慈禧的复辟主张很不赞同，认为复冗员、闭言路、复时文，不如康梁新政之举顺应时势。他也不赞同当时多数守旧人士认为戊戌六君子死有余辜的看法，"复生等六人已为国人皆欲杀矣，余独以为未然"，对六君子予以深切的同情。

后来，杨度听人传言是康有为"围园杀后"的举措导致了此次政变，故他又为康有为此举感到痛惜，指责这是一种愚蠢的政治行为。在朝廷力图振作正需用人之际，杨度为中国惋惜六君子被杀导致的人才之失，庆幸康有为、梁启超等人逃过一难。自负的杨度把康有为的失败，归结于没有得到自己的教导所致。他检讨说："余在京时，屡欲教以谁与易之之道，未果，而长素竟败，是余之过也。"杨度把戊戌维新失败设想成是自己没有给予指导的结果，幻想自己这个"骐骥"如果出山，就可以解决中国治乱兴衰的重大问题。由此可见，杨度颇为自负狂妄，过于高估自己的政治运作能力，患有比较典型的"政治自大症"。

杨度在京城时曾自谓"每一言必遭众谤"，伯父杨瑞生深知这位侄儿有"狂诞大言"的毛病，就告诫杨度：在当今乱世莫谈时事，当此时而思问世，是必名利之徒也。乱世小人自喜，而汝论多激直，大非所宜。在杨瑞生看来，任远之器无不谨慎小心，以"潜龙"自居的杨度自然应当小心从事。但对伯父的谆谆告诫，杨度只是听听而已，并没有放在心上。

在伯父的总兵衙门住了半年之后，杨度辞归返家。他路经武昌时，数日专寻书肆，购买了数十种有关洋务的书籍，并托人购买了皇朝"三通"，以至其所乘之船上图书罗列，仿佛米家货船似的，颇为壮观。这种情况表明，经过京城会试及到上海、武汉、归德等地的游历，杨度的眼界开阔了，开始接受西学新知了。

杨度返回湘潭老家后，就有友人致书杨度，劝其勿谈西学，并勉励他：乐道尧舜，风云不远。这次北上会试的磨砺，使杨度对西学的认识发生很大改变。他不同意朋友戒谈西学的劝告，立即撰写了一封回信，详细阐明对西学的看法和自己的政治抱负。其云：

"奉惠书，猥辱明诲，周详恳至，回环持诵，感恧交集。以意逆志，若以雕虫之匪珍，启宋人之攸宝，而勉以风云非远，为天下幸，是何爱望之深，而致辞之过哉？今世士夫喜谈西务，名利所牿，亮如诲言。其高者则又摩顶放踵，以求一割，逆乎天命，冀行己志。梁子卓如，与余仅一日之雅耳，惜其才美，讽以盆成之事。今者逋逃海外，当念吾言矣夫。度亦非甘心寂蔑，徒行闾井，玩禽卉以怡情，游钓渚以终老也。顾以片言寸论，取上卿之位，握军机之权，书列于报章，声延于欧美，苟非其时，非所敢出。故通国之人皆曰长素可杀，而蒙仅以为至愚，惟足下知言不以为悖也。度幼嗜豪素，文章之事，窃有敝帚之宝焉。作赋云者，亦非欲雕文镂字，缋宫状猎，延洛阳之誉，拓班左之名耳。乃以贤士通经，以希致用，匡、董之后，鲜可以言，乃欲藉岛国之穷奇，遐洲之远烈，许之以伯政，衷之以王道，先民有言，礼失求野，度情而察物焉，倘亦得失之林也。……书词教以乐道尧舜，相期以有莘之事。度散材也，何足以言。然尝闻诸葛孔明躬耕南阳，仅自比于管、乐，心窃陋之。度虽不才，请事私语矣。夫何敢丧志于物化，或撄心于世网，菲薄自弃，以重知己之过哉！"

在这封书信中，杨度不甘于隐居乡间、渴望搏击政治风云的抱负一展无遗。

虽然此时的杨度认识到兵家利器无过西洋，不赞成盲目地戒谈西学，但其所怀抱的治国法宝，依然是中国传统的霸政和王道。此时的杨度虽朦胧地看到了西学大潮冲击之势，但并没有看清时代发展的大势。

在"辍耕之事，当在何年"的追问中，杨度仍然需要痛苦地徘徊摸索。

杨度才情恣肆，同侪中罕有其匹。在他十三四岁时，其师王闿运就已赞其为神童。连号称一代儒宗的老师与他谈论诗文时，都对其见识赞不绝口。如王闿运在日记中记载：夜与杨生谈诗，云阮诗径窄，不能平言，颇有理，向所未知也。深得恩师器重的杨度，经常与老师同榻而卧，点评天下英雄，抒发救世情怀。老师王闿运是目空一切的大名士，耳濡目染之下，杨度也逐渐养成了恃才傲世、睥睨天下英豪的独特性格。王闿运对自己的爱徒颇为了解，经常告诫他：心志太大，但防颓废。

王闿运老辣地看出了杨度眼高手低的毛病：晳子论诗入微，及作，未能达副。正如他所指出的那样，杨度作诗并不能像论诗那样纵横自如。但王闿运和杨度都没有认识到的是，杨度实际的政治操作也不像其口头论政那样痛快淋漓。或许这也似谶命般预示着杨度未来的政治命运。虽然杨度论政鞭辟入微，但在现实的政治面前却软弱无力。不是他驾驭了清末民初变幻莫测的政局，而是无情的政治嘲弄了这位自命不凡的青年才俊。

第二章
接受新知

一、渐脱旧学藩篱

杨度的早年生活虽然为传统科举制度所束缚，但他毕竟是一位素有大志且见地非凡的爱国士绅。他时常以匡济天下为己任，并不是沉浸于八股时文惟利禄是求的腐儒。杨度才华横溢，文思敏捷，其师王闿运号称晚清诗坛之大家，对其诗文识见赞不绝口。但杨度并不愿以文人名扬于世，而是渴望能揽辔澄清天下，在治国安邦方面一展长才，实现自己救国救民的政治抱负。杨度素来都把自己视为一位具有"千秋王佐材"的"潜龙"，对自己的政治才能深信不疑。

青年时代杨度的突出特点是略显狂傲，易于轻视别人，过于夸大自己的能力和作用。但他同时勤奋向学，虚心求知，并非固步自封之辈。杨度对于自己过于狂傲，平时颇有自知之明，如在给朋友的信中批评自己"赋性褊隘，号为狂生""自恨性狷，不能容物"等等。为了克服这些缺点，杨度在日常研学时日自克厉，甚至自称到了"无日不以自省"的地步。

当然，杨度之狂傲性格自有其根源所在。出众的才华，使他在十三四岁时就已赢得一代名儒王闿运呼之为神童的赞誉，加上少年中举，一帆风顺，平日交往诸友对其甚为折服，就连戊戌年高中榜眼的夏寿田也宣称"平生推佩，惟有杨郎"。这样的生活环境，自然会助长杨度目空一切的狂士之风，以至于他竟以"山中宰相"自居。虽然过于狂傲，但青年杨度在学问事功上孜孜以求，渴望在政治上建功立业的目的并非纯为名利，而是为了施展政治抱负，拯救天下黎民。

中国对西方关系的观点在 19 世纪后期不断地发生着变化，尤其是在甲午战争、戊戌变法、义和团运动这三大事件之后，变化更是以加速度的方式进行。庚子事变之后，清政府完全受西方列强宰治，中国朝野在观念和政策上向西方顶礼膜拜，趋洋趋新成了社会风尚。一些关键性术语使用的改变，雄辩地证实了这种变化。

费正清、刘广京主编的《剑桥中国晚清史》指出："与西方有关的事务在 1860 年代以前大体上称为'夷务'，在 1870 和 1880 年代称为'洋务'和'西学'，到了 1890 年代就被称为了'新学'。第一个名词体现了中国中心主义；第二个名词颇为不褒不贬；而最后一个名词则清清楚楚地含有赞许的意思。某些士大夫态度的改变也说明了这一点。自强运动最主要的提倡者曾国藩、李鸿章和恭亲王等人，当他们最初碰到西方人时，都是排外的。当他们对西方的了解加深时，他们的态度就变得越来越灵活和注重实际了。"

这种急速变化的模式，同样体现在杨度身上。20 世纪初，清政府被"拖进"全新的世界格局之中，而杨度此时所赖以治国安邦、拨乱反正的工具，依然是传统的《春秋》经义，并且狂傲地认为，三代以下真能通经术又能致用者，惟有自己一人。故其瞧不起那些不通经术，而且只为名利的政治风云人物。

作为一名乡绅的杨度，虽然以道义自任，却在国家政局巨变之时，仍然根据传统经义判断时局，论学论人依旧是以能否通《春秋》经术大义为出发点，落后于时代而不自知。在西学新知已较广为传播的时候，杨度的思想还停留在传统治乱兴衰的圈子里，远离社会的维新大潮。

谭嗣同、唐才常、梁启超等人在长沙创办《湘报》《湘学新报》，宣传新学，鼓吹变法。凡是有爱国思想的热血青年，多被卷进了这股维新浪潮之中，杨度当然也不例外。自从接触西学书籍之后，杨度的思想逐渐发生变化。这从他在日记中所使用的关键性术语，可以略窥端倪。

杨度在 1896 年提及西方时仍以"夷狄"称之，并称日本为"倭奴"。这显然是以传统的华夷之别看待中外关系。1897 年时，他在仍然沿用"夷狄"

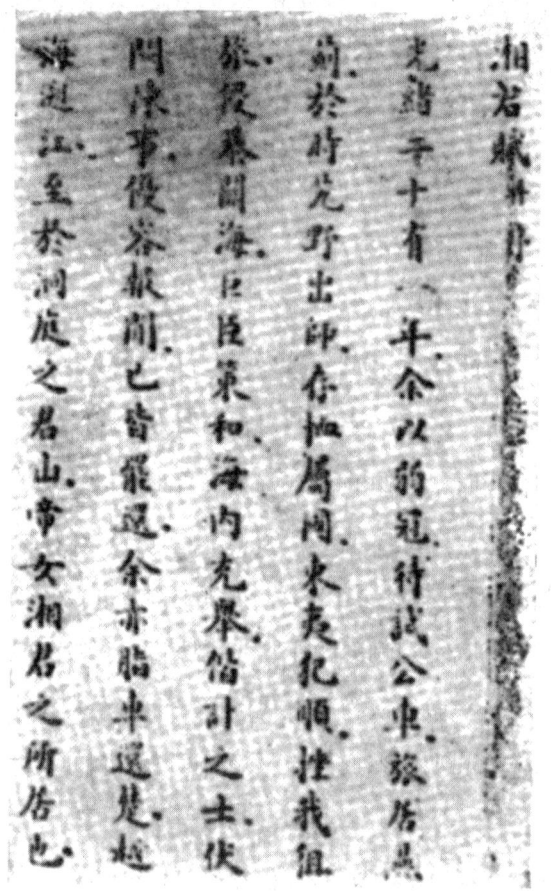

杨度手迹

之时，开始使用西文、洋书等字样，表明其思想观念略有转变。到了1898年，杨度使用"夷、狄"字样减少，开始杂用洋人、洋务、洋学和西人、西务、西学，并赞美"兵家利器，无过西洋"。到1899年以后，杨度不再用夷、狄来称呼西洋诸国，而是用泰西、西人、西学、西制、西国，提及这些国家时直接称俄、英、德、日本等。这些都具体而细微地揭示了杨度受西学熏染渐深的状况，表明其思想观念已有了较大改变。

据他的女儿杨云慧回忆：自从第二次会试落第以后，他遍读了国外的新派学说、新思想的书籍，希望从这些书本里面获得救国的真理；同时，积极地投入了维新的浪潮，发表了一些有关政治改革、倾向维新的学说。

杨度在第二次会试失利以后，经常遭到母亲的呵斥责骂，再加上蛰居乡间抱负不得施展的郁闷，使其苦苦思索着实现青云之志的新路。以往囿于生活环境和交游网络，杨度不能及时地了解外界的信息，以致在西学新知已广为传播的时候，杨度的思想还停留在传统治乱兴衰的圈子里，远离社会的维新大潮。当杨度接触到越来越多的西学知识后，其思想观念逐渐开始发生重大转变。杨度或许朦朦胧胧地认识到，这将是其治国安邦的新路径。

杨度对西学的接触日多，兴趣渐浓，背离老师王闿运的观念渐行渐远。1901 年正月，王闿运已经敏锐地看到了杨度的思想变化，并对杨度略表不满。他指责杨度受世俗的影响重视西人、西学的熏染，论时局则未确，盖为俗染，颇以东西夷为能为害。他还说："云吴师来乡，报和议改政之喜。皙子又以为可信，余不问也，殆孟子所云不动心者也。"

王闿运虽然对杨度在西学方面的态度略有不满，但杨度此时依然是他心中的得意门生。他在日记中仍然称赞杨度词意肫诚，至性人也。但当王闿运发现自己对杨度的影响越来越小时，不由得在日记中大发感慨地说："张正旸来，云杨生已下县，京信又有迁改。论身世事，云当求官。余问此意自幼少已有耶，为新有所见也？张云初无此念。余曰：此两年中为程戟传所转移也。从我十年不及从程二载，何余之不能化人如此。因及诸生诪张，导率无效，且及功儿欲入赀从官，及为陈三立所移，父师不如交友之易染也。"

王闿运叹息自己教授杨度十多载，尚不如其朋友短短两年影响之效，实不知主因乃是自己排斥新学，也使杨度这位得意门生同样囿于旧学阵营而不能自拔。随着对西学了解的逐渐深入，杨度与王闿运在思想观念上的分歧日多，师徒之间开始发生直接的争论。据王闿运日记载："与两生论时事，张云英人云中国君主乃压力机器，欧洲则用机器之人也。余云有压必有抵，抵当待压而后见，必不糜碎而已。匈奴轻汉，正其来朝之机也。"

师生双方争论的结果，使王闿运在不知不觉间对爱徒的态度已有不少的改变。他在日记中说："杨生力辩哓哓，余不觉斥其甚厉，虽无择言，亦非君子之容，犹觉风波易动而。少年乃可盛气，老而好斗，又不好得，尤为本色。"

杨度在叹息自己修名未立的彷徨苦闷之中，有着一展宏才的强烈渴望。当在传统学问的藩篱中没有找到明亮的曙光时，他必须努力寻求新的道路。对西学了解的越多，他在新道路上就走的越远，与王闿运在思想观念上的冲突就越来越剧烈。王闿运日记有师徒两人 1902 年初的一次争论："杨皙子来问王伯之别及今日夷务应付之方，府君探本立言，且言夷人之不必畏，杨意不以为然，而惮于驳难，府君知其意遂不与之言。"

杨度在谈话中虽未直接反驳老师，而不以为然之意却表露无遗。王闿运在日记中对此有更详细的记载："杨生来，韩布衣、沈山人先在，正谈王伯略，问我自负伯才，今当何如？余云无王有伯，伯王一道也。伯之所及者狭耳，其设施皆王道，非后世所谓偏霸。因语杨生当慎所从，如为俞、罗驱使，则身价先减，一事又无成，不可妄动也。杨生又言银钱漏洋。余云此魏氏缪计，土地不能漏，何患之有。金银无用物，古人方欲损山沉渊，今以博易有用之货，不尤善耶？杨生意不为然，重驳难耳。"

对传统学问有着很深造诣的大儒王闿运，希图用自己的见解阻止杨度脱离旧学阵营。而受西学熏染渐深后的杨度，对中国和世界形势的了解日趋准确，更加坚定了他对西学新知的追求。杨度的女儿杨云慧记述道："因为王闿运是当时在湖南的保守派代表人物，主张帝制的首领。他认为我父亲所主张的学说，都是些'异教邪说'，背叛了他的正统思想。从此，王闿运和我父亲有了很大的分歧。"

杨度在 1902 年初的一些观点，已经超出了老师所能接受的范围。王闿运认为杨度对重大问题的看法，其大要皆"新说可骇"，大为不悦。杨度为了探求新知，准备赴日留学，王闿运虽然不赞同，但也无法有效地劝阻。其日记载："晳子来，言定出洋。余以当恤名止之，意殊不止。其妹亦谏不回，盖意有所中也。读书信不能变化气质，以此知李生之贤。"

杨度执意出洋求学，在其师看来是不可理喻的事情，杨度逐渐不再是王闿运心中的爱徒了。杨度在赴日留学前告别时，王氏只能无奈地表示，自此师徒各行其志："杨生来，欣欣治装，予以自欺，云各从其志而已。王船山丑诋犬羊，而其子求试焉，三徐不似舅，有何可叹。"

王闿运希望自己的得意弟子仍像自己一样坚守儒学立场，但看准了时代发展趋向的杨度，已坚定不移地要走自己的新路了。从此之后，杨度逐渐挣脱王闿运的束缚，开始了一段改变人生命运的新生活。

促使杨度下决心赴日游学的原因，一方面在于国内环境的变动，自新政以来，废八股改科举，兴学堂倡游学的重大改革举措已经开始具体实施；另一方面，杨度是一个求知欲望极强的士绅，随着他对西学认识的增多，希望能全面系统地了解西学。

自戊戌维新前后开始倡导游学日本以来，官费及私费前往日本游学者日益增多。1901年，清政府采纳张之洞和刘坤一等人变科举、兴新学的奏请，向全国官绅士子呼吁，大力鼓励出洋游学，尤其是前往日本游学。为了激励士子游学，清廷拟定了奖劝游学的具体措施："学成后，得有凭照回华，加以复试，如学业与凭照相符，即按其等第作为进士举贡以辅各省学堂之不足，最为善策。"官派游学限于经费，故大力倡导自费游学："各省士人如有自备资斧出洋游学得有优等凭照者，回华后复试相符，亦按其等第作为进士举贡。"

赴日游学有很多便利条件，路近费省，来去方便，语言接近，易于学习，这些都促使了清末留学日本热潮的兴起。但因科举制度并未废止，多数士子还处于观望状态，故杨度赴日游学在当时毫无疑问属于得风气之先。1901年，中国在日游学生只有280名左右，到1902年底也不过增加了一倍。杨度选择赴日游学，既可以满足其探求西学新知的渴望，又为自己的进身之阶开辟了一条新道，实际上是一举两得的事情。

二、初渡日本

当时中国学子赴日游学，主要走两条路线：南方从上海乘船出发，北方自芝罘（烟台）动身赴日。从上海出发，先买船票至横滨，然后换乘火车到东京，路程约需七日左右。赴日本游学的费用，各种书籍学费加上往来旅费，每年大约三百元，故自费前往日本留学的经济负担并不太重。

1902年4月，湖南官府派胡元倓等12人作为官费生东渡日本游学，期限为6个月。不满足在书斋里坐而论道的杨度，与这批官费生一起赴日游学。杨度离开恩师和故土，辞别母亲和妻子，自长沙乘江轮东下至上海，然后乘船奔赴日本东京，探求救国救民的新路。

杨度抵达日本东京之后，入弘文学院学习。1902年1月，日本文部省和外务省合力创办弘文学院，由东京高等师范学校校长嘉纳治五郎主持，专为培训中国留日学生而设，校址在东京西五轩町。该校课程设置中的教育科，分为速成师范科和永久师范科。弘文学院原则上要求学生必须入住学校宿舍，学费及住宿费每年300元，但有特别情况者可以获准走读。湖南这批官费生进入弘文学院速成师范科学习，杨度与各省士子以教育之目的游学于日本者，皆以属于院外，每日入院听讲，附于湖南诸省，别为旁听一班。

在日本东京，杨度开始关注中国的政治改革等现实问题。当年秋，他与黄兴等人回到上海创办《游学译编》，从此开始长达30年的"经济"生涯。

"经济"的本意为"经世济民"，与治理国家意思相同，与今日之"经济"——社会物质生产等概念，完全不是一码事。

清末留日学生看到日本国势蒸蒸日上，维新大见成效，而且各种书籍充斥市场，置身于这种社会环境中，耳濡目染，无形中思想就已受到很大的影响。正如梁启超所描述的那样："自居东以来，广搜日本书而读之，若行山阴道上，应接不暇，脑质为之改易，思想言论，与前者若出两人。"初渡日本的杨度同样也不例外。他虽然只在日本学习生活了半年左右，但经过西学新知的激荡，已经不再是以前那个顶着举人功名的传统士绅，而是逐渐转变成为一个近代新式知识分子了。

杨度在弘文学院一边学习日文日语，一边留心日本新式教育。他结识了许多有志气、有作为的新朋友，其中最为有名的便是黄兴、胡汉民等人。在弘文书院学习时，杨度以勤奋刻苦著称，胡汉民在自传中记述道："余以学师范至日本，入弘文学院。时黄兴、杨度俱在校中；杨以勤学称，黄未尝有所表现。留学生全体多不满意于清廷之政治，傲然以未来之主人翁自居；然思想无统系，行动无组织，保皇党之余波，立宪派之滥觞，亦掺杂于其间。"

杨度天资超群、才思敏捷，其学问根柢本来就极为深厚，而且来游学前已经对西学新知有了一定的了解，再加上他学习勤奋，很快就成为了留日同学中出类拔萃的佼佼者。他仅仅三个月便学会了日语，顺利过了语言关，然后整日整夜地啃日文原版书籍。历史、地理、哲学、文学、法律等方面的书籍，他都如饥似渴地阅读，且记忆力很好，甚至有点过目不忘的本领，令留日同学羡慕不已。当时杨度住在校外的饭田町，留日学生喜欢与他倾谈国内形势及变革举措，故其寓所经常座无虚席。杨度高谈阔论，俨然成为留学生的领袖人物。

杨度不仅勤奋学习，而且密切关注日本报刊发表的对中国的言论，参观游览了一些日本近代化工厂和新式学校。杨度到一所高等工业学校，向该校教员请教如何才能促进自己国家的工业发展。这位教员指出：工业由教育而来，教育盛则工业亦盛，故工业之盛衰，可以视教育之盛衰为准。若能以兴教育以植其机，将来奋发振兴，不患不为地球上一大工业国也。

接着，杨度详细询问了染织学发展的概略，以及当前促进实业发展的切实办法。该教员回答：欲求切实办法，惟有择洞悉本国各种实业情形之人，使其出游各国，考究彼此情势，度本国何种实业可以不习普通，而径聘外人教之，何者不能，详审其宜否，以定兴办之次序。此最上策也。这位教员还向杨度建议，发展教育应注意培养国民的爱国心，并需改变以往重文轻武的习惯。

杨度这次游学日本，以考察日本新式教育为主要目的，故经常参观游览日本新式学校，与日本的教育家交流如何促进中国教育发展问题。杨度曾与十余名留日学生一起，前往日本华族女学校，与任该校学监的日本女教育家下田歌子谈论兴办中国女学之事。杨度认为，女学为男学之源，家庭教育为学校教育之本，固未可置为后图也。因此，他把这次谈话笔述下来，题为《华族女学校监下田歌子论兴中国女学事》，刊载于他主编的《游学译编》第 1 期上。

杨度在拜访日本教育家伊泽修二时，受其嘱托，为其所撰写的《日本学制大纲》一书撰写了后序。杨度在《日本学制大纲后序》中，分析了日本明治维新以来学制的创始与改良，考察了日本教育由开始时的欧化主义到现在国粹保存主义的发展演变状况。

杨度询问伊泽修二：日本由欧化主义变为国粹保存主义，前后是否过于相反？

伊泽修二解释道，这只是大概区分教育时代，其实欧化时代何能进其国粹？国粹保存时代何能遂拒欧化？教育之方针，因国体民情而变迁，故其名目亦因之而变，特皆举起大者言之。

他进而提出教育初兴国家会经历的阶段及应该遵循的主义："夫教育未兴之国，无不由自封之见，是己而非人。识者有以开化之，使实睹他国之文明，则自尊之见去而尊人之心又起，倾慕之至，或尽弃其所有，致去己而归人。识者必有以教正之，参合内外，以存国粹，始能正国民之德识，坚国家之基础。而教育之主义，乃正日本维新之始，排外之力尤强，继而熏欧美，尽弃其学而学西人，至今日始救正焉。此岂教育之过哉？亦因国民之感情，其必有锁攘主义变为欧化主义而归于国粹保存主义者，皆其进化以渐所必经之阶级而无可逃避者也。"

按照这种标准衡量，中国当时正处于从锁攘主义向全面新政的转折时代。杨度分析了单纯强调欧化主义或国粹保存主义所导致的弊端，然后提出两者应同时并重的教育方针。他说："故欲于今日持欧化主义，则顺国民之感情而摇国家之基础，其弊也，舍己从人而外不知其他。欲持国粹保存主义，则以不足以固国家之基础而先以阻国民之进步，其弊也，是己非人而外不知其他。故偏于二者之一，均不能与今日吾国之事势、人情相合而成至善之教育。吾因此而重思之，欲求其无弊，则莫如以日本之两主义后先相继者，无以之同时并重，以相反之理为相救之法：一以导国民之进步而采他人之长，一以固国民之团力而存一己之善。"

杨度认为这两种主义同时并重，分掌教育之精神，而合力以造成国民之性质。这样一来，既能避免以往固步自封的弊端，使国民思想通于外；又能避免全盘欧化，丧失自己的根基和固有特性。按照杨度的说法，就是随处开放即随处提撕，随时慕人即随时顾己。

负责弘文学院的嘉纳治五郎，是最早专门教育中国留学生的教育家。嘉纳先生为了拟定弘文学院的教育宗旨，专门游历考察了北京、江苏、浙江、湖北、湖南等省。他返回日本东京后，杨度及湖南速成师范生的六个月学习期满，即将返国。1902 年 10 月 21 日，嘉纳先生召集这些将回国兴办教育的中国留学生，讲演中国应持有的教育方针和教育宗旨。杨度旁听了嘉纳先生的这次讲演，并与其进行了数次深入辩论。

嘉纳先生在讲演中首先指出，当今中国最宜急办者莫过于普通教育和实业教育，接着又分别阐述了如何开展这两种教育。普通教育主要目的是道德教育、智识教育和体育教育，实业教育的发展必须先有普通教育作基础，若欲求高等之程度，则非普通完备不能达到。

嘉纳认为中国民间志士多趋激进，主政诸公则多守旧，民间志士应当以诚心感动长官，徐图大展其才；如果图谋颠覆政府，徒以生内乱召外兵之蹂躏，因而主张用和平主义的办事方法。

杨度质问嘉纳："然事非万不得已，亦谁肯舍和平而用激烈者？如果对于执政诸公诚心既不能感之，权力又不能去之，而犹欲与之共事，以图相济，则如之何？"

嘉纳答道："此论愈益精微，实为贵国一大问题，非一时所能尽言。"他于是邀请杨度到自己家里畅谈。

1902 年 10 月 30 日和 11 月 5 日晚，杨度两次前往嘉纳家中进行讨论，与杨度同来的湖南师范生此时已经回国。

杨度首先发问："若守旧、进步两主义终不免于冲突，则后来之事将如何？若如先生之教，而任守旧之如醉如梦，终不免于冲突，后来之事又将如何？予不敏，愿先生教之。"

嘉纳认为，中国当下实在不可以复乱，乱则外人乘之，瓜分之事必矣。在中国目前国民程度太低的情况下，惟教育有可办之机，亦惟教育为最要之事。正当的办法有二种，一为教导年少者，二是开通年长者。

当时日本报纸发表一种论调，认为日本如帮助中国兴办教育，将来必有复仇之事，因而提醒日本的教育家不要以精神教育输入中国。杨度指出，教育贵在精神，敝国今日有精神教育，则犹可存；无精神教育，则将立亡。敝国之存亡，实亚洲之存亡，黄种之存亡也。全球尽归白种，贵国其能独免乎？据此，杨度让嘉纳先生解释报纸上的这些言论。

嘉纳先生回答，那是不知世界大事的浅识者的言论，日本以精神教育施之中国，同臻富强后与欧美争胜，日本如有土地要求，可以向南洋群岛发展，没有必要来灭亡中国自取窘蹙。

留日半年的杨度开始摆脱华夷之别的老看法，对世界大势有了较为深入的了解，故对嘉纳的回答颇不以为然。他对义和团事件后的中外局势认识颇清，敏锐地指出："庚子以来，各国之对我政策由瓜分主义变而为门户开放策、势力范围论，以扶植清政府代压'支那'民族，而各指一隅以倾注其势力，为无形瓜分之妙计。至谓其摘去清政府，公然分割'支那'，四亿民族扰扰不靖，无固有之政府以代压之，而皆须自理，亦白人所不欲者也。"

对日本觊觎中国的领土野心，杨度同样有着清醒的认识："南洋群岛无不在白人势力范围之内，日本已无插足之地。不仅南洋，即欧美澳非各洲与中西南北亚细亚，亦何处使有隙地可容日本一席者？故合全球论之，其可争者惟'支那'一片无主之土耳。日惧其力之不足，而为白人攫尽，则其实情也。"

接着，杨度与嘉纳先生对以何种主义指导目前中国的精神教育展开了激烈论辩。杨度认为，当前中国应以欧化与国粹保存两主义参酌而融贯之，以相反之理为相救之法；嘉纳先生则主张用和平的进步主义，担心骚动的进步主义会使中国更加骚然不靖。

针对嘉纳先生的担心，杨度认为中国目前不能免于骚动。他分析道："由心理上言之，以数千年静守之性，而忽闻新奇之学说，以激刺其感情，以致群思一动而后快。虽政府不与国民反对，而当社会改革秩序未明，亦不能免于骚动，此可预知也。"

杨度接着指出，各国都是经骚动以后进于文明，是则骚动者所以促文明之进步，而非所以阻文明之进步者也。倘若和平而不进步，显然不如骚动而进步。加上中国正处于各国包围的危急局势之下，于百亡之中而求一存，亦只有孤注一掷之谋，而无计出万全之道。故杨度向嘉纳建议，在施行教育时不必抱有和平或骚动的进步主义，应根据国民程度来定教育的方针，专以挽救社会痼弊，促进国民进步为主。

如何参合折中东西洋学说来定中国的教育方针？杨度与嘉纳先生在种族与学术问题上有很大的分歧。嘉纳认为中国当时的国体，实"支那"人种臣服于满洲人种之下而立国者，教育"支那"人种必以服从满洲人种为第一要义，这样才能保世界和平之局。

杨度则针锋相对地指出，嘉纳的这种看法是以奴隶思想教育中国，应该改而实行平等思想的教育。他说："先生如真为敝国兴教育乎，则敝国之今日，为两人种之合力，教育之道，亦以并施。于满洲人，则务去其善于压制之恶根性；于'支那'人，则务去其善于服从之恶根性，而又教之以平等同胞之爱，使各自立而不相侵，是即伯兄所以教其叔季之道也。"

杨度认为，要除去满洲压制和"支那"服从的恶根性，必须在学术上进行改革，舍己国之短取他国之长："舍短取长之道，不仅于他国之学，非此不能善用之，即于己国之学亦然。若因保其所长，而并泥其所短，以致据守而不化，抑亦学界之奴性也。"

嘉纳同意杨度的这些看法，但接着指出了更重要的一点："凡教育之要旨，在养成国民之公德，故虽不可服从于强力，而不可不服从于公理。能服从公理而不服从强力者，其教育必为无弊。"

杨度对嘉纳的这种教育主张，深为赞同："予于先生所论公德教育，固为敬佩。然于服从公理不服从强力一语，尤为倾服。以为此言也，诚可以医其病根，而为敝国今日教育之最大方针也。"

经过多次论辩，嘉纳先生在很多问题上被杨度说服，尤其在二人对话的后半部分，交流甚欢。嘉纳先生在结束谈话时，对杨度深表敬佩之意："予论公德之教育，其言甚泛，而足下能于其中摘出服从公理、不服从强力之最要一语，以为贵国教育之最大方针、最大主义，诚为眼孔极高，予殊为佩服。"

杨度认为，经过数次辩难得出的服从公理主义的教育方针，可以促进国家思想的发达，并去除以往奴性教育的流弊："此主义者，含义甚大，于数千年之得失、数十国之长短，皆得以此二字权衡而取舍之。惟其条理，则待吾辈之自寻焉耳。使吾国之言教育者，因此而能一出于此主义，嘉纳君之教吾国言教育者，亦因此而不得不出于此主义，吾知其教育之必无流弊，则较前此之茫无主义者不其愈乎？"

当时清政府变科举、兴新学的新政改革刚刚开始，杨度对世界局势和中国的处境就已经有了清醒的认识，并提出了中国当时应持有的教育方针，说明半年的游学生活已经使杨度的思想发生了重大转变。

1902年以后，留日学生日益增多。随着对新学了解的加深，他们迫切希望向国内大力输入文明思想，因而掀起了一股创办新式杂志的热潮。为了开通民智，介绍西学新知，杨度与黄兴、杨笃生等湖南留日学生一起，倡议创办了《游学译编》，并共同拟定了办刊的原则和编辑方针。

杨度亲自撰写《游学译编序》，他首先指出中国当今正处于过渡时代，"以东洋文明之固有，而得老大之名，以西洋文明之将来，而得幼稚之名，乘此迎新去旧之时而善用其老大与幼稚，则一变而为地球上最少年之一国，夫岂难耶？"他与游日同仁创办这份杂志，就是用来作为"扶植老大、培植幼稚"的助力。根据这个过渡时代的特点，杨度拟定的办刊原则为：不著论说、杂采书报、不美装潢。

接着，杨度详述了该刊的篇目设置与指导思想。他指出，世界各国发达皆由学术进步而来，有精神而后有物质，有理论而后有事实，有学术而后有政治。故录学术第一；方今中国教育刚刚萌芽，欲输入挽救今日中国的精神教育，故录教育第二；在民族竞争的时代，倡导"争于外而非争于内"的军国民精神，故录军事第三；东西洋各国妄图置我为殖民地，我不自强，人必亡我，故录实业第四；19世纪末20世纪初的世界大势，已经由政治竞争发展到经济竞争，故录理财第五；合群力自谋发达，抵御外族干预，故录内政第六；帝国主义横行的时代，两平等相遇，无所谓权力，道理即权力也，两不平等相遇，无所谓道理，权力即道理也，要对帝国主义各国的狼子野心有清醒认识，故录外交第七；考求他国文明，争荣于20世纪的文明史，故录历史第八；中国自地理上看有独一无二之价值，但又处于孤立无援之地位，中国要全国一心，奋兴崛起，死地求生，故录地理第九；现在世界是优胜劣败、天演争竞的世界，生死存亡，争此一时，录时论第十；当今世界进步之速一日千里，朝夕异状，故录新闻第十一；中国言、文分离阻碍国民进步，小说文字近于口语，能唤起国民之精神，故录小说第十二。

1902年11月5日，杨度撰写了《游学译编序》之后起程返国。到达上海后，杨度禀请江南分巡苏松太兵备道袁树勋为《游学译编》立案，希望该刊能流布内地，供学者参考。为防止"坊贾射利，任意翻刻，舛错遗漏，至滋遗误"，他请求在官府立案，示禁翻刻。

杨度经过半年赴日游学，已经由传统士绅转变成为一个新式知识分子。其价值观念和思维方式开始发生了巨大变化。

返回湘潭家乡后，杨度特地看望了老师王闿运。在游学之前，他就与老师观念分歧较大，留学回来后更是势同水火，师徒两人已走上截然不同的两条道路。王闿运日记中载有对杨度的看法："薄暮，二陈、杨郎俱来，问东洋所学，乃欲抹杀君父以求自立，新学有此一派，孟子咒墨之报也。

然必期于流血，则又西洋好杀之习，盖孔、释俱有婆罗门，计百年后大有翻覆，此时尚未。"

杨度本为王闿运最为得意的门生，但此时的老师已经无法扭转杨度的思想观念，并断定他接受新知后必然会由此惹祸："陈婿出言，杨生必得祸。余云今无降祸者，但恐自入网耳。天下有道，乃有文字语言之祸，今不暇也。"

自从杨度东渡游学后，湖南有几批学生陆续赴日游学。1903 年初，杨度在欢送湖南赴日留学生的宴会上发表演说，认为学生之力将来定能保全中国、左右世界，鼓励这些留学生认真讲求近代科学，努力为团体谋公益。

受留学日本热潮的影响，杨度的妹夫，即是王闿运的幼子王代懿也要出洋留学。王闿运虽然极不情愿自己的小儿子出洋留学，却同样也无法禁止，故心中十分烦闷。他在日记中记有此事说："懿还，言出洋。告以母教，以吾与彼无恩，故莫往莫来也。前日杨生言父卖子为奴，公法有禁。今若禁其出洋，则甘心为'满奴'，犯公法矣，余又不敢。若听其去，余又不能也。世事遂至如此，可为痛恨，无他，一'利'字害之。"

王闿运因小儿子出洋之事，对杨度更加不满。他暗自叹息自己误收了杨度，才遭到这样的报应："罗、杨比而辱我，使劣子自投牢溷，亦从冤也（后至江夏，与人论，比之杏元小姐为奸臣陷害，直一笑耳，不必恨也）。吾误收杨儿，致此奇报，慎无为善，岂谓此耶？"

王闿运虽然自我劝慰不必痛恨自己的这位得意弟子，但实际上并没有能够真正做到。杨度数几天后再次前来看望时，他却拒而不见。他在不知不觉间，对杨度的称呼发生了很大改变。在以往杨度是他心中的得意门生时，他在日记中通常称杨度为"杨生"或"皙子"；自杨度游学归来后，他改称杨度为"杨郎""杨儿"，或直呼其名为"杨度"。讲究传统礼教的王闿运，如此称呼自己的门生，表明他或许在心里不愿再将杨度看作自己的爱徒了。

对于这位由传统士绅转变为新型知识分子的爱徒，王闿运的态度从不满发展为较为怨恨，一方面清楚地说明了王闿运在这数年里思想观念始终保持不变，另一方面也表明杨度经过半年的留日游学，其思想观念转变之巨大，以至于保守的老师竟叹息自己误收他作为自己的门生。

三、经济特科风波

为了破格选拔精通西学的新式人才，清政府在戊戌变法前就准备举行经济特科，多次下谕，命令各省督抚保荐所知人才，并强调经济特科之设，朝廷原期拔取真才，以备贤良之选，非为幸进之途开营谋之路。但由于慈禧太后发动了戊戌政变，朝廷开设经济特科的措施无情地中断了。

1901年6月，决定实施新政的慈禧太后下令，仿照博学鸿词科之例举行"经济特科"，于1903年癸卯科会试前举行，并要求被保荐者"志虑忠纯、规模阔远、学问淹通、洞达中外时务"。清政府政务处遵照此项御旨，拟定了七条章程，确定考试内容为：第一场试历代史事论一篇，第二场试内政外交策两道。

1902年11月，清政府再次发出上谕，决定改经济特科在科举会试之后举行，并要求被荐者于1903年阴历四月前齐集京师，准备考试。留学日本回乡并有"经济"名声的湖南才子杨度，经过湖广总督张之洞的斡旋，由四川总督锡良举荐，获得了参加经济特科考试的资格。

杨度之所以能被保荐参加这次经济特科考试，很大程度上得益于他在日本游学半年所建立的声望。杨度与嘉纳治先生关于中国教育问题的谈论，以《支那教育问题》为题连续刊载于《新民丛报》第23、24号，并印有单行本发行于中国内地，遂使杨度之名为国人所知晓。杨度应邀为日本教育家伊泽修二的《日本学制大纲》一书撰写了后序，该书于1902年底出版发行，进一步扩大了杨度的影响。此外，杨度参与创办的《游学译编》也已经发行，他在创刊号上发表的《游学译编序》，在当时思想文化界产生了很大反响。这些谈论西学新知文章的刊行，使杨度在国内已经有了相当高的知名度。这是四川总督锡良保荐他参加特科考试的重要原因。

1903 年 7 月，经济特科考试在北京紫禁城保和殿隆重举行，光绪皇帝亲临御试。这次考试由礼部查照殿廷考试办理的，因参加考试的人数较少，原定两场分试策论，变通为以第一场为正场，通过者再行复试一场，均试以论一篇策一道。第一场论题为："《大戴礼》保，保其身体；傅，傅之德义；师，导之教训；与近世各国学校德育、体育、智育同义论"；策试题为："汉武帝造白金为币，分为三品，当钱多少，各有定直，其后白金渐贱，钱制亦屡更，竟未通行，宜用何术整齐之策"。这样的题目，是那些研习八股文的举子们难以应对的，但对接受西学新知的杨度来说，简直易若反掌。考试结果公布了，杨度中第一等第二名，按传统说就是"榜眼"，而"状元"的桂冠则被未来的北洋政府财政总长梁士诒摘取。

湖广总督张之洞等人被朝廷任命为阅卷大臣，取定第一等 48 人，第二等 79 人。广东才子梁士诒被录取为第一等第一名，湖南才子杨度被录为第一等第二名。梁士诒为后来知名的财政专家，对这样的策论题自然驾轻就熟；而杨度以"教育之目的"游学日本刚刚归来，这篇教育论题则为他所擅长。当然，梁士诒之所以能够压倒杨度而获得状元，主要应归于其用心良苦。据有人揭示："先生对策，洞澈古今，对于币制之整理，尤多所阐明。且每项均多引历朝祖训以免顽固者借口，用心甚苦。乃公拟为首选。"

张之洞为经济特科的领衔阅卷大臣，录用名次为其所定。但在首场录取名单公布之后，朝野内外悱语沸腾，尤其是对第一名和第二名的梁士诒和杨度两人，更是谣言纷纭。为此，慈禧太后召见军机大臣瞿鸿机，征求其对经济特科录取人才的意见。

瞿鸿禨因为与主考大臣张之洞有着极深的矛盾，趁机在慈禧太后面前说，梁士诒的名字与康有为、梁启超的姓名各有一字相同（因康有为号祖诒），梁士诒的名字被说成是"梁头康尾"，疑是康有为、梁启超的同党。

康、梁因为戊戌变法而为慈禧太后所恨，正好此时江苏考生沈荩因为是康党而判罪入狱。一时传说纷纷，说经济特科应试的人物，良莠不齐，很多康党分子混了进来。慈禧太后听了瞿鸿禨的这番话后，怀疑梁士诒为康党分子，遂下令将梁士诒的状元除名，并下令严查参与特科考试的主考官员。杨度因此受到牵连，加上自己又是湖南留日师范生，并且在日游学期间有攻击朝廷的言论，在策论中也有不满朝廷的某些言论，故也受到怀疑，其探花之名连带着被革除了。

经济特科考察首场录取名单被革除后，慈禧太后在复试时免去了张之洞的领衔阅卷大臣，其职务改为荣庆担任。复试考试后，取录第一等袁家穀等9名，第二等冯嘉徵等18名。张之洞作为这次经济特科风波的主要人物，其年谱中对此事前因后果作了较详细的记载：

"首先是内闻内外大臣所保过滥，已有责言，然太后求贤意切，视之甚重，另旨特派公阅卷。阅卷以外臣领首，旷典也。闻阅卷之日，庆亲王奕劻谓诸阅卷大臣曰：香翁是老辈，诸君一切请教可也。甲乙皆公所定，第一名梁士诒，第二名杨度，人言啧啧，弹劾纷起，指梁士诒为梁启超族人，有梁头康尾之谣。康有为原名祖诒，故也。樊山适入都，召对时力诋保荐之滥。善化在枢府，嫉之尤甚。孝钦为所动，至复试时遂改派荣中堂庆为阅卷领衔。公虽在内，非前比矣。荣相极赏识袁家穀卷，公谓此卷不过圆畅，嫌其空疏，荣相大不以为然，竟置第一。阅卷后送军机处复校，善化又加淘汰，仅取二十七人而已，且擢用极薄，不及鸿词科远甚。"

但对于当时的情景，史籍也有不同记载。荣庆在其日记中记载了参加复试阅卷的情况："派阅特科复试卷，香翁以出特派，领衔同陈瑶圃、张振卿、戴小怀、郭春榆、李蕴纯各取数本，由香翁定弃取，奉庆邸诸位传旨，一等十名，二等二十名，不拆封，十一钟阅毕，四钟香翁始定毕。"

张之洞在复试时是否放弃阅卷大权，已经没有太大的实际意义，因为杨度和梁士诒两位最杰出的人才都没有参加复试。

到手的功名转瞬而失，杨度和梁士诒的懊丧之情可想而知。但事情并没有到此为止。据说，慈禧太后发出口谕要捉拿梁士诒、杨度等人。当时京城里人心惶惶，谣言四起，应试的考生纷纷离开了北京，大有避祸之意。杨度与好友夏寿田一起，决定借机转道天津赴朝阳，看望时任朝阳镇总兵的伯父杨瑞生。

堂弟杨敞和梁璧垣把杨度俩人送到天津之后，于次日赶回北京。不料，杨敞刚刚回到家中，就有人惊慌地告知：北京已经在四处捉人了，主考官张之洞还亲自到杨敞家里打听过杨度的行踪。杨敞和梁璧垣顿时感到形势不妙，连忙把家里留存的杨度撰写的《支那教育问题》全部烧毁。不久，家里人听说张之洞已经派人到天津，想邀请杨度回京。杨敞考虑到杨家与张之洞素无往来，而且杨度与张之洞政治地位相差悬殊，张之洞不可能向流亡中的杨度发出回京邀请，因此断定其中必有问题。

杨敞与梁璧垣商量后认为，杨度千万不能再回北京。但用什么办法阻止杨度再从天津回到京城呢？梁璧垣主张赶快设法求得政治上的庇护，以保杨度的人身安全。他与日本使馆人员比较熟悉，就先去联系好，一旦事急，就让杨度先去日本使馆暂避。杨敞则派了两名男仆，每人身上各带数十元，一个在丰台火车站等候，一个在前门火车站等候，并且告知他们：如果在丰台接到杨度，就马上让他坐火车转回天津；如果在前门接到杨度，就马上护送他到日本使馆。后来，他们在前门车站接到了杨度，马上坐骡车直驰日本使馆躲避。

杨度在日本使馆呆了数日之后，乘日本军士换防之时，穿上日本和服，化装成日本侨民逃出了北京。他经天津、上海，秘密回到湖南湘潭家中。随后，杨度从老家再次来到上海，乘船第二次赴日本游学去了。

　　据杨敞回忆，当时张之洞派往天津邀请杨度返京的使者，是王闿运的门人、湖南同乡左立达。左氏在天津找到了杨度后，一起坐火车到达北京前门。两人下车后，左氏忽然发觉杨度不见踪影，就赶到杨敞家中询问。杨敞回答不知道，他就坐着不走，声称"找不到人就不回去"。恰在这时，王闿运长子王伯谅来访。看到这种情况，王伯谅严厉责备了左立达，劝其离开，此事才算敷衍过去。

　　杨度第二次东渡日本并与张之洞通信之后，方才得悉事情的真相。原来，张之洞对杨度与梁士诒甚是器重，没想到经济特科风波致使两人出京避祸，张氏为两人鸣不平，故负气相访，遣人追邀杨度，拟与他一起由京城返回湖北武昌。由此可见，张之洞派人赴天津力邀杨度，还是出于善意，并非拘捕或加害于杨氏。只是由于当时京城险恶的环境所迫，才造成了双方之间的误会，杨度匆匆逃离。张之洞后来调任军机大臣，仍然称赞杨度"才堪大用"，并与袁世凯一道保举杨度入朝为官，算是给予杨度的补偿。

四、《湖南少年歌》

　　与第一次主动到日本考察教育相比，杨度再次赴日只能用"亡命日本"来形容。

　　1903年秋，杨度第二次东渡日本，再入东京弘文学院学习。他的弟弟杨钧和妹妹杨庄作为湖南省官费留学生此时已经留学日本。1904年，杨度转入日本法政大学速成科，集中研究各国宪政，与革命党人汪精卫等人同学。

杨度能在这场特科考试中取得如此优异成绩，连极力反对留日的王闿运也不得不承认，这是游学日本的结果。他说："云特科名单已到，王代功名在疑似之间，杨度第二，日本力也。"等到看到复试录取名单后，王闿运对初试录取的第一、二名皆被黜落的结果，表示骇异。但或许是不满意弟子背离自己的学说，他对杨度的黜落显得有点幸灾乐祸，并在日记中说："得陈十一郎书，云杨度被劾，已往东海。书痴自谓不痴，故至如此。"仍然不肯原谅得意弟子赴日留学。

保守的老师不同情杨度的这次灾祸，激进的革命派对杨度也是讥评有加。当时上海的《国民日日报》听到杨度在京城被捕的谣言后，就在第 4 号上发表短评《捕杨度》，讥讽清廷之举是："既欲爵之，而后捕之，何云雨之翻覆至如是也！"该报旋即在第 6 号刊载《杨度受知于张之洞》短讯，对杨度参加经济特科之举颇有讥议。因《苏报》案正在上海租界西牢里遭受监禁的革命党人章太炎，对杨度被捕传闻大发感慨，作诗《狱中闻湘人某被捕有感》，表明自己对清廷的态度是"保种平生愿，征科绝命方"，嘲讽赴京参加经济特科考试的杨度是为浮名所诱，"千载《湘军志》，浮名是锁缰"。

刚刚流亡到日本的杨度，因此次所遭受的灾祸而增加了对清政府的愤恨，"反满"的种族主义情绪有所流露。他在梁启超的热情鼓励下，将青年时代的旧作《湖南少年歌》重新作了整理，写成了气势磅礴、名震一时的《湖南新少年歌》。

《湖南新少年歌》既有忧心国事的感伤，又有自己郁郁不得志的烦闷，强烈表达了杨度愿救民众于水火的爱国主义情怀。杨度首先浓墨重彩描绘了湖南美丽富饶的山川形胜："我本湖南人，唱作湖南歌。湖南少年好身手，时危却奈湖南何？湖南自古称山国，连山积翠何重叠。五岭横云一片青，衡山积雪终年白。沅湘两水清且浅，林花夹岸滩声激。洞庭浩渺通长江，春来水涨连天碧。"

接着,他对湖南历史上涌现出来的杰出人物加以回顾,对他们忧民爱国的高尚情怀给予称赞:"北渚伤心二女啼,湖边斑竹泪痕滋。不悲当日苍梧死,为哭将来民主稀。空将一片君山石,留作千年纪念碑。后有灵均遭放逐,曾向江潭葬鱼腹。世界相争国已危,国民长醉人空哭。宋玉招魂空已矣,贾生作吊还相渎。亡国游魂何处归,故都捐去将谁属?爱国心长身已死,汨罗流水长鸣咽。当时猿鸟学哀吟,至今夜半啼空谷。此后悠悠秋复春,湖南历史遂无人。中间濂溪倡哲学,印度文明相接触。心性徒开道学门,空谈未救金元辱。惟有船山一片心,哀号匍匐向空林。林中痛哭悲遗族,林外杀人闻血腥。留兹万古伤心事,说与湖南子弟听。"

杨度进而对湘军镇压太平天国的功过是非,加以陈述并给予自己的评判。湘军诸将帅一直是他自少年时期就敬慕效仿的对象,他曾多次自比为胡林翼。故其对湘军将帅曾国藩、胡林翼、彭玉麟、江忠源、王璞山、陈士杰等人的卓越战功大加称赞:"罗山乡塾教兵法,数十门生皆壮儿。朝来跨马冲坚阵,日暮谈经下讲帷。今时教育贵武勇,罗公此意从何知?江、彭游侠时惟耦,不解忠君惟救友。意气常看匣里刀,肝肠共矢杯中酒。江公为护死友骨,道路三千自奔走。曾侯昔困南昌城,敌垒如云绕前后。彭公千里往救亡,乞食孤行无伴偶。芒鞋踏入十重围,大笑群儿复何有!桂阳陈公慕嚣述,湘乡王公兵反侧。大势难将只手回,英雄卒令吞声没。"

杨度对湘军建立的历史功勋,给予极高的评价。他称赞说:"父兄子弟争荷戈,义气相扶团体结。谁肯孤生匹马还,誓将共死沙场穴。一奏军歌出湖外,推锋直进无人敌。水师喷起长江波,陆军踏过阴山雪。东西南北十余省,何方不睹湘军帜?"

但 20 世纪初革命党人宣扬的"反满"种族思潮,使杨度对湘军的许多原有想法产生了动摇。一些爱国志士认为,湘军是"不助同胞助胡满",

扑灭太平军导致的结果是"长毛死尽辫发留，满洲翎顶遍湘州"，造成了晚清时期无休无止的外忧内患，故对湘军给予严厉指责："祸根推是湘人作。"

针对革命党人对湘军的这些严厉指责，杨度明确表示，自己暂时还无法分清其中的是非曲直："蚌鹬相持渔民利，湘粤纷争满人笑。粤误耶稣湘误孔，此中曲直谁能校？"在近代种族主义观念的重新审视下，早有定论的湘军之盖世功勋，变成了不能分清的是非，曾国藩和洪秀全两人的功过也要重新加以评定。"国事伤心不可知，曾、洪曲直谁当理？"说明留学日本时的杨度之思想，已经发生了较大改变。

抛开这些难解的湘军之是非曲直，作为湘军子弟的杨度从总体上是为湘军将帅大唱赞歌的。他对左宗棠率领三湘子弟抵御外寇、收复新疆之举，给予充分的肯定和高度的赞许："茫茫回部几千里，十人九是湘人子。左公战胜祁连山，得此湖南殖民地。欲返将来祖国魂，凭兹敢战英雄气。"号召湖南志士要凭兹敢战英雄气，策马昆仑，东看浩海，西望诸洲，一洗西方碧眼儿，表达了强烈的爱国主义情怀。

尽管杨度与自己的老师王闿运在思想观念上有了很大分歧，但他仍然特别夸耀恩师，对恩师青年时代的惊人之举同样给予称道："更有湘潭王先生，少年击剑学纵横。游说诸侯成割据，东南带甲为连横。曾胡欲顾咸相谢，先生笑起披衣下。北入燕京肃顺家，自请轮船探欧亚。事变谋空返湘渚，专注《春秋》说民主。"

处于20世纪初的杨度，深入分析了中国所处的国际环境，对当时有强权无公理的世界局势看得比较清楚，"于今世界无公理，口说爱人心利己。天演开成大竞争，强权压倒诸洋水。公法何如一门炮，工商尽是图中匕。"

在这种国际强权政治之下，挽救中国危亡的出路何在？杨度认真研究了欧洲历史后指出，中国应该效仿希腊古国斯巴达和德意志的普鲁士，铸造中国的民族精神，以与西方列强争雄："外交断在军人口，内政修成武装体。民族精神何自生，人身血肉拼将死。毕相、拿翁尽野蛮，腐儒误解文明字。欧洲古国斯巴达，强者充兵弱者杀。雅典文柔不足称，希腊诸邦谁与敌？区区小国普鲁士，倏忽成为德意志。儿童女子尽知兵，一战巴黎遂称帝。内合诸省成联邦，外与群雄争领地。"

杨度号召湖南应该做中国的斯巴达和普鲁士，湖南人应该担当起挽救民族危亡的先锋和救国的中坚。他写下了豪情奔放的诗句："中国如今是希腊，湖南当作斯巴达。中国将为德意志，湖南当作普鲁士。诸君诸君慎如此，莫言事急空流涕。若道中华国果亡，除非湖南人尽死。尽掷头颅不足痛，丝毫权利人休取。莫问家邦运短长，但观意气能终始。埃及波兰岂足论，慈悲印度非吾比。"

这些诗句，激励着无数有志青年的爱国激情。"若道中华国果亡，除非湖南人尽死"的口号，对当时留学日本的爱国青年产生强烈的震撼作用，唤起了千千万万沉睡中的中国少年。

至于杨度自己，当然更是自诩为难得的杰出英才："我家数世皆武夫，只知霸道不知儒。家人仗剑东西去，或死或生无一居。我年十八游京甸，上书请与倭奴战。归来师事王先生，学剑学书相杂半。十载优游湘水滨，射堂西畔事躬耕。陇头日午停锄叹，大泽中宵带剑行。窃从三五少年说，今日中国无主人。每思天下战争事，当风一啸心纵横。"

杨度渴望着自己这位"卧龙"能早日当风一啸，做纵横天下挽救中国的百战英雄，"人心已死国魂亡，士气先摧军势蹙。救世谁为华盛顿，每忧同种一书空。群雄此日争逐鹿，大地何年起卧龙。"最后，杨度说道："天风海潮昏白日，楚歌犹与笳声疾。惟恃同胞赤血鲜，染将十丈龙旗色。凭兹百战英雄气，先救湖南后中国。破釜沉舟期一战，求生死地成孤掷。诸君尽作国民兵，小子当为旗下卒。"

《湖南少年歌》全文246句，长数千字，意气激昂，是脍炙人口的爱国诗篇。杨度这首感情浓郁的长诗，最早发表于《新民丛报》1903年10月刊行的第38、39合刊号上。该报主编梁启超对杨度的这首诗非常赞赏，抄录于《饮冰室诗话》时，专门写下了这样一段话加以介绍："湘潭杨皙子度，王壬秋先生大弟子也。昔卢斯福演说，谓欲见纯粹之亚美利加人，请视格兰德；吾谓欲见纯粹之湖南人，请视杨皙子。顷皙子以新作《湖南少年歌》见示，亟录之，以证余言之当否也。"

杨度与梁启超早在戊戌维新时期在长沙就已相识，并且还展开了一场激烈辩论，但由于当时两人思想观念差别太大，根本没有太深的交情。杨度在第一次游学日本期间撰写的《支那教育问题》，虽然也刊发在梁启超主办的《新民丛报》第23、24号，但当时他与梁氏接触并不多。

1903年初，梁启超应美洲保皇会的邀请，考察保皇会在海外的发展情况及美洲新大陆的政治风俗。梁启超亲历共和宪政的国家后思想日益成熟，政治思想开始转变。他放弃了从前所深信的"破坏主义"和"革命排满"主张，公开表示：自今以往，有一主义相辩难者，苟持之有故，言之成理，吾乐相与赏之析之；若夫轧轹谩骂之言，吾固断不以加诸人，其有加诸我者，亦直受之而已。

同年10月，刚刚流亡到日本的杨度，与刚刚从美洲考察返回日本的梁启超，在横滨相遇了。杨度此时已经脱离了旧学藩篱，与梁启超的思想观念有着很多共通之处，而且同为亡命海外的逃犯，自然增加了不少共同话语。由于早年受到恩师王闿运的教导，杨度在思想深处保留着根深蒂固的"帝王之学"观点。以"卧龙"自居的杨度，盼望能有一个长相攻错、相规相励的挚友。恰在此时，梁启超公开召唤相辩难、共赏析的知音，两人经过几次会谈后，都觉得对方是难得的佳友。

梁启超自美洲返日后，多次与杨度讨论救国之道。他认为，近以国中青年子弟道德堕落，非有国粹保存之教育，不足以挽狂流。两人当然不是希望用单纯的仁义道德来救国，而是认为在这样的过渡时代，不能仅仅采取欧化主义，要将其与国粹保存主义同时并施。

1903 年底，杨度主动致函梁启超，嘤其鸣兮，求其友声，主动向梁氏袒露自己的心怀。他说："今同处异国，于众人之中，而求可以匡吾过而救吾失者，无如足下。"表示处于当今时代，两人应该联手救国，做世人表率。他坦诚地对梁氏说："因思古今社会风俗，其能致一时之醇美者，必由于二三君子，以道相规，以学相励，流风所及，天下效之，以躬行为之倡，而因以挽一世之颓俗。"

为此，杨度专门撰写了一首诗，回顾两人的交往，并表达寻求知音的心意："志远学不逮，名高实难副。古来学者心，栗栗惟兹惧。噫吾新会子，夙昔传嘉誉。德义期往贤，流风起顽固。曩余初邂近，讲学微相忤。希圣虽一途，称师乃殊趣（戊戌春，在长沙论《春秋公羊传》，各主师说，有异同）。杨朱重权利，墨子尊义务。大道无异同，纷争实俱误（余尝谓湘潭王先生援庄入孔，南海康先生援墨入孔，实为今世之杨墨，而皆托于孔者也）。茫茫国事急，恻恻忧情著。当凭卫道心，用觉斯民误。古人济物情，反身先自诉。功名岂足宝，贵克全予素。君于但求己，小人常外骛。愿以宣圣训，长于相攻错。"

杨度这首"嘤鸣求友"的诗和热情真挚的来信，令梁启超极为感动，遂引以为志同道合的佳友。梁氏立即把这首诗文编进《新民丛报》中的《饮冰室诗话》，并在文前加上按语，动情地视杨度为难得的良友："呜呼！自万木草堂离群以来，复生、铁樵宿草之后，久矣，夫吾之不闻斯言也。吾之疚日积而德日荒也，十年于兹矣。风尘混混中，获此良友，吾一日摩挲十二回，不自觉其情之移也。"

从此以后，杨度与梁启超来往日多，两人交情日密。除了这首感情真挚的求友诗外，杨度还专门为国内新式学堂撰写了几首歌词，尤其是《黄河》歌词，气势昂扬、豪迈雄浑，影响甚大。《黄河》歌词内容为："黄河黄河出自昆仑山，远从蒙古地，流入长城关。古来圣贤，生此河干。独立堤上，心思旷然。长城外，河套边，黄沙白草无人烟。思得十万兵，长驱西北边。饮酒乌梁海，策马乌拉山。誓不战胜终不还。君作铙吹，观我凯旋。"

梁启超在《饮冰室诗话》中评论说，"今欲为新歌，适教科用，大非易易。盖文太雅则不适，太俗则无味。斟酌两者之间，适合儿童讽颂之程度，盖又不失祖国文学之精粹，真非易也。杨皙子之《黄河》《扬子江》诸作，庶可当之。"

杨度撰写的《黄河》《扬子江》谱曲后，为当时国内新式学堂广为传唱，激发了众多中小学生的民族感情，产生了巨大的震撼力。

五、留日学界领袖

杨度在 1902 年初次游学日本时，留日学生总数不过五百多人，等到第二次游学日本时，各省赴日游学者络绎不绝，人数逐年激增。1904 年初，留日学生有一千三百余人，1905 年初有三千多人，到年底达到八千余人，可谓盛况空前。

当时出使日本国大臣兼管理游学生总监督杨枢的密折，这样分析留学生激增的原因："朝廷号令于上，疆吏奉行于下，可谓盛矣。然其所以骤增之故，犹有数端：诏停科举注重学堂，而学堂之出身不如出洋留学之易而优，一也。自天津上海至日本东京仅六七日之程，较之由府县入省会学堂，由省会入京师学堂，其劳逸相等，二也。"

科举制度的逐渐停废，是留日学生激增的主要原因。1905 年，清政府下诏停废科举，改兴学校，传统士绅的晋身途径由此断绝了。考验录用游学毕业生政策的实施，使留学海外成为获得进身机会的重要途径。在官府倡导、民间鼓励之下，日本成为当时中国读书人留学的热门。不管是为了获取新知，还是单纯只怀有功名利禄之心，后科举时代的读书者均将游学日本作为未来进阶之捷径。

中国留学生主要集中在日本东京的神田区。作为中国留日学生的中心地区，这里可称之为留学城。中国留学生会馆总部就在神田区骏河台铃木町。该会馆于 1902 年建成，是一座两层楼的建筑物，里面设有会议场、演说场、日语教研室和俱乐部等。留学生会馆不仅是策划留学生全体活动的机关，还是留学生编译新式书刊杂志的总部。关于中国留学生的重大公共事务，经常是在这里商议决定；清政府到日本视察学务的人员，也会循例会晤留学生会馆干事。留学生会馆干事拥有着相当大的权威，除了协商处理在日本发生的问题外，还负责照顾新来日本的留学生。毫无疑问，留学生会馆及其干事在当时留学生中发挥着重要作用。

自戊戌维新以后，不论是革命派还是维新党，一旦出现了政治危险，大多立即逃往日本避难。一来由于地近费省、来往较易，二来因为留日学生逐渐增多，汲取新知和开展活动比较方便，故许多避难者到日本后进入新式学校学习，成为留学生。许多留学生在接受西学新知之后，对国内政治予以密切关注，逐渐成为活跃的政治人物。留日学生在日本编译的杂志，除了鼓吹极端的"暴力革命"之外，多以开发民智，输入新思想、新知识，倡导改革，激发爱国精神为主，不仅在内容、质量方面远远高于国内杂志，而且发行数量也较国内杂志为多。

当时中国的留日教育具有两种特征，一是教授的内容是普通学科，而非专门学科；二为教育的性质是速成教育，而非正式教育。清政府废科举、兴学堂的举措实行以后，眼界渐开的人们对中国内忧外患日益感到焦虑，迫切谋求革新，开始舍弃直接赴英美学习，转而间接地向取得西方富强经

1905 年摄于日本

验的日本学习。所以，他们迫切希望日本能够提供速成教育。故此，日本当时对中国留学生的教育多为"某某速成科"。杨度第一次赴日游学时，就在弘文学院的速成师范科旁听；再次流亡日本后，进入东京法政大学法政速成科第一期学习，并于 1905 年 6 月毕业。

东京法政大学法政速成科创办于 1904 年，是驻日公使杨枢与东京法政大学校长梅谦次郎联合议定设置的，专门教授中国游学官绅。"所谓速成科者，系将法理之所以然及各国法律之得失互相比较，择其适于中国之用者，则详加讲授，其余姑置不论，以免多费时日学非所用。"按照这个指导思想，该专科修业期限议定六个月为一学期，满三学期便可毕业；教授内容分为法律、政治、理财、外交四科，主要课程包括《日本宪法与各国宪法比较》《刑法》《刑事诉讼法》《民法》《民事诉讼法》《警察法》《地方行政法》《商法大意》《经济学》《财政学》《外交史》《政治学》等。所聘请的授课教师，多为日本有名的法学学士、博士，使用日语授课，专门有翻译用华语转述。此外，尚有实地体验之法，该学科的学生经常到日本司法行政衙门和其他相关单位参观，藉资考证，获得实际的感受。

东京法政大学速成科的留日学生，多为中国游学官绅。他们虽有相当的旧学基础，但对新思想和新知识的了解却极为有限。因此，他们往往非常用功，甚至有些连暑假都不休息。故学制上虽然是短期的，但其成绩却比较优异。

在这批法政速成科的留学生中，涌现了大批在清末民初政坛上的活跃人物。清末各地谘议局的议员，多是留日的法政速成科学生；革命派的主要理论家胡汉民、汪精卫、朱执信等人，也都曾进入法政速成科学习。胡汉民称赞法政速成科的同学说："多俊秀，非曩日可比。"

与法政速成科其他"俊秀"同学相比，杨度无论旧学根底，还是新知水平，都远远超迈群伦，是当时留学生群体中公认的才华渊溢、识见超群的佼佼者。

这时，中国留日学生有三千人左右，其中湖南人就有八百多人。当时留学生主要分为两派：一派是以孙中山、黄兴为首的资产阶级民主革命派，后来组织了中国同盟会；另一派是以康有为、梁启超为首的保皇派，鼓吹变法维新、君主立宪。杨度虽然主张君主宪政，但并没有介入两派之间的论争。他对中国留学生热情接待，保持着联系。他在东京的饭田町寓所，经常是高朋满座，有"留学生俱乐部"之称。黄兴、宋教仁、陈天华、刘揆一、杨笃生、蔡锷等人，都是杨度经常来往的座上客。

杨度热心国事，友善同学，才华出众，在中国留日学生中颇具声望。在留日学生回国的饯别宴会上，杨度发表慷慨激昂的演讲，详细叙述了近十年来国家发生的重大事件，以及帝国主义不断地侵占土地，以致山河变色，人民受难等等。他强调，建国的责任在留学生的肩上，号召回国的留学生挑起重担，发展科学，拯救中国。杨度诚恳地说："如果你们回国后不为国家团体谋利益，个人的学问又有什么用呢？所以，我今天在这里对诸位存着殷切的厚望。"

杨度的政治才干和雄辩能力，很快就赢得了中国留学生的膺服。1904年春，杨度与蔡锷、范源濂、杨毓麟等人，被湖南留日学生推荐为中国留日学生会馆评议员。1904年10月，杨度被举荐为留日留美学界总代表，回国参加争取粤汉铁路废约自办的活动。他在上海、武汉、长沙等地奔走宣传，多次致电政府诸公，力陈粤汉铁路废约自办的重要性以及应该采取的方针，并会晤粤汉铁路"华美合办"的倡议者、前广西巡抚王之春，讨论废约自办问题。

1904年11月7日，杨度参加了黄兴等革命党人在上海余庆里的集会。这次集会，主要商讨反清革命方略，拟即日分途运动大江南北之学界新军。12月5日，杨度与杨毓麟一起自上海返回东京。同年年底，湖南留日学生召集同乡会，讨论兴学问题。他们了解到湖广总督张之洞曾札饬各州县免解赔款留办学堂，希望湖南也能仿此办理，因此湖南留日同乡会联名三百七十多人推举杨度为总代表，与张之洞交涉。受众人推举的杨度代表湖南留日学生致电张之洞，拟请效仿湖北之例，将庚款如数拨还湖南为学堂捐，以办学堂、派游学，并兴工商实业。

1905年初，湖南僧人笠云、道香、筏喻三人被日人邀请赴东游历，日本方面对这三位僧人欢迎之至。中国留日学界洞悉日人阴谋，知道日本正采取各种措施，谋植潜势力于中国。为了粉碎日人的图谋，留日学界遂公宴湘僧，晓以民族大义。寄禅和尚是杨度的湘潭同乡，他在此前曾寄给杨度一首感怀诗："借问吾湘杨皙子，一身去国归何时？故山猿鹤余清怨，大海波涛动远思。独抱沉忧向穷发，可堪时局似残棋。秋风莫上田横岛，落日中原涕泪垂。"

在东京公宴湘僧之时，杨度想起了寄禅和尚的感怀诗，遂在席间赋诗二首，赠与游日湘僧并怀寄禅和尚。其一云：

> 每看大海茫茫月，却忆空林卧对时。
>
> 忍别青山为世苦，醉游方外更谁欺？
>
> 浮生断梗皆无著，异国倾杯且莫辞。
>
> 此地南来鸿雁少，天童消息待君知。

其二云：

> 知君随意驾扁舟，不为求经且浪游。
>
> 大海空烟亡国恨，一湖青草故乡愁。
>
> 慈悲战国谁能信？老病同胞尚未瘳。
>
> 此地从来非极乐，中原回首众生忧。

杨度在诗中指出日本的假慈悲，说明此地并非中国人的极乐世界，每念及衰弱危亡的祖国，就令人伤悲不已，劝说爱国僧人勿为日本利用。

1905 年 5 月 7 日，湖南同乡会在东京一川桥帝国教育会召开第二次选举会，选举同乡会总理。这天到会的湖南留学生有两百多人。投票的结果，黄兴得票数最多，为 87 票，其次是杨度，得 82 票。黄兴坚决推辞担任同乡会总理，众人推举得票第二的杨度出任同乡会总理，但杨度也坚决不干。因争执不下，留学生再次投票，最后确定得票最多的刘耕石为同乡会总理，并在随后选举了同乡会的各类职员。

6 月 7 日，湖南留学生召开同乡大会，欢迎新来日本留学的湖南同乡，出席者有三百多人，杨度担任这次大会的主席。杨度即席发表演讲，精辟地阐发了"道德"二字的意义，热情鼓动湖南留学生要勤学救国，以道德自励。

当时，保皇派、立宪派、革命党各种派别争着涌上历史舞台，杨度是坚定的君主立宪派主将，与梁启超等人的观点相近，但同时与革命派的胡汉民、汪精卫私交很好。

1905 年 7 月下旬，孙中山从南洋来到日本，寓居横滨。留日学生时常聚集在孙中山家中，商讨革命大计。孙中山知道杨度是留学生中的才华纵横之士，便带着程家柽到富士见町杨度的寓所拜访，与其探讨挽救中国之良策。据杨度的妹妹杨庄回忆，由于两人的救国主张不同，辩论得非常激烈。有一次，孙中山因为谈得时间太长，就留宿在杨度寓所，晚上继续讨论，直到天明才抵足而眠。

杨度对孙中山的反清革命理论，颇不以为然。他认为，孙氏革命如一剂猛药，疲弱的中国已难以承受。若让中国康复，只能仿效日本，以君主立宪的温性药力来逐步改良体质。他无法说服孙中山，孙中山也无法将其说服，两人形成了相持状态。《孙中山年谱》对两人谈话情况作了详细记载：

两人聚议三昼夜不歇，满汉中外，靡不备论，革保利病，畅言无隐。先生认为："当今之世，中国非改革不足以图存。但与清政府谈改革，无异于与虎谋皮。因此，必须发动民主革命，推翻这个昏庸腐朽的政府，为改革政治创造条件。"杨度则认为："民主革命的破坏性太大。中国外有列强环伺，内有种族杂处，不堪服猛剂以促危亡。"他引英日两国皆以君主立宪而强为例，"清政府虽不足以有为，倘待有为者出而问世，施行君主立宪，则事半功倍。"卒乃杨曰："度服先生高论，然投身宪政久，难骤改，橐鞬随公，窃愧未能。"杨度说："我们政见不同，不妨各行其是，将来无论打通哪一条路线，总比维持现状的好。将来我如失败，一定放弃成见，从公奔走。"

孙中山与杨度经过长时间的辩论，谁也无法说服对方放弃自己的主张。最后，杨度向孙中山推荐了同样主张反清革命的湖南同乡黄兴，促成孙、黄合作。据史料载："度有同里友曰黄兴，当今奇男子也，辅公无疑，请得介见。"

杨度把黄兴介绍给孙中山后，孙、黄一见如故，倾心交谈。他们对中国的现状和前途有着相似的看法，对"排满"革命大业充满了坚定的信心。孙中山提出，为了扩大力量，加强团结，兴中会和华兴会应该合成一个革命政党，黄兴欣然赞同；孙中山建议合并后的组织取名中国革命党，黄兴认为这个名字太招人注目，不如叫作中国同盟会为好。1905 年 8 月 20 日，中国同盟会在东京成立，推举孙中山为总理，黄兴为庶务，协助总理主持本部工作。

同盟会成立后，孙中山力邀杨度参加，被他婉言拒绝了。杨度再次表示："吾主张君主立宪，吾事成，愿先生助我；先生号召民族革命，先生成，度当尽弃其主张，以助先生。努力国事，斯在今日，无相妨也。"很显然，杨度仍然不赞同搞反清革命，坚持走君主立宪道路。

1905 年 9 月初，中国留日学生会馆第六届干事改选，杨度以七百四十余票当选为留日学生总会干事长。因为受当时一个无名揭帖攻击，杨度曾愤然辞职，其他被选诸君也相继辞职，留学生会馆几乎处于解散状态。很多留学生想了各种办法挽留劝说，但倔强的杨度仍坚决不出。在这种情况下，四川留学生、同盟会会员雷铁崖专门撰写了《杨度辞会馆干事之是非》，对杨度进行耐心的规劝。

雷铁崖首先指出，世间虽毁誉无常、好恶不定，但应以人数多少为定评："天下事公则众，私则小，有公事公非之众人好之誉之，而岂一二人以私怨私憾恶之毁之，遂得以混淆其是非哉！杨子为七百余票所举，是得七百余人好之誉之矣，为一无名揭帖所辱，是得一人恶之毁之矣。岂此一人之见高出七百余人之上邪？盖亦挟私见而然耳。杨子不因七百余人之誉而留，反因一人之毁而去，是不以七百余人之公是公非为定，而以一人之私意为定，何其重视此一人，而轻彼七百余人也？"他指出杨度畏一人反对而置七百余人于不顾，是怯懦畏葸，没有大丈夫气概。

雷氏接着强调，留学生会馆是中国留学生团体的枢纽，干事为留学生的代表，无干事则无代表，无代表则无枢纽，无枢纽则留学生之团体解，而留学生团体关系着中国的兴亡。如果杨度坚决辞职，吾数千学生之团体立即解散，是杨子区区为一身，而坏中国大事，杨子将何以谢天下？因此，他建议杨度毅然接职，举吾分所应尽之事，尽心为之，使吾磊落光明之行昭如日星，则前日之毁不辩而自去。况且古来圣贤皆不免毁，断不能自抑其行以副其毁。何去何从，杨度当不难决断。

杨度读了雷铁崖的文章后，深受启发，决定出任留学生会馆干事长。《广益丛报》描述当时的情景说："杨君得书，感愧无以自解说，乃立出就职，大加整顿，留学生总会焕然一新，团体益较前固，盖强半出此书之力。"

这场干事长辞职风波，说明杨度在当时留日学界确实享有崇高声望。蒋方震、林长民、张继、章士钊、王揖唐、张耀曾等后来活跃于中国政坛的风云人物，俱为留学生会馆干事，受干事长杨度的领导。留日中国学生创办的《湖南学生》和湖南《译书汇编》，均由杨度等人负责编辑出版。

不主张暴力"排满"革命的杨度，虽然拒绝与革命派在组织上进行合作，但并非与革命党人处于敌对的关系。他们都认为，当时的中国必须进行大幅度的变革，但只是相信不同的救国道路。因此，杨度的爱国程度上并不逊于革命党人，并与黄兴、宋教仁、刘揆一、胡汉民、汪精卫等革命党人保持了长期的深厚的友谊。

中国同盟会刚刚成立，宋教仁主编的《二十世纪之支那》因为刊发了

《日本政客之经营中国谈》，遭到日本警察查封。该杂志不但被禁止发行，而且还被追查该文原稿何在，宋教仁被迫谎称已寄往上海、香港。因留日学生会馆担负着讨论决定留日学生中发生的重要事情，宋教仁就到留学生会馆把《二十世纪之支那》的原稿交给了干事长杨度，由杨度主持评议员会议议决《二十世纪之支那》被禁的处理办法，杨度给予热情的帮助，使其渡过了难关。

1907 年初，革命党人刘道一在萍、浏、澧起义中被捕，其兄刘揆一请宋教仁到杨度寓所探听情况。杨度恰巧外出不遇，宋教仁未能见到杨度。但从这件小事上可以看出，革命党人对主张君主立宪的杨度，还是相当信任的。

六、反抗取缔规则风潮

杨度担任留日学生总会干事长期间，正是中国留学生在日本的最高峰，学生总数已达八千余人。清政府虽在日本设有留学生总监督，并制定了一些规章制度加以管束，但是收效甚微。留日学生群体良莠不齐，其中不少留学生生活腐化，并非真心求学，"挟利禄功名之见而来，务为苟且，取一知半解之学而去，无补文明"。就在这样的背景之下，爆发了一场波及全体留日学生的巨大风潮。

清政府驻日公使杨枢鉴于留日学生飞速增加导致的混乱，专折密陈留学生在日本的情况，请求朝廷严定选派学生出洋留学章程。杨枢在密折中对日本的教育状况及留日学生的情况描述道：

"日本普通学堂专为中国学生设者如成城学校等三四处尚称完备，然不完备者则不下十余处，有以三个月毕业者，有以六个月毕业者，甚至学科有由学生自定者，迎合学生之意，学生即喜，入之而不能禁，此普通学堂之不可恃也。日本高等专门各学校及大学校皆有定额，中国学生年增数倍而学额不能增，奴才屡商日本文部皆有难词，即能增额亦难容此数千之众，后来者尤难预计，此高等学堂之不能容也。学生在东习普通者以两年半毕业，此两年半内仅习日本语文犹虑不足，其他学科往往有名无实，近并两年半毕业者亦寥寥其人，此普通学之不可信也。日本学生自小学起，每试验皆合格，至入大学亦须十四年，若是其难也。中国学生到东年余，在本省又多未预备，甚或国文亦未尽晓，遂幸入大学，三年毕业一试获隽，出其强不知以为知之学说以应世用，其贻害可胜思耶。故虽大学及高等毕业者，亦未可尽信也。所入之校屡迁，所习之业无定，争学费则一省以一省为例，补学额则一府与一府为仇，甚至奸窃之案亦不一见，贻笑外人莫此为甚。"

故此，杨枢提出了整顿留日学务的办法，建议要提高选派留日学生的资格条件，慎重选择于前，严加甄别于后。

当时，面对大批涌来的中国留学生，日本正规的教育力量无法容纳，于是专以谋利为目的的各种速成学校纷纷成立。为了吸引留日学生入校，这些学校之间出现了激烈的竞争，竟然出现了数月以至数日的速成科。如传授肥皂制造法的学校数日讲授完毕后，随即颁发毕业证书，纯粹是商人经商牟利的作风。随着留日学生的飞速增加，这种专为牟利的"学商"或"学店"林立，广收中国学生，因管理混乱，日本教育管理部门受到了各界的严厉指责。

1905 年 11 月 2 日，日本文部省为了整顿学校起见，颁布了《关于许清国人入学之公私立学校之规程》，该项规程共 15 条，虽名义上面向所有公私立学校，实际上主要是为了对付私立学校，尤其是专收中国留学生的特殊学堂——"学店"。该规程在公布之前，曾抄稿示商于驻日公使杨枢，杨枢向清政府作了汇报，"寻绎全文，有为整顿学校者，亦有间接管理学生者，实无苛待之意，旋即公布。"

令杨枢与日本文部省始料不及的是，这项规程颁布以后，旋即在中国留学生中引起轩然大波。中国留日学生把这项规程称为《清国留学生取缔规则》，认为是中日两国政府朋比为奸，意图压制留学生的结果。因此，各校留学生群情汹汹，纷纷讨论或发表演说，推举各校代表商讨应对办法。

身为留日学生总会干事长，杨度毫无疑问处于这场风暴的中心。作为一名从传统上层士绅转化过来的新型知识分子，杨度本身阅历较为丰富，接触过很多高级官员和著名学者，在日本两次留学已有数年时间，而且他自己对当时速成教育的弊端深有感触，故主张采取有理有据有节的方式，通过呈递公禀的合法途径据理力争。

在取缔规则颁布当天，杨度就率领留日学生总会干事前往公使馆拜会杨枢，提出反对理由，请求公使进行特别交涉。随后，他在留学生会馆召集各省同乡会负责人，举行评议会议，收集整理反对取缔规则的意见。经过多次讨论后，杨度以留学生总会干事长的名义，率总会全体干事、各省分会长联名向杨枢递交《学生公禀》，请求对日交涉，改正取缔规则中的不妥善之处。

这份公禀首先指出，文部省颁布的规程虽用意至美，但第九条取缔清国留学生校外住宿，第十条规定不得使清国人在他学校因性行不良而被令退学者入学，这两条所规定的范围极广，而且界限不明，在实行中必定会对中国留学生造成不利影响。取缔校外住宿，将会造成诸多不利：于经济上有损害，于学问无补益，于卫生有妨碍，于兼学不便利。公禀中对这四种不便逐一进行了论析，并强调这些都是往事之经验及学生之苦情。

接着，该公禀认为"性行不良"因范围甚广，有可能被校方用来作为无理斥革留日学生的借口，对学生会造成不利影响。因此，杨度等人恳请杨枢照会日本外务省转咨文部省，请其取消规程的第九条及第十条，"若能如此，则吾国学生庶得以达求学之目的，而无不可复留之疑惧，是不仅学生之利益，抑亦两国交际之利益"。

在该风潮发起之初，杨度倡导的这种温和理性的斗争方式占据主导地位，留日学界争议之点仅在第九条和第十条，只要求取消这两条规则。呈递公禀后，驻日公使杨枢同意与日本政府进行交涉。但留学生中的激烈派反对杨度力倡的这种合法争取方式，强烈要求取消全部规则，此后言论渐趋激烈。留学生人数比较多的弘文学院开会讨论此事，"群以日本政府专与留学生为难，不尊重吾辈人格。如不取消取缔规则，宁全体退学。言时非常愤激，此外毫无办法"。

一般情况下，大会集议讨论的时候激烈的方式容易占上风，理智的处理方式往往不被采纳。湖南西路同乡会召开全体会议商讨抵制日本政府取缔规则时，就出现了这种情况："群主张以停课要求，若日本政府不许，则全体退学回国。余主张详细调查日本取缔留学生之原因，与规则内容，及各省同乡会对此问题之应付情形。众以为不必调查，即日停课，多数举手，一哄而散。"

干事长杨度对全体罢课、集体归国的强硬主张表示反对，副干事长范源濂也反对罢课归国，甚至为此事忧虑得吐血。但日益增多的激进留学生胁迫留学生总会干事和他们一致采取激烈手段，并且要求改选留学生总会。留学生总会经过改选后，温和派几乎全部落选。

激进派学生代表到清政府驻日公使馆请愿，杨度没有参加。驻日公使杨枢与杨度一样，只主张取消第九条和第十条，反对激进派取消全部规则的要求。杨度深知以罢课归国为要挟日本的手段，不会取得任何成效，而且得不到清政府的同情支持，最后受损失的还是耽误学业的中国留学生。因此，他坚决不赞同激进派学生的解决办法。

面对这种激进化态势，杨度既无法阻止，又不能苟同。他的这种顾全大局的行为不仅得不到激进派的理解，而且遭到他们的诟骂。杨度被迫无奈，只好选择逃避。12 月 4 日，杨度悄然离开东京，避匿宇都宫等地，不再参与这场罢课运动。

当留日学生的反对运动趋于激烈之时，日本文部省发表了复《学生公禀》的信——《说明书》。他们解释取缔规则是以奖掖学生、整顿牟利学校为目的，毫无约束留学生自由之意，认为中国留学生误解了这项规则，故表示对留学生的抗争绝不让步或打消。当时，日本政府有不少对留学生表示同情的人士，四处奔走谋划恰当的处理。日本民间的态度，较官方尤为强硬，多认为留学生妄逞意气，甚不同情，甚至有加以谩骂侮辱者。如《朝日新闻》认为此次风潮，是因为清国学生过于狭义解释省令，此亦为清国人特有之放纵卑劣行为所致，他们的团结力量亦甚为薄弱，极尽冷嘲热讽之能事。

激进派学生占据主导地位之后，主张罢课与返国的学生成立联合会，举胡瑛为会长，宋教仁为外交长，孙武为纠察长。他们认为，取缔规则不怀好意，要不取消则立即归国自办学堂。他们议决自 12 月 6 日起，各学校一齐罢课，并印制《学生自治规则》派发给全体留日学生。激进派学生决定以铁腕手段对付破坏罢课的留日学生，成立了配备武器的纠察员，不准留日学生擅自上课。自此，反对取缔规则运动发展成为正式的全体留日学生运动。

全体罢课运动开始后仅仅数天，即 12 月 8 日，传来了一个震动整个留日学界的消息。言论风采久为留学界所推崇的陈天华，对这场罢课运动并未积极参加，却在渐趋激烈之时在日本大森海岸蹈海身死。

在投海前一天，陈天华写好了绝命书，并挂号寄给神田区骏河台清国留学生会馆干事长杨度收。陈天华在绝命书中，开头就指出，救中国的一线希望就在于留学生日多，风气渐开，如果留学生能以爱国为念，刻苦向学，以救祖国，方能使祖国转危为安。接着，他直言不讳地指出留学界存在的问题，"有为之士固多，可疵可指之处亦不少。以东瀛为终南捷径者，目的在于求利禄，而不在于居责任。其尤不肖者，则学问未事，私德先坏，其被举于彼国报章者，不可缕数。"

陈天华肯定了留日同学要求取缔规则的爱国行动，但表示并不赞成罢课的主张，但既然已经全体罢课，就应该全体一致，始终贯彻，万不可互相参差，贻日人以口实。接着，陈天华述说了自己投海的原因之一，即日本《朝日新闻》诋毁中国留学生所谓"放纵卑劣"："鄙人心痛此言，欲我同胞时时勿忘此语，力除此四字，而做此四字之反面，坚忍奉公，力学爱国，恐同胞之不见听，而或忘之，故以身投东海，为诸君之纪念。"

陈天华投海的目的，是希望留日同学能坚忍奉公、力学爱国，改变给外人的放纵卑劣形象，并且向留日同学强调不要误会这种本意。对于这场取缔规则风潮，陈天华所渴望的解决办法为：取缔规则问题可了则了，切勿固执，惟须亟讲善后之策，力求振作之方，雪日本报章所言，举行救国之实，则鄙人虽死之日，犹生之年矣！

陈天华希望以自己的死，使留日学生有所警动，从此之后，改掉不良习气，卧薪尝胆，刻苦求学，徐以养成实力，丕兴国家，则中国或可以不亡。陈天华对这场不顾全局、一哄而起的罢课风潮，委婉地提出了批评："凡作一事，须远瞩百年，不可徒任一时之感触而一切不顾。一哄之政策，此后再不宜于中国矣。如有问题发生，须计全局，勿轻于发难。此固鄙人有谓而发，然亦切要之言也。"

通过对陈天华绝命书的剖析可以断言，就对这场取缔风潮的看法来说，陈天华与杨度的态度基本一致。但两人截然不同的是，陈天华希望以自己的死来"警动"留学生，而杨度在无可奈何之下则采取了躲避。

陈天华把自己的绝命书寄给杨度，就是劝说杨度和不赞成罢课而欲辞职的留日学生会干事，在事实以至如此的情况下能够有所作为。

杨度与其他持温和主张的干事何尝不想维持？但局势的发展却使他们无法维持。激进派学生宣布反对罢课归国的胡汉民和汪精卫为死罪。忧虑吐血的范源濂避匿病院，也遭到激进派学生的殴击。

陈天华想以自己的死来"尸谏"留学生，希望留日学生能"卧薪尝胆，刻苦向学"，但造成的结果却适得其反，使得留学生反对取缔规则的风潮更加激烈，集体罢课的决心更加坚定，相约归国者日众，风潮遂行扩大，几至不可收拾。有不少学生因身受威胁，不得不随声附和；有不少主动参加罢课的留学生并不赞成罢课归国的主张，但存在一种将错就错，错须共错，错须错到底的共同心理，从而导致罢课风潮如燎原之火，迅速波及整个留日学界。在中国留学生罢课与返国风潮的高涨声中，日本朝野上下几乎一致表示去就听其自然，日本各学校则尽力疏导留学生消除误会，坚持返国的惟有听便，愿留下继续学习者，则教学照常进行。

罢课归国风潮在陈天华死后数日达到高峰，但这种状况持续甚短。留日学生情绪渐趋平静后，主张上课和反对返国的留学生成立了"维持留学界同志会"，制定临时会章八条，以维持学界秩序为宗旨，劝告同学一体上课。这样，留日学界就产生了两个对立的团体，一派主张归国，一派主张复课。双方都多次发表声明和意见书，展开了激烈的笔战和宣传战，开学生大会时，两派辩争甚烈，不决而散。

在这场取缔规则风潮中，同盟会会员分别加入对立的两派，如宋教仁、胡瑛、秋瑾等人为退学归国派，胡汉民、朱执信、汪精卫等为复课派，双方展开了针锋相对的争论。这是因为，刚成立不久的同盟会只是一个松散的革命联盟，并没有严格的组织和党章来约束会员，以至于在发生如此重大风潮之时，不能发挥团体的应有作用。

避居外地的杨度一直密切关注着事态的进展。在维持会成立后，他致书维持会支持其行动，劝导留日学生早日复课。随着时间的延长和学生情绪的缓和，维持会渐占上风，主张罢课归国者越来越少。日本学校当局一直劝说学生返校复课，清政府派来特使和驻日公使一起进行调停，并发出复课命令。

在这种情况下，留日学生于 1906 年 1 月初召开协商会议，通过了复课决定。1 月 13 日，联合会解散。宋教仁作为该会的负责人之一在解散联合会上发表演说："此次风潮前固可主张力争，但现已无可如何，于情于理于势皆不可久持。"

自此，这场风波终于平息，留日学生纷纷返校上课，国内也有大批学生前来留学。当然，由于中国留学生的抗议，《清国留学生取缔规则》并未实施，最后不了了之。

关于这场取缔规则风潮，各界人士事后大都肯定激进学生的爱国行为，但也客观公正地指出废学返国的无益。如梁启超就多次在《新民丛报》发文，评论这场学界风潮。对于梁启超的"翘短"，一名参与其事的激进学生虽然承认罢课归国的举措失当，但也撰文反驳梁氏翘人之短为轻薄，"且与人既往之失，而时时刺之，在己为轻薄，在社会则无所补益。虽饮冰自文，谓非翘人短，然实际如是。"

作为取缔风潮中激进行动的亲为者，这名学生评价这场风潮说："盖联合会之举动，吾辈祇（只）当谓误用其热诚，而不可谓其心之非公。其示威运动之种种不当，则由彼等迷认一争国体事件于肠中，故急欲出而一致。幸而此事与国体毫无关系已耳，万一有他问题，诚为争国体者，而得如彼辈之坚持，则我亦将一切抹杀耶。鄙意以为彼等直是误解，其根于误解所生出之办法，虽有不当，不能过责。"

这名激进者承认当时采取的办法失当，但因为是出于公心而误用热诚，强调不能过于责备他们。梁启超把这场风潮中的杨度，比作断头台上的路易十六，这名激进者甚不以为然，对梁氏反驳道："以总干事长某氏，仆尝识其人。饮冰亦与交契，然固知爱名誉，于学界无作威作辟之事尔。"爱惜名誉当然好于作威作辟，故这名激进者只是认为梁启超的比喻不伦不类，对杨度也并没有进行辱骂攻击。

从这位激进参与者的自我评判来看，杨度在这场风潮中先是采取据理力争，后因无法劝阻激进行动，只好躲避的办法，实在无可指责。

第三章
宪政领袖

代撰《宪政大纲》

组织宪政讲习会

鼓吹金铁主义

一、代撰《宪政大纲》

　　20世纪来临之前的半个多世纪里，清政府一直致力于维护传统的统治形式。但是在日益严重的内外危机面前，它只好无奈地放弃这种迂腐作法，在1901年宣布进行新政变革。这场变革，涉及政治、教育、军事、经济等社会生活的各个方面，主要措施有废除科举、创办新式学堂、奖励出国留学、禁止鸦片、编练新式军队、改革司法和巡警制度、发展实业和新式交通运输业等等。这场变革，逐渐改变了中国的社会结构和主导思想。

　　清末新政大致分为两个阶段。第一阶段从1901年到1905年，这一阶段变革中最具有影响力的是废科举兴新学的制度转变，因为这不但是旧传统士绅和新式知识分子的分水岭，而且促使了大批传统士绅向新式知识分子的转变，杨度就是一个典型的例证。这时期所培育的新式知识分子与具有新思想的旧士绅，成为各项新政事业的推动者。1904—1905年，在中国东三省爆发的日俄战争所预示的严重民族危机，以及立宪的日本战胜专制俄国的结局，极大地促发了清政府朝野双方对君主立宪的向往。清末新政进入了以预备立宪为主要标志的第二阶段。第一阶段培育的大批新人才和广泛传播的新思想，为第二阶段的预备立宪做了某种程度上的人才和思想准备。

　　在清政府新政的初始阶段，杨度逐渐从一个传统的士绅转变为新型的知识分子。1903年经济特科考试虽然迫使杨度第二次"逃亡"日本，但也使其声名远播。杨度积极投身于政治活动，为粤汉铁路争回自办回国奔走。为了探索救国的道路，杨度与国内外各种政治势力都有所接触，使他在日本逐渐成长为影响巨大的学界领袖，并且以"宪政"专家的身份享誉全国。当清政府开始预备君主立宪之时，杨度在国内外的政治影响力日益增大，尤其是此时他已经形成了一套系统的立宪思想，对清政府所实施的第二阶段新政，施以重大的影响。

1905 年，在中国东北地区进行的日俄战争结束，小小的岛国居然战胜了庞然大物般的沙俄帝国。日本的胜利产生了意想不到的效果，成为激荡清末社会立宪思潮的导火索。在时人看来，弱小的日本之所以能够战胜貌似强大的俄国，是因为日本实现了君主立宪制度，而俄国则是君主专制制度。所以，日本战胜俄国，被很多人看来是立宪制国家战胜君主制国家的标志，中国要想真正富强，必须放弃君主专制，实现君主立宪。

早在 1904 年 5 月，东南立宪派首领张謇、汤寿潜就游说湖广总督张之洞奏请立宪，并代他草拟了一份奏稿。但胆小谨慎的张之洞深感兹事体大，不敢妄然行动，嘱托张謇试探袁世凯的态度。张謇遂致书袁世凯，希望体察国内形势，效法日本明治维新时的伊藤博文，出面主持立宪。

张氏对袁世凯说：你今揽天下重兵，肩天下重任，宜与国家有生死休戚之谊，认为不变政体，枝枝节节的补救无益也不及。他劝说道："明治维新之伊藤、板垣诸人共成立宪，巍然成尊主庇民之大绩，论公之才，岂必在彼诸人之下？"

张氏这封洋洋千言的长信，对袁世凯动之以情，激之以名，颇具苦心。但由于袁世凯此时尚不知道慈禧太后对于立宪的态度，也弄不清立宪与专制的利弊，需要反复权衡才能行事，故答复张謇："尚须缓以时日。"

在朝野上下的一片促请立宪的声浪中，慈禧太后觉得守着老规矩已经不行了，思谋实行君主立宪的可能性，并小心翼翼地开始进行尝试。1905年 6 月，袁世凯在摸清慈禧太后的思想脉搏后，奏请派遣直隶县官赴日本游历三个月考察宪政，随后与张之洞、两江总督周馥联名电奏实行君主立宪政体，并向西太后游说请行立宪，宣传立宪无损于皇室的权力，而且还能使"君权永固"。

1905 年 7 月 16 日，为了抵制日益高涨的革命运动，摆脱严重的政治危机，以预备立宪欺骗麻痹广大民众，慈禧太后采纳了袁世凯等人的建议，正式颁布上谕：朝廷屡下明诏，力图变法，锐意振兴。数年以来，规模虽具，而实效未彰，总由承办人员向无讲求，未能洞达原委，宣布朝廷成立考察政治馆，接受袁世凯请派皇室亲贵出国考察政治的建议，正式宣布派遣高级官员出访日本和欧美等国，实地考察宪政情况，为朝廷将来实行宪政作准备。

　　清政府派遣官员出国考察，尤其是考察政治体制状况的举动，多少做出了顺应民心民意、锐意改革的新姿态。当时清政府确定的五位大臣，分别是宗室辅国公载泽、兵部侍郎徐世昌、户部侍郎戴鸿慈、湖南巡抚端方、商部右丞绍英。这五位大臣，或来自清朝宗室，代表了满族皇室的大臣；或来自地方改革势力，属于锐意进取的新式官员；或来自掌管财政和商业的大臣，也有统筹军事方面的官员。从清政府选派的五位大臣看，其对出国考察政治之事还是颇为重视的。

　　五大臣出国考察宪政，计划兵分两路，一路由载泽、戴鸿慈和绍英等带领，考察俄、美、意大利、奥地利等国家；另一路由徐世昌和端方等率领去考察英、德、法、比利时等国家。然而，以孙中山为首的革命党人对此有着自己的看法。他们认为，清政府派五大臣出国考察宪政，只是敷衍了事，拖延时间，是满洲权贵瞒天过海的统治手法而已，并不是真正要实行什么宪政。

　　1905 年 9 月 24 日，清廷派遣五大臣在北京正阳门火车站乘火车南下，到上海坐英国太古轮船出洋考察。革命党人吴樾怀揣事先制好的炸弹，登上五大臣专车。随着"轰"的一声巨响，端方、戴鸿慈、绍英、载泽等人被炸伤，吴樾当场牺牲。五大臣出国考察之事，被迫推迟了。

　　1905 年 12 月 19 日，在上海吴淞口，清朝钦差大臣戴鸿慈和端方率领的出洋考察团,乘坐美国太平洋邮船公司的巨型邮轮"西伯利亚"号启航。次年1月14日,由载泽、尚其亨、李盛铎率领的另一路出洋考察团,也登上法国轮船公司的"克利刀连"号启航,驶往了日本。

为了使考察取得卓著成效,五大臣选拔了几十名"识见开通"的京内外官员作为随行人员,声势很大,摆出了一副要实行立宪的姿态。但五大臣不懂外文,对于外国的政治情况更是一无所知,很难考察出什么结果来。但慈禧太后授命:五大臣考察回来要上奏考察报告,朝廷要以此为依据预备实行宪政。在这五位大臣中,虽然不乏像端方这样比较新派的人物,但要说到宪政之精义,要形成文字之报告,只能是一片茫然。面对这个棘手的问题,五大臣非常着急。于是,他们找到随行参赞熊希龄商议对策。

熊希龄是1898年前后湖南维新运动的主要参与者,与梁启超、杨度等人多有来往,三人后来成为至交。熊希龄说道:"我们匆匆地去外国,又匆匆地回来,怎么能够搜集到那么多材料?即使搜集到了,还需要整理,也不是件一蹴即成的事。依我的想法,倒不如请一个精通宪政的人,代写几篇有关各国的宪政文章,为我们拟出一个方案来。等我们回国后,加以补充,然后上奏朝廷,比较妥当。"

五大臣认为这个办法好,但找谁代写呢?熊希龄接着说:"我国精通宪政的人才,只有两个:一是梁启超,一是杨度。他俩目前都在日本。梁启超是朝廷的罪人,不能找;不如去找杨度,请他代写。"

1906年1月21日,随五位考察各国宪政大臣出访的熊希龄专程来到日本,在东京找到杨度,把事情详细作了陈述,劝杨度替五大臣起草有关各国宪政的报告。熊希龄开玩笑似的说:"这一下可以大显你的才华了。你替五大臣装上一道宪政的灵魂,等他们在外国畅游了繁华世界,享尽了香槟美酒回国的时候,就可以拿你的大作去交卷了。这样岂不是一就两便,两全其美?"

因悉心研究各国宪法及政体,此时的杨度已经成为国内外宪政问题的权威诠释人，名声远播。熊希龄代表五大臣专程前来约稿，杨度觉得这是实现自己政治主张、表现自己学识、大展自己才能的绝佳机会，就欣然答应了。杨度之所以愿意代五大臣起草关于君主立宪问题的报告，主要原因在于：杨度本来就是主张君主立宪的，其思想与清政府欲实行君主立宪的想法是一致的。

杨度之所以会产生君主立宪思想，主要归结于他对中国历史和社会的认识，及留学东洋后对日本政治的切身感受。杨度的君宪思想，是在日本留学期间逐渐形成的。明治维新后实行君主立宪的日本，正呈现出前所未有的活力。日俄一战，居然使庞大而不可一世的沙俄帝国低头，中国人很容易得出"宪政优于专制""唯有宪政才能强国"的结论。而在留学日本的生活中，中国留学生第一次领会了集会、结社、言论、出版等自由的益处。同时，日本保留了自称"万世一系"的天皇制度，中国留学生于日常交际生活等细微处，体验了日本人对天皇那种发自内心的敬畏。日本实行君主立宪的成功，给杨度留下了深刻的印象。在杨度看来，中国有几千年的帝王专制制度，国民能力程度不高，中国人久已习惯于有一个至高无上的"皇帝"符号，如果没有了这样一个符号，则人心不稳，易启动国内祸乱。同时，面对清末内忧外患的危局，中国境内民族众多，废除传统的君主制而实行民主制度，很容易导致国家分裂。而要实行近代日本式的宪政，并不是非实行民主制度不可。在保留传统君主的前提下，照样可以像日本、德国和英国那样实行近代立宪政治。

正因形成了这种"君宪"思想，所以，杨度不仅不赞同孙中山以革命方式推翻帝制、实行共和，而且以这套君宪主张与孙中山相辩难，企图说服孙中山接受自己的君宪主张。虽然没有能够说服孙中山，但当清政府决定实行立宪时，杨度认为完全可以假借清政府之手，实现自己的君宪理想。这便是杨度愿意代五大臣起草关于君主立宪报告的思想动因。

当五大臣在欧洲考察期间，杨度在日本东京奋笔疾书，将自己的政治主张与超众文采一并倾于纸上，为中国未来的宪政精心构思蓝图。他详细地分析了实行君宪制度的欧洲几个主要国家的宪政状况，找出他它们各自的优长之处。他认为，最适宜中国国情的是日本的君主立宪制度，中国的宪政应多采取日本的成法。中国实施宪政，应分三个主要步骤：第一步召开国会，第二步制定宪法，第三步推行宪政。为此，杨度执笔撰写了两篇条理清晰、论证严密的皇皇大文——《中国宪政大纲应吸收东西方各国之所长》和《实施宪政程序》。不仅如此，他还亲自前往横滨，说服另外一位宪政专家梁启超参与到为五大臣撰写考察报告活动中，让梁氏负责撰写了一篇《世界各国宪政之比较》。

　　当五大臣从欧洲、美国、日本等地考察结束回到上海后，熊希龄再次专程到日本东京，取来了杨度和梁启超赶写的关于宪政的考察报告。他们命人将这三篇报告略事修改，就匆匆返京，将其奏请清廷，准备实行君主立宪。

　　五大臣除了将杨度、梁启超撰写的文章修改后上奏朝廷外，还极力保荐为其撰写报告的杨度，称赞他精通宪政，才堪大用。从此，杨度暴得大名，朝廷高层人士多晓得有个"懂法"的留日学生杨度。此后，清政府关于立宪的诸多重要文件，均出自杨度之手。

　　在考察大臣奏请立宪的奏折中，最著名的当数载泽的《奏请宣布立宪密折》和端方的《请定国是以安大计折》。端方在奏折中强调，通过这番赴欧美进行政治考察，认识到东西洋各国之所以日趋强盛，是因为采用了立宪政体之故，从而得出这样的结论："中国欲国富兵强，除采取立宪政体之外，盖无他术矣！"

　　载泽根据杨度等人的报告，撰写了奏请立宪的密折。在该密折中，他反复论述立宪有利于皇统，无碍于君权，并且列出了立宪后君主拥有的 17 条大权，指明在当时的局势下，实行君主立宪有三大好处：一曰皇位永固。

立宪之国君主，神圣不可侵犯，故于行政不负责任，由大臣代负之；故相位旦夕可迁，君位万世不改，大利一。二曰外患较轻。今日外人之侮我，虽由我国势之弱，亦由我政体之殊，故谓专制，谓为半开化而不以同等之国相待。一旦改行宪政，则鄙我者，转而敬我，将变其侵略之政策，为平和之邦交，大利二。三曰内乱可弭。海滨洋界，会党纵横，甚者倡为革命之说，顾其所以煽惑人心者，则曰政体专务压制，官皆民贼，吏尽贪人，民为鱼肉，无以聊生。故从之者众。今改行宪政，则世界所称公平之正理，文明之极轨，彼虽欲造言，而无词可藉，欲倡乱，而人不肯从，无事缉捕搜拿，自然冰消瓦解，大利三。

载泽的奏陈有理有据，颇具说服力。君主立宪既可以永保皇位，大权又不至于旁落，而且可以消弭乱源，好处如此之多，自然会使慈禧太后和光绪皇帝动心。

1906 年 8 月 27 日，袁世凯与醇亲王载沣、军机大臣、政务大臣、大学士等就出使大臣奏议，进行讨论。袁世凯、奕劻、徐世昌、张百熙等主张从速实施宪政，而大学士孙家鼐和铁良、荣庆等主张从缓。

会后，与会王大臣将讨论意见面奏慈禧太后，请求立宪先从改革官制开始。庆亲王奕劻对慈禧太后说："若不及早将国事决定，使宪政克期实行，万一人心不固，外患愈深，陷中国于朝鲜地位，臣等不足惜，其如太后、皇上何？"

慈禧听后大为动容，当即答应宣布立宪年限。

9 月 1 日，清政府正式颁发了《宣示预备立宪先行厘定官制谕》，确立君主立宪为基本国策。上谕指出，当今日处阽险，忧患迫切，非广求知识，更订法制，上无以乘祖宗缔造之心，下无以慰臣庶治平之望，欧美各国因实行宪法而富强，中国惟有及时详晰甄核，仿行宪政，大权统于朝廷，庶政公诸舆论，以立国家万年有道之基。因目前规制未备，民智未开，不可操之过急，必先从官制入手，厘定各项法律、广兴教育、清理财务、整饬武备、普设巡警，使绅民明晰国政，以预备立宪基础。至于启动宪政的时间，则视进步之迟速，定期限之远近。

这道上谕，标志着实行宪政成为清政府今后努力的核心目标，专制皇权开始了迥异于往昔的巨大转变。次日，清政府成立编纂官制馆，特派袁世凯与载泽、大学士世续、外务部会办大臣那桐、荣庆、载振、内务府大臣铁良、理藩部尚书善耆、户部尚书张百熙、戴鸿慈、巡警部尚书、政务大臣徐世昌等人，一起编纂新官制。而编制馆的办事人员，如提调杨士琦、孙宝琦，起草委员金邦平、张一麟，参与议论的王士珍、朱彭寿等人，多为袁世凯的僚属，故该馆实际掌握在袁氏手中。

朝廷的积极姿态很快得到国内外立宪派的热烈回应。1906 年，以"务求尽国民参预政事之天职"的上海宪政研究会成立。年底，全国最大的宪政团体——预备立宪公会在上海诞生，并出版《预备立宪公会报》。1907 年，梁启超在日本发起成立政闻社，以《政论》代替《新民丛报》，作为政闻社的机关报，康有为亦改保皇会为帝国宪政会。国内各种名目的宪政团体纷纷创立。

此时，国内外各种事件都指向立宪的需要，朝野双方形成了立宪的共识，希望借立宪之机解决清朝内外所面临的各种问题。把实行立宪设想为一副能医治百病、药到病除的良方，尽管是一种不切实际的空想，但是新的改革举措，无疑是一个令人憧憬的新希望。海内外立宪派纷纷摩拳擦掌，渴望能在立宪改革中为国家作贡献，为自己建勋业。

二、组织宪政讲习会

杨度、梁启超替载泽和端方等五大臣代草了许多考察宪政、奏请立宪的奏折，推动了清廷立宪方针的确立。他们幻想着自己政治抱负可以由此实现，故对清廷立宪改革寄予厚望。梁启超在看到清政府预备立宪的诏谕后，非常乐观地断言：政治革命此后可以告一段落。

为预备立宪而首先进行的官制改革，关涉到国家机关的重新设置、职权范围的重新厘定和人员重新安排等一系列重大问题，矛盾冲突异常激烈，在清廷内部掀起了轩然大波。最后各方势力折中调和的结果，是保留了军机处，否定了设立内阁总理大臣的建议，"内阁军机处一切规制，着照旧行"。国家机关最大的改变，是调整行政部门为 11 个部，各部堂官设尚书一员，侍郎二员，满汉不分，从而打破了沿袭两百多年的旧体制。除了外务部之外，其余各部尚书均为专职。11 个部的尚书中，满人有六，汉人有五，蒙古一人。虽然打破了满汉界限，但这样的改革并没有使各方满意，权贵大臣载泽和袁世凯等人尤为失望，认为这样的官制改革"性质全失，基础不理"。

当清廷改革官制进行之时，梁启超代人撰写改革官制的文章，并且对自己的改革设计颇为自信。但他看到改革官制有名无实，与自己的设想相差甚远后，颇为失望。他批评道："政界事反动复反动，竭数月之改革，迄今仍本来面目。政界之难望，今可决断，公一腔热血，空洒云天，诚伤心事也。"

这样，清廷官制改革的结果，不仅没有增强政府的合法性，反而使不满的人群日益增加，革命党势力有所增长，正如梁启超所言："他党近来势颇发达，久恐有异动，排斥立宪之声，如蛙鸣之噪耳"，进而连累主张立宪的梁启超、杨度等也遭受唾骂。但清政府确立君主立宪的目标，毕竟为主张立宪的人士提供了组织政党的难得契机。

此时在留日学界，杨度是革命党和立宪派极力拉拢的对象。他与两派政治势力均保持着良好的关系。因为政治主张不同，杨度拒绝了孙中山合谋共事的邀请，对此，梁启超描述道："去年中山以全力运动之，不能得，今革党日日攻击之，而其志乃益因以坚定。"梁氏说革命党日日攻击杨度略有夸张，因为杨度与革命党的许多精英都有相当不错的个人关系，而且他自己虽然主张和平的君主立宪，对革命党的激烈行为也并不反对，双方颇多来往，革命党人经常与他共事。所以，杨度始终没有像梁启超那样，与革命党人产生激烈的矛盾。

因为君主立宪的基本主张相同，杨度与梁启超自然有更多的共同话语。杨度与梁启超自 1903 底开始交往后，两人关系甚密，互相视对方为自己难得的佳友，希望能够联手，以立宪方式挽救国家危亡。但杨度并没有加入康、梁一派的保皇会组织，这主要是因为：杨度深感保皇会的名义狭窄而且窘迫，在国内为政府所深嫉，康、梁一直是通缉擒拿的要犯；在国外又为革命党人所指目，一直是攻击谩骂的对象，国内外都难有较大的发展。

基于这些情况，杨度虽然与梁启超交往密切，在政治思想上有许多相同之处，但一直拒绝加入保皇会。清政府预备立宪的诏谕颁布之后，杨度和梁启超都认为抛开保皇会的旧组织，发起组织新政党的时机已经成熟。他们两人在日本频频面商，或以书信方式讨论国政民情，开始探讨成立推动政府改革的政治组织。

他们要联合组织新政党，必须能妥善处理好康、梁在新政党中的位置问题。才高气傲的杨度，在戊戌年只是一名普通青年士绅时，就对当时名满天下的康有为颇不以为然，认为康有为的才学不过如此。现在，杨度已经以"宪政专家"扬名天下，而且是东京留学生界最有势力的人物，地位今非昔比，更不把康有为放在眼里。1906 年 10 月，杨度纳赀捐候选郎中，在国内有进行合法活动的政治资本，而康、梁则仍是朝廷通缉的政治要犯。很显然，此时的杨度，是不会甘心作受康、梁驱使的马前卒的。

康、梁是促进清政府维新变法的前辈，在海内外声名很盛，有着规模庞大的政治组织，自然只想把杨度视作收归己用的得力干将，平等待之尚且不能，更不可能让杨度居于主导地位了。这些情况说明，杨度与梁启超之间双方虽然交契友深，也只能是有限度的合作，谁都不会屈己从人，甘居从属地位。

熊希龄、杨度和梁启超三人是深具政治抱负的朋友，联手推进了清政府的立宪改革。当朝廷宣布预备立宪之后，他们开始酝酿成立近代政党。1906年底，熊希龄、杨度和梁启超在日本神户连续商讨三天三夜，确定了组织政党的各方面问题。他们拟成立的新政党名为宪政会，设本部于上海，以杨度为干事长来主持。初步讨论的纲领主要为：尊崇皇室，扩张民权；巩固国防，奖励民业；要求善良之宪法，建设有责任之政府。他们拟在国内争取政界要人袁世凯、端方等为暗中赞助人，邀请立宪派名流张謇、郑孝胥等人加入以壮大声势。

梁启超与杨、熊两人确立宪政会的组织原则和方法后，专门致函康有为，详细汇报了这次讨论组党的情况，并说明宪政会暂不设会长，空其席以待康氏，康氏现时为暗中主持而已。至于梁启超，则以寻常会员之名禀康氏之命，就近代行会长事。因为东京学界人数众多，卒业归国的遍布要津，故新组织的政党要先从东京积势，先在东京举行结党礼，随后设本部于上海，以干事长杨度负责主持。借此机会，梁启超极力向康有为夸赞杨度的才学："东京中最同志而最有势力者莫如杨晳子度。其人国学极深，研究佛理，而近世政法之学，亦能确有心得，前为留学生会馆干事长，留学生有学识者莫不归之。"

干事长的人选自然非人望、学识俱佳的杨度莫属，梁启超致函康氏说："干事长必须极有才学有望而极可信者，舍晳子殆无他人，拟以彼任之。"他再三嘱托康有为，对杨度要以"国士"待之，不要让杨度感到失望，其云："以弟子所见，此人谭复生之流也，秉三亦谓眼中少见此才。"梁启超希望康有为以"国士"待杨度，目的是"得其心"，因为有才的杨度不易降服，但"降服后则一人可抵千百人"，这样一来，杨度就会始终效死力于新党。

在梁启超心目中，正在酝酿成立的宪政会自然是以康梁一系为主导，而杨度只不过是一个"降服"后能为他们"始终效死力"的干将。梁启超在给康有为的信中所用的词汇，如"得其心""降服""效死力""从我"等等，都非常清楚地揭示了这一点。

很显然，这只是梁启超的个人妙想。这种想法，种下了宪政会还没有来得及成立，杨度与梁启超就已分道扬镳的种子。

1906 年 12 月，当梁启超、杨度拟议设立的宪政会尚在讨论之时，国内立宪派名流在上海联合发起成立了预备立宪公会，选举郑孝胥为会长，张謇、汤寿潜为副会长，主要以筹备立宪事宜，推动朝廷立宪，提高国民的宪政知识为中心。这样，梁、杨设想中的争取国内立宪名流的计划就落空了。负责运动国内权贵和立宪名流的熊希龄，此时极为灰心。

不仅国内的立宪派没有及时地争取过来，更为要命的是，梁启超和杨度之间开始出现了分歧。杨度除了在 1907 年 1 月创刊《中国新报》外，还于 2 月 9 日与方表、陆鸿逵等人在东京组织成立"政俗调查会"，杨度自任会长，开始自立门户，公开与梁启超分道扬镳。

据宋教仁 1907 年 2 月 11 日的日记记载："（熊）岳卿告余前日杨皙子等结立一党，表面名曰政俗调查会，实则欲成为一政党者，其宗旨在反对政府及革命党，而主张君主立宪云云。"熊岳卿、宋教仁等人虽然并不知晓杨度与梁启超的秘密组党计划，但已经猜出杨度成立政俗调查会的目的，是为了组织新政党。

实际上，杨度率先成立政俗调查会的目的，并非仅仅是为了摆脱康、梁而独立结成新党，而是为了在将要联合成立的宪政会里拥有更大的势力。但这恰恰是梁启超所不能允许的。1907 年 3 月，梁启超在致蒋观云的信里，把宪政会难产的主要问题归结为杨度的政治野心。他说：

"某君（指杨度）欲以其所支配之一部分人为主体，而吾辈皆为客体而已。吾辈固非不能下人者，苟有一真能救国之党魁，则投集其旗下为一小卒，固所不辞，但某君果为适当之人物否，能以彼之故而碍党势之扩张否，则不可不熟审耳。又某君之意，必欲于结党式举行后，即自在上海开一大局面，此议先生前次已极反对，弟细审情形，亦益不以彼所主张者为然。"

　　很显然，这只是梁启超的一面之词。在他看来，杨度如果听从他和康有为的指挥安排，双方就能够顺利合作；杨度独自打开局面的想法，是想要脱离康、梁的控制，自然不会得到梁启超的赞同。但杨度的抱负、禀性以及能力，都决定了他不可能单纯只作受康、梁驱使的一员干将，而为他们效死力。

　　杨度与梁启超两人曾经数次书信往还，讨论组织新党中出现的问题。在杨度看来，当时主要有两大问题，一是政党成立之时期，二是政党组织之方法。两人之间的分歧，主要集中于第二个问题。杨度指出："其所以如此之难者，实蒋观云发生一个地位问题，不肯少屈己而伸人，贻吾人以困难，且吾人心里亦被其纷扰，而几流于不光明。"他指责蒋观云倡言欲坐收权利固地位，又言内地危险，不肯深入，实非真爱国所宜言。强调自己只为尽一身之责任，不仅目前之祸福不问，即将来之升沉亦不问，扫除一切地位权利问题，求患难为公的朋友。

　　杨度认为，以前所拟定的组织方法，都不甚妥帖，建议组织方法分四级，第一级为总理，第二级为国务委员，第三级为常务委员，第四级为普通会员，另外设置一名干部来主持党中重要事件。因为康有为所牵涉的利害太大，最妥当的解决办法是，总理暂不举人，康有为暂不入党。这个问题因关系太大，是现今所最应注意的第一问题，这主要是因为清政府和革命党都把康有为看成自己的政治大敌。杨度分析道："南海之反动力太大，革党与政府或可借此以为摧残本党之具，非本党基础稳固，势力大张，不畏政府之后，会员中不仅无敢顶康党之名而冒名以进者，即有之而不胜其阻力，于国于党，皆无所益，此人人所共知。"即使杨度和梁启超两人联名提议康有为担任总理也决不可得，因为梁启超本人仍是政府通缉的要犯，并为革命党主要的论战对手，他自己入党尚非全无问题，如果再发生"南海问题"，则真无解决之道了。而国务委员则虚其席以待天下之大人贤者，杨度本人则甘居负责任的常务委员，与最初组织政党的同志居于同等的地位，不立丝毫之区别，这样必能同心同德以济艰难。

杨度认为，要想达到组党救国的希望，梁启超和他两人都必须屈己奉公，无私毫地位权利之见，否则便会问题横起。这次东京传言"杨、蒋争权，各诉于梁"，杨度大呼冤枉。因这次传言是由梁启超"甚敬其人热诚"的徐佛苏散播的，所以，杨度提醒梁启超，徐佛苏之为人热诚而识暗，难于深谋，"无智略，可与行之，而不可与谋之。兄此后不可不注意。彼与弟之交情先于吾兄，弟服其热诚而不常与谋事，非无故也。"接着，杨度直率地指出了梁启超的缺点，"兄千顷汪洋固其美质，然处世之际，亦不择人不择言，则实不可以为长处而自护也。"

至于政党成立之时期，杨度认为应该首先造势，用他的话说就是："欲党成而有势力，则必社会上结党之观念大盛而后可。"最简单的办法，莫如以开国会为号召，先在社会上造成开国会的舆论。他阐述道："合力专言开国会事，事事挟此意以论之，如此者二三月，则国会问题必成社会上一简单重要之问题，人人心目中有此一物，而后吾人起而乘之，即以先谋开国会为结党之第一要事，斯其党势必能大张，盖先举事而后造舆论，不若先造舆论而后举事，此格兰斯登之法也。"

杨度接着解释了先造开国会舆论的原因。他指出："其所以必以国会号召而不可以他者，因社会上明者甚少，一切法理论政治论之复杂，终非人所能尽知，必其操术简单，而后人人能喻，此'排满革命'四字，所以应于社会程度,而几成为无理由之宗教也。吾辈若欲胜之,则亦宜放下一切,而专标一义,不仅使脑筋简单者易知易从,并将使脑筋复杂者去其游思,而专心于此事,我辈主张国会之理由,但有一语曰,国民举代表人以议国事,则政府必负责任而已。以此为宗教,与敌党竞争实力,彼虽欲攻我,亦但能曰办不到,而不能曰不应办也。"

这样一来,既可以避免反对者的攻击,又可把主张君主立宪的各派势力团结在召开国会的大旗之下。他解释道:"所以主张此者,则任其各自为说,无论其从何方面言之皆可,譬如出一题目,任人作文是也。"这也正如革命党内部虽政治主张差别甚大,但都能团结在"排满"革命的大旗之下,"'排满'革命之理由,各异其言,有曰报仇者,有曰争政权者,有曰满人不能立宪者,有曰立宪不利于汉者,虽皆无理,而各有一方面之势力。"

"排满"革命之说之所以在社会上有如此大的号召力,杨度之所以强调应以国会作为君主立宪的主要目标,因为简单的号召办法可以增加势力减少阻力。他说:"凡理由甚简单而办法甚复杂者,虽智者不易寻其条理。凡理由甚复杂而办法甚简单者,虽愚者亦能知之,能言之,能行之,范围反较为大,势力反教益增也。"

杨度阐述了应先以国会为号召在社会上广造舆论之后,向梁启超提议,目前鼓吹的重点宜专重国会,而不必专重政党,若专重政党,人犹不知,结此政党将何所为,虽鼓吹而仍无效,但使国会舆论将成,人人皆欲得此而无其法,则一言结党,则须臾立成矣。杨度进而指出了梁启超最近在政策上的一些失误。因为梁启超写文章既骂政府,又批评留学界,两面不讨好,故杨度建议梁氏若能专从政府一方面立论,实可以唤起同情;若专驳革命党,批评国民,实为失策。

在杨度看来,立宪派既处于民党地位,则但有号召国民从我以反对政府，不能立于裁判政府与国民之地位，为公平之议论。"若忽东忽西，则招国民之疑惑，生党员之嫌恶矣。我辈若欲为民党，则不可不立于一方，而决不可为两歧之论。"

杨度直率地指出梁在政策上的失误做法，是因为担心政策不同会影响到两人合作的宗旨，并特意说明"弟与兄无所谓心术问题，特政策问题耳"。希望梁启超能谅其诚而恕之。

梁启超对杨度以国会为号召的办法甚为赞同，"至专提倡开国会，以简单直捷之主义，求约束国民心理于一途，以收一针见血之效，诚为良策。弟当遵此行之，并在《时报》上有所鼓吹"。政策上的问题虽然解决了，但两人对政党的组织方法仍有根本分歧，虽经数番辩论，仍然没有达成共识。

杨度批评梁启超处世之际不择人不择言，对梁所倚重的徐佛苏和蒋智由都不甚满意。在杨度看来，徐佛苏热诚无智略，可与行之，而不可与谋之；蒋观云只想着收权利固地位，不肯屈己而伸人，以至发生个人地位问题，生出许多麻烦。但梁启超对杨度的劝诫并没采纳，因为此时他已把徐佛苏和蒋智由二人当作自己组党的主要帮手。梁启超希望的解决办法，是调处蒋智由和杨度这两方面的势力，自己居中操纵。梁启超向杨度强调，对于同主义的别党，必毋立于互相排斥之地位，而惟立于互相提携之地位，这样才能自增势力。接着，梁分析造成政党不能成立的原因不在政见，而在各个人之感情，提出的解决办法是一面各自为战，一面积极地接近感情，为最终的统一做准备。

然而，梁启超的言行并非完全一致。他在劝导杨度要力求接近感情的同时，却又在与徐佛苏和蒋智由通信的时候，多次抱怨批评杨度。梁启超向徐佛苏、蒋观云抱怨杨度想揽权的同时，他自己对掌握大权也甚是在意，"拟于公布之章程外别著所谓'干部章程'者，此党中命脉，在此处重握其权，则不致有分裂或旁落之忧也。"梁启超多次与徐佛苏、蒋观云密商组党办法，但又不愿先提出分离，"最好俟其宣布分离后，我乃明建旗鼓，则我有词以责彼，彼无词以责我"，这样就不会中其术而为彼所用，梁启超为在以后能较占地位颇为费心，以至于自己都抱怨"甚矣用权术者之苦也"。

梁启超把这次组党中所产生的困难，全部归因于杨度，并把自己以前极力夸赞并极可信的良友，断定为世间最难共事的人："盖人之难共事，至于如某君者，盖世间更无其他。"梁启超对杨度的评价，在褒之时几乎誉其为完人，贬之时又詈其为恶鬼，从这点来看，梁启超是一位感性多于理性的人，考虑事情并不是很细致周到。

就这次联合组织政党而论，杨度的组织才能和思虑周全方面显然高于梁启超。杨度在酝酿组党时强调要妥善处理好康有为和梁启超的地位问题，因为如果处理不好就会给政党的发展横生阻力。梁启超单独成立的政闻社不到一年就遭朝廷查禁，颇能说明杨度的担心不无道理。

可见，杨度对蒋智由希望能收权利固地位的批评并非虚语。因为政闻社在成立时同样发生了这个问题，以至于徐佛苏向梁启超抱怨，"昨观云已拟一职员章程，与弟共决，伊之意视编纂甚轻，而视交际甚重，此殊不可解。……乃观云必欲握交际一权，得毋轻重颠倒，虽然弟亦不必与之辩也"。

梁启超在向康有为汇报准备单独组织政闻社时，把联合组党失败的原因全部归于杨度的野心所造成。他说："杨皙子初本极热心此事，至今犹然，但征诸舆论，且察其行动，颇有野心，殆欲利用吾党之金钱名誉，而将来得间则拨戟自成一队，故不惟本党旧人不敢放心，即东京学界各省新进之士表同情于吾党者，亦不甚以彼为然。故现在政闻社之组织，杨氏不在其内，弟子数月来所经画徘徊而久不定者，颇为此也。"

而另一位当事人徐佛苏，在当时也把组党失败并单独成立政闻社的原因，归于对于杨度感情不好，无可联络，后来又因为在组织政闻社时对蒋智由不满，又把原因归结于杨度和蒋智由两人，"杨、蒋政见至连，彼此坚愎虚骄之意态，均不可当"。

　　总括前述争论，杨度与梁启超联合组党的障碍在于政党的组织问题和个人的感情问题，杨度拟定的组织办法不为梁启超、蒋智由和徐佛苏等人所赞同，梁启超所希望的自己居中操纵、而把杨度当作为己所用的干将，也不能为杨度所接受。就个人感情而言，杨度对徐佛苏和蒋智由颇有不满，认为这两个人，一个难于共事，一个不可与谋事。但梁启超却对两人深为倚重，视为左右手。这些问题都无法解决，杨度与梁启超联合组党的计划也只能告吹，只好各自行事，分头组织政党。梁启超和蒋智由、徐佛苏合作成立政闻社，杨度则发起成立了宪政讲习会。两人这次的组党活动，不仅合谋共事的目的没有达到，还使两人的友谊深受伤害。

　　1907年7月，杨度与熊范舆等人在东京成立宪政讲习会，宣布其宗旨在于预备宪政进行之方法，以期宪政之实行。会长由会员公选；评议部议决一切事务，部长由评议员互选产生，评议员由会员选举；事务员由会员选举，办理评议部议决的事务。会长为熊范舆，杨度名义上未担任职务，但实际上主持一切。宪政讲习会成立后公开发表了意见书，激烈谴责政府"冥顽不灵，贪饕可耻"，指出人民如不欲亡国，必须把不负责任的政府改造为负责任的政府，办法就是设立民选议院。为达此目的，国民应持积极的态度争取，而宪政讲习会的同志，有鉴于此，誓天泣血，奋励无前，实愿与薄海同胞互相提挈，以一腔之热血，为宪政之先驱。

　　据革命党方面的《中兴日报》报道，宪政讲习会成立后的势力颇盛，会员有五百余人，声势仅次于中国同盟会，远超过梁启超组织的政闻社。但政闻社的徐佛苏等人与此判断截然相反，也许是由于和杨度联合组党不成的缘故，不希望杨度的势力发达，因而断定杨度现在的处境艰难，"皙子现在十分冷落，怨悔集于一身，盖除熊、寒数人外，皆无不反对皙子之骄傲者"。他甚至做好了杨度加入政闻社的打算，"以皙子今日危迫之情形，虽加入政闻社亦决无妨碍，因其一部分之资望与其势力均已扫地，不足以动摇政闻社之基础，况其容许入社之权，当操自我，更何畏哉"。

1907年9月，宪政讲习会成立后不久，杨度的伯父杨瑞生去世。因伯父视杨度如己出，对他极为关爱照顾，故他闻耗后旋即返国奔丧。杨度返国后，主持宪政讲习会的熊范舆等人，按照杨度拟定的以开国会为立宪运动主要号召的计划，于该年秋上书请愿，要求清廷开设民选议院。此次上书虽没有达到目的，但这无疑是清末立宪运动中请愿开国会的第一次。尤应注意的是，宪政讲习会所开启的请愿开国会先例，成为此后立宪运动中的最核心目标。

宪政讲习会此次上书请开国会后，许多重要会员都先后回国运动请愿召开国会事，开始主要在国内发展力量。1907年12月初，杨度联络湘绅谭延闿、廖名缙、罗杰等人，在长沙成立了宪政讲习会湖南支部，"定章隔一二日或二三日讲演一次，茌所听讲者均可彼此辩难，以期研究有得，为异日地方自治之预备云。"宪政讲习会湖南支部成立后，以湖南全省士民之名义发起上书请愿，上书政府请开国会，要求设立民选议院。

杨度为了增大宪政讲习会的影响力，劝动了原先对自己不满的恩师王闿运出山领袖群英。据王闿运日记载："度复来寻，允须先生领袖群英，请开国会，作呈词。一味取闹，余为改定。"大约在这个时候，日本名士犬养毅游长沙，受该会的邀请发表演说。犬养毅以日本宪政运动的历史，来阐明中国宪政运动应该采取的方针，期望中国的立宪政体早日确立，并且勉励湖南人要以独立不羁之气象，慷慨尚义之精神，出而与全国国民谋政治之改革。

宪政讲习会在杨度的领导下活动频繁，以国会为号召请愿政府的办法，更是使宪政讲习会的声势日隆，在国内的势力颇大。当时政闻社的一名会员在给梁启超的一封信中说，现闻宪政讲习会在长沙汉阳之间，以学会形势而实充其宪政之党势，凡足迹所到之处，无不为讲习会之势力范围；他还督促梁启超努力为之，勿稍退步。

梁启超与杨度在联合组党中出现的分歧和矛盾，使梁启超对杨度的意见颇大。以至于梁启超将政闻社在国内发展中所出现的困难，归因于杨度的倾陷："杨皙子于武昌及南京等处遍散谣言，谓政闻社目的专在排袁，延爽在汉之办报，为排袁之先锋，前于沪新任道蔡某前媒孽延爽之短，不遗余力，到南京亦复如是。盖蔡道前次莅沪，乃某军机授意，令其镌刻党人碑者，杨皙子又从而加工焉。"

梁启超的这种猜测并不属实。因为杨度的主要目的在于推动国内立宪运动的发展，而不是要打击政闻社。

1908 年 1 月，杨度把宪政讲习会更名为宪政公会，宪政讲习会湖南支部改称为湖南宪政公会。1908 年 6 月，清政府的民政部批准宪政公会成立，因而该会召开评议会，重新改订了章程。修改后宗旨为确定君主立宪政体，领导机关改设总裁、副总裁，主持会务；常务员综理会务，常务员长有常务员互相推举。在各地建立支部，支部置干事长。杨度出任改选后的常务员长。

宪政公会在这次会议后，在全国许多地方建立了支部，声势极一时之盛。但好景不长。当政闻社遭查禁后，清政府对新式会社取缔趋严，会员大半托词而出，宪政公会日益萧条。

1908 年 8 月，清政府公布了《钦定宪法大纲》和《钦定逐年筹备事宜清单》，明确规定了以九年为期的预备立宪计划。但政府的九年预备计划，令主张君主立宪的人们深感失望。他们认为，预备期限过长，系清廷有意拖延，很多人撰文呼吁缩短年限，对政府多有攻击。因杨度是宪政编查馆的主要人物，当时有传言这份九年预备立宪清单是杨度所草拟，故有很多舆论对宪政公会和杨度进行攻击。

在这种情况下，杨度公开发表了《布告宪政公会文》，申明自己对清政府九年预备的态度。杨度首先分析了当时的国内外形势，外观世界大势，内察本国舆情，明确表示自己不赞成九年预备立宪，"不禁为之流啼而长叹者也"。接着，他强调自己一贯主张速开国会，虽一身受数面之嫌疑，当各派之冲击，仍以孤忠大节相勉，并辩称九年预备立宪清单并非自己所撰，"其所颁《钦定宪法大纲》及《预备事宜年表》，鄙人虽未尝参与一字，且于其时更申三年之说，作表列说，以冀其行"。劝勉宪政公会会员在当前情况下，要奉扬谕旨，引导人民恪遵分年预备之单而为确立基础之法，不宜以空言为重以时事为轻，而应继续努力实行"囊日宗旨"。

对于各地报纸对预备宪政过于偏重君权的讥评，杨度并不赞同。他说："若自鄙人论之，则以为以君主大权制钦定宪法，实于今日中国国事办理最宜。"按他的解释是因为君主大权有利于融合各民族，使各族归心；可以加强中央集权，以谋统一。最后，杨度再次勉励宪政公会会员，本最初救国之怀，负天下安危之责，无以一时之毁誉得失，易其往昔之宗旨。

1908年11月，清廷政局发生了巨大变动，光绪皇帝和慈禧太后在仅两天之内即相继去世，浮议大兴，人心惶惑，尤其是日本东京留学界谣传更多，甚至有人以宪政公会名目，倡导作乱称兵。杨度为给宪政公会辟谣，乃在报上公开发表了《与各地宪政公会会员书》，强调本党宗旨坚定，专以宪政为归，决不至惑于流言，轻举若是。杨度根据自己所见闻，指出浮议并非事实，呼吁国民为了宪政前途，恪遵屡次诏旨，风起云涌，促宪政之实行，但就其本省谋使咨议局速成，人民参政机关早立，则此后步步进行，万事皆有基础，宪政虽欲不成，乌有可得乎？

此后，由于筹备宪政的加紧进行，宪政公会中的许多骨干人物被各省大吏所聘用，四处星散，极难照顾会务。杨度也因公务繁忙，无暇顾及会务，此后的公开活动基本停止。在这种情况下，杨度组织领导的宪政公会无形中瓦解了。

三、鼓吹金铁主义

清廷正式颁布立宪诏谕之后，海内外的立宪活动风起云涌，杨度此时已经形成了比较成熟的政治思想。他在与梁启超等人商讨组织政党之时，深感舆论鼓吹的重要性，觉得创办一个自己主导的舆论阵地十分必要。杨度在第一次留日期间，就参与《游学译编》的创办，并亲自撰写发刊序言，来阐明该刊的原则宗旨和篇目设置，已经有了创办报刊的经验，所以，杨度与熊范舆、方表、薛大可和胡茂如等人，联合发起创办了《中国新报》，由杨度总理此事。

1907 年 1 月，《中国新报》创刊于日本东京，杨度自谓创刊动机是：因国事危迫，举世无一定之方针，欲对国民有所陈说，特组织《中国新报》。他认为当前主要问题不在国体而在政体，不争乎主而争乎宪。根据中国当前的事实，但能为君主立宪，而不能为民主立宪。这虽然于理无可言，惟据势以为断耳。国民要负起责任，变吾专制国家为立宪国家，变吾放任政府为责任政府。杨度再三强调，居今日而谋救中国，这是至易至良之惟一方法。

《中国新报》每期内容分为图画、论说、时评和译件等，以论说为主，主要讨论种族问题、立宪问题、行政改革问题，且对于政治及经济之前途指导确实之办法，在刊登广告时自夸为"杂志界惟一之霸王"。《中国新报》大力鼓吹召开国会，从不同角度论述召开国会的必要性和会带来的好处，批驳各种反对召开国会的说法。该刊刊登的图画也颇能与宗旨相配合，所刊登的图画如英国宪政纪念堂、美国议事堂、英国国会议事堂、日本国会议事堂等。

《中国新报》每期发行页数有 170 页左右，共发行了 9 期，总页数有 1528 页（不含广告），杨度文章有 454 页，约占全部的 30%，如扣除第八期 17 页的专件和第九期 20 页的两篇来稿，将近 1/3 为杨度的文字。

《中国新报》发刊后，颇受各方势力瞩目。梁启超在该刊发行不久，特撰写《新出现之两杂志》一文给予高度评价，赞其为"最有价值者""纯为政治上之性质者"。革命党派别的人物也非常关注杨度创办的这份期刊，有多人撰文评论杨度及《中国新报》的政治主张，如《民报》先后刊登章太炎的《中华民国解》和汪东的《革命今势论》，田桐、柳亚子主编的《复报》也先后刊发《评中国新报》和《主张政治革命之非》的文章。

据《中国新报》创刊号所载，该刊的总发行所设在日本东京游艺社，分售处另有日本东京的中国书林、普及书局、留学生会馆、早稻田书店四处，国内在上海有广智书局和有正书局，湖南长沙的潇湘图书馆。自第五期起，国内的销售处又增加了北京、奉天等处，每期的发行数大约有千余份。

《中国新报》发刊之初定为每月发行一期，开始每期都能正常出版。但出版第五期后，由于杨度在 1907 年 6 月至 9 月这段时间生病，养疴于平涿海岸，并且他于这年 10 月回国奔丧，因而自第六期开始，即不能正常出版，如第六期出版于 1907 年 7 月，第七期出版于 1907 年 10 月，第八期和第九期同时出版于 1908 年 1 月，并且于发行第九期后不再出版。《中国新报》发行的时间虽不甚长，但是扮演了鼓吹君主立宪的重要角色，为君主立宪运动的进一步发展作出了相当大的贡献。

杨度的长篇论述《金铁主义说》尤为该报代表性的论著，连载于《中国新报》第一至第五期，全文共约十二万字，分为八小节：第一节，今中国所处之世界；第二节，予所持者世界的国家主义（经济的军国主义）；第三节，世界的国家主义（经济的军国主义）之内容；第四节，中国现政

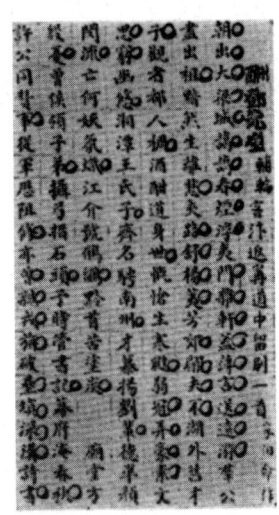

杨度手迹

府之不负责任；第五节，中国国民之责任心与能力；第六节，政治革命；第七节，君主立宪；第八节，世界将来之中国。

《金铁主义说》堪称是杨度政治思想的系统总结，标志着杨度政治思想的基本形成。

杨度在19世纪末期时，思想还主要是受传统的天下主义观念所左右，自从接触西学书后，受新思想影响，思想逐渐变化。进入20世纪，杨度经过第一次游学生活后，已经由一个传统的士绅转变成为新型的近代知识分子。第二次留学日本期间，杨度经过几年的学习思考，对当时世界和中国的状况都有相当客观的认识，并且彻底摆脱了传统的夷夏观念。

杨度自己是从传统的天下观念转变而来，对这种传统观念何以形成，而国家观念为何没有产生，有独到的剖析。他说："中国数千年历史上，无国际之名词，而中国之人民，亦惟有世界观念，而无国家观念。此无他，以为中国以外，无所谓世界，中国以外，亦无所谓国家。盖中国即世界，世界即中国，一而二二而一者也。"

但近百年来，西方人用炮舰击开了中国封闭的大门，传统的观念不得不随之改变。他指出:"数千年闭关自守,以世界自命者,乃不得不矍然而惊,瞠然而视。仰瞩遥天之风云,俯视大洋之波涛,始自觉其向之所谓世界者非世界也,不过在世界中为一部分而已。"

中国用多次战败赔款、丧权辱国的沉重代价才换来了传统观念的转变,而且只有在进入20世纪之后,才开始进行全面的新政改革,抛弃维护传统旧形势的愚蠢想法。

中国在丧失几十年的发展机遇之后,各列强对中国已经由土地均分政策转变为财产均分政策,由武力侵略为主一变而为经济侵略为主,由瓜分土地变为保全领土,实行门户开放、机会均等政策,杨度对列强这些政策的侵略性实质洞若观火。他深刻地指出:"夫所谓保全'支那'领土者,即不欲均分土地之谓也;所谓门户开放、机会均等者,即欲瓜分财产之谓也。门户者,中国财产之门户;机会者,各国于中国财产之机会;门户开放者,中国财产之门户不可任其闭之,而为中国所自有也;机会均等者,中国财产虽不自有,然各国于此亦不可使一国独有,而当利益均沾,为各国所共有也。"

这就是说,中国现正处于列强的经济侵略政策之下,杨度形容中国当时境况为"漫天之恶云压地而至,巨海之怒涛拍岸而来",这与中国传统的自大观念截然相对,杨度不由得大发感慨:"盖已以中国为世界各国之中国,而非复中国人之中国,此其与昔者吾人所谓中国即世界之观念,其相击刺、相反对为何如乎?"

杨度根据中国遭受列强侵略欺凌的事实,认为当时有文明的国家,但却没有文明的世界,各文明国国内的法律虽然都是以自由、平等为原则,但国际之间的法律却是由强国所创立,只是"铁炮的说话而已"。列强之间的交涉,多是以两利为原则,合于人道主义,但这仅见于强国之间,贫弱的国家则没有份。就像中国,"与各国历年所订立之条约,类皆权利属人,义务属我，无一可云两利者。"故杨度认为中国所遇的国家是文明国家，但中国所处的世界却是野蛮的世界。

优胜劣败、适者生存的进化观念，被杨度视为人世间所有事都不能逃脱的公例，依照这种观念，他在对当时野蛮的世界情状斟酌判断的基础上，提出了自己的强国观念。中国要想在这个野蛮的世界里生存，必须用世界的国家主义对中国进行改造，这也是当时中国所应采取的立国之道。

杨度眼中世界的国家主义，也就是经济的军国主义。因为当时各强国都是靠着经济势力和军事势力才得以披靡世界，"盖彼等之所谓文明国者，其实质盖无一而非经济国，又无一而非军事国，合言之即经济战争国也。"中国若不能为经济国，则必然会劣败于经济战争之中，将会亡国；如果不能为军事国，则也必然会劣败于经济战争之中，仍然会亡国。因此，中国必须兼备二者而成为经济战争国。在此天演的世界，全以自由竞争为原则，即以人为竞争为原则，而优胜劣败从此判定。中国地广人多，有丰富的自然资源，之所以败于列强，不是天然条件差，而是人为之劣败，是不能利用其固有之资格以至劣败。

既然世界已进入经济战争之时代，单有军事力而无经济力，仍然不适于生存。所以，如果要用经济的军国主义来救中国，必须改变紊乱腐败的国内政治，非取各文明国之所以治内者大改革而一新之，不足以发达国民之能力，使于世界各国之国民相见。

对这种经济的军国主义，杨度创造了一个新名词"金铁主义"对其进行概括：金者黄金，铁者黑铁；金者金钱，铁者铁炮；金者经济，铁者军事。欲以中国为金国、为铁国，变言之即为经济国、军事国，合为经济战争国。

杨度使用"金铁主义"的新名词，并非是为了标新立异，而是为了不与俾斯麦的铁血主义相混淆，主要是想强调在当时世界必须经济和军事并重方能立国。

杨度是在综合考虑国家的内因和外缘的基础上提出了自己的金铁主义，"是此主义者，原所以在内而谋其自立，在外而谋其自存，通乎内外而言之者也"。他使用了一个图表来解释金铁主义观念的内容：

世界的国家主义——经济的军国主义——金铁主义

对内的——富民——工商立国——扩张民权——有自由人民

对外的——强国——军事立国——巩固国权——有责任政府

杨度认为，当前各列强汲汲遑遑对中国进行经济侵略，其经济战争之方法，由商而工，由工而矿，由矿而农，步步为营，得寸则寸，而于铁道、航路等有关于经济之交通事业，亦争之无所不至。中国惟有急谋发达经济事业与之相抗，否则中国人将沦为外国资本家的劳动者。在目前情况下，中国应以生产为急，分配为后，以此抵制列强经济侵略。

杨度主张的工商立国，希望使国内的生产事业日趋发达，在经济战争中由劣败反于优胜，先来解决中国在国际上的地位问题，然后再想办法解决国内的贫富不均问题。至于军事立国，是因为处于世界的经济战争之中，不得不为此。他指出："合工商立国策、军事立国策而实行之，则经济的军国以立，而金铁主义以成矣。"

杨度研究世界各强国的历史后指出，只有民权发达，经济才能发达，"欲国民之经济发达，不可不使其生命财产之安全。使其生命财产日有危险之虞而无安全之乐，则万无经济发达之望"。中国若以工商立国，必须扩张民权，来保护人民的生命财产安宁。但当时的清政府，于内而为偷钱之政府，于外而为送礼之政府，希望这种政府来巩固国权，"其国权必至为朝鲜第二"。所以巩固国权也是当时的重要国事，但非有民权扩张之结果，则无由巩固国权，也就是说，只有先扩张民权，然后才能巩固国权。中国在内治不进、欧祸日迫的情况下，扩张民权的办法，不得不采取文明制度以移植于中国，如此一来，"自由人民不可不发生，责任政府不可不改造矣。"

从此可见，杨度提出金铁主义救国论，因为中国所遇的列强是文明国家，不文明不足以与彼对立；中国所处的世界是野蛮之世界，不野蛮则不足以图生存。他总结道："今日之世界，为经济战争之世界，中国不能为经济战争国，则但劣败而无优胜，故吾之主义，于内以此自立，即于外以此图存也。"他特别强调，对内对外的救国方法只有先后次第之别，而没有轻重之分。

杨度的金铁立国说，提出了工商立国、军事立国的主张，得出一个基本结论：要达到经济、军事富民强国（即经济的军国主义）的目的，当务之急是建立一个集君主、国会、责任内阁为一体的责任政府，即建立一个君主立宪的政体。

杨度对自己的金铁主义救国论非常自信。他认为，中国若想适于世界生存，不仅在野者应该以此提倡国民，政府也应该以此作为大政方针，外而使国权之日张，内而使民权之日起，以求金铁主义之发达焉。这本来应该是政府的天职，但当时的清政府却对内偷钱对外送礼，"其偷堕无耻至于如此，无论若何腐败之国，恐未至如此之甚"。这样的政府很显然不能持金铁主义来完成民富国强的重任，必须首先对其进行彻底改造。

传统的君主专制政体大都以君权神授为护符，以神话神权为根据，自称为上帝之子，受命于天而得此权利，杨度对这种说法痛加驳斥。他指出不仅在理论上毫无可以研究的价值，即于事实亦毫无可以符合之凭据。不仅于君主立宪国的事实不符，和君主专制国的事实也不符。杨度比较了中国君主专制和俄国君主专制的区别，指出两者差别的原因是由于学术和事势的不同。西洋一切学术皆以权利为根本，中国一切学术皆以道德为根本。以权利为根本，则国家的权利为其一己之权利；以道德为根本，则无论如何无道都以深仁厚泽相标榜。

在他看来，专制政体有两种：一为开明专制，一为野蛮专制。开明专制者，以强力而行所谓仁民之事；野蛮专制者，以强力而行所谓不仁民之事。清政府既非开明专制，也不是俄国那样的野蛮专制。杨度辛辣地讽刺其内而偷钱外而送礼，除此之外无所事事，所谓的仁民爱物之说，乃八股文中所用以应试者，而岂其能适用于政治也！

杨度专门创造了一个新名词"放任专制"，来形容清政府这种既非野蛮又非开明的专制形式："中国政府者，蒙昧之政府也，惟其蒙昧，故不开明。中国政府者，消极之政府也，惟其消极，故不野蛮。彼因蒙昧而益消极，又因消极而益蒙昧，合之以成一放任之现象，此中国所独有，而他国之所皆无者。一言以蔽之曰：不负责任之政府也。"

面对这种不负责任的政府，杨度大声疾呼，真正的豪杰之士，不应该徘徊于不足轻重之浮名，奔走于不足轻重之末利，坐视举国同胞陷于水深火热之中而不顾，而应日悬"仁民爱国"四字于心目中，痛治其放任心，而奋发其责任心，誓当改造一责任政府，组织一文明国家。

在他看来，只要有国会，有内阁负责，就可以实行宪政。杨度直言："假使人人起来力争开设国会，日本亦不足虑，直可成为普鲁士。"速开国会，是挽救中国危亡的唯一法门。

第四章
归国参政

任职宪政编查馆

首倡国会请愿运动

卷入保路风潮

一、任职宪政编查馆

1907 年 10 月，杨度在日本东京忽然接得湖南湘潭老家拍来的电报，得知伯父杨瑞生在朝阳镇病逝，已移柩长沙，等候杨度等人回去办理丧事。杨度急忙把东京的一些事务交代清楚，就与妹妹杨庄、妻子黄华等人乘船回国，结束了游日生涯。

杨度 6 岁丧父，完全靠伯父抚养教育成人，情向亲生。如今伯父去世，他怎能不伤痛！他辗转回到老家后，在伯父灵前连哭三天，饮食不进，心情悲恸。后经家人再三劝慰，杨度勉强克制住自己的悲伤撰写一篇祭文，并为伯父撰写了一副挽联：

> 平生恩义未忍追思，从兹落落一身怅望，出门谁念我；
> 因事栖皇曾何所补，徒使悠悠千载羁迟，游子恨终天。

1908 年 2 月，伯父杨瑞生正式入葬。杨度为伯父奔丧之际，仍念念不忘宪政大事。他在融会旧学新知的基础上，提出了一套富民强国的具体办法，希望能把清政府改造成为一个虚君式的君主立宪政府，让中国屹立于世界强国之林。杨度公开抨击当今政府官员大多尸位素餐，只想自己升官发财，根本不考虑国家前途，更漠视民间疾苦。无论为了国家的进步，还是为了个人的前途着想，杨度都渴望进入政府来施展自己的才华，贯彻自己以开国会来促进立宪的政治策略，实现国富民强的救国理想。

早在 1905 年清政府决定预备立宪之时，就在北京设立了考察政治馆，由军务处王大臣负责管理。1907 年 8 月，清政将该馆改名为宪政编查馆，以编译和制订新法为主要职责。这样，清政府经过一番试探之后，开始小心翼翼地走上君主宪政道路。1908 年 4 月 20 日，袁世凯、张之洞联名保奏杨度，称赞他"精通宪法，才堪大用"，授给杨度以四品京堂的官衔，在宪政编查馆任提调。

张之洞和袁世凯之所以联名奏保杨度，是由于杨度此前与两人已经有着比较密切的来往。

早在 1903 年经济特科考试之时，张之洞就已经注意到杨度卓越的文才，有意加以重用。因朝廷对考生产生怀疑，这届经济特科考试不了了之。杨度被迫辗转赴日避难后，仍然经常与张之洞保持通信联系。1905 年，杨度作为留日学生总会干事长及留美留日学生维护粤汉铁路代表团总代表的身份回国时，专程赴武汉拜见湖广总督张之洞。张之洞非常欣赏杨度撰写的长文《粤汉铁路议》，支持留日学生提议将粤汉铁路收回自办的主张。张之洞联合两广总督岑春煊上奏朝廷，请求将驻美公使伍廷芳与美国美华合兴公司签订的《粤汉铁路借款合同》及《粤汉铁路借款续约》一并废除，将粤汉铁路交由湘、鄂、粤三省自办，并请严惩接受巨款贿赂出卖国家利益的伍廷芳、盛宣怀等人。杨度圆满完成了游说张之洞的使命后，告别老母妻儿回东京复命，在日本留学生界声望大增。

杨度由此对张之洞存有好感，认为他是难得的有识疆吏，并牢记张之洞的嘱咐，拟再用三年的时间将泰西各国和日本的宪政彻底研究透彻，以备今后朝廷大用。1907 年，张之洞被清政府召入北京，任军机大臣的要职。为了物色宪政方面的得力人才，张之洞便与袁世凯联名保奏杨度来京，担任宪政编查馆提调。

而杨度与袁世凯结识，则与其受王闿运"帝王之学"的影响颇有关系。杨度受帝王之学影响，从留学日本时起就关注朝廷政治动向，将立宪革新的希望寄托在握有权势的开明统治者身上，苦苦寻找值得辅佐的"潜龙"。杨度第一次留学进东京弘文书院速成师范班时，日本学者嘉纳治五郎在对中国留学生演讲中，就竭力推崇袁世凯，称赞他有治世之才能，完全可以继李鸿章之后担当重任。这些言论，使杨度对袁世凯有了深刻印象。

而政治地位逐步上升的袁世凯，也注意到了留日学生领袖杨度及其君主立宪言论。在清末立宪运动中，袁世凯不仅吁请清政府实行立宪、改革官制，而且首先在天津筹建地方自治，创立县议事会以作为宪政基础，并使之成为宪政之楷模。1906 年 9 月 1 日，清政府在正式颁布仿行宪政上谕之前两个月，谕令直隶、奉天试办地方自治，组织县议会性质的民意机构。袁氏得到上谕后，将天津府县作为实施宪政的试验区，成立了天津府自治研究所，专门派人到日本东京，聘请杨度为该所顾问。次年 8 月，天津议事会选举产生，成为全国最早的一个县议会，并被舆论界称为"全省之模范"。

袁世凯的这种做法，使热衷于君主立宪的杨度意识到，袁世凯的政治见解是比较开明的，政治操控能力是极强悍的，堪称清政府不可一日或缺的"股肱"之才，似乎是可以担当宪政救国责任的"潜龙"。杨度早年师从王闿运，研习帝王之学和纵横术，一直苦无实施处，现在从袁世凯这里仿佛看到了做"帝王师"的希望。

更重要的是，做"帝王师"与杨度根深蒂固的"立宪"情结并不冲突，而且在杨度看来还能够互为表里，相得益彰。这样，杨度将把当帝王师和实现立宪的希望，寄托于袁世凯身上。正是处于这样的考虑，杨度把袁世凯看作自己所期望的"有为者"，极力与袁世凯保持着密切关系。

袁世凯和张之洞是清政府积极推进宪政的支持者。当他们听说杨度从日本回到湖南原籍并积极进行宪政活动时，遂联名向朝廷保荐杨度，希望将这位宪政专家拉进朝廷。袁世凯、张之洞的联名保奏，立即得到了慈禧太后的批准。杨度随之从湖南赴京就职，正式从留日学生领袖，一变而为清政府的四品官员。

从海外留学生界领袖，一变而为清政府宪政编查馆四品提调，杨度的角色发生了重大转换，其发言方式和所持态度必然要进行相应的调整。然而，这并不意味着他从立宪派领袖变成了清政府的御用官僚。杨度夙有揽辔澄清天下的远大抱负，他进入政府做官，主要不是为了功名利禄，而是渴望藉此实现自己的政治理想，发挥更大的政治影响力。因此，杨度赴京就职之后，利用四品京官的身份四处演讲呼吁，致力于推进宪政实施。

杨度到京出任宪政编查馆提调后不久，袁世凯就向慈禧太后献计。为了保持皇室万世统治江山，缓和日益严重的革命危机，袁世凯建议朝廷延揽精通宪政的人士，向皇亲国戚、朝廷大臣讲解西方宪法，以增进其宪政知识，便于日后掌握朝政。慈禧太后同意了袁世凯的建议，命年仅33岁的杨度担任讲师，在颐和园向皇族亲贵演讲立宪精义。

在颐和园为皇亲国戚们讲解宪政，在当时是一件罕见的事情。关于当时开讲时的情景，其女儿杨云慧进行了详细描述：

开讲之日，颐和园门前车水马龙，到了许多皇族权贵及朝廷大臣，可谓是济济一堂。杨度在颐和园涵远堂的讲台上举目一望，只见那些王公大臣，三三两两地聚集在一起，有的在抽水烟，有的在闲聊天，有的瞪着两眼，注视着这个初生牛犊不畏虎的翩翩少年，要想看看宪政到底是个什么玩意儿？有些人更抱着藐视的态度，勉强地在听着，还不时地发出冷笑。

杨度却视若无睹地站在讲台上，态度大方，口若悬河，滔滔不绝地阐述立宪的必要和宪法的内容，目的是让朝中那班守旧的王公大臣们明白，"宪政"到底是怎么回事。他后来又谈到如何才能够国富民强的问题，演讲内容主要取自他所撰写的《金铁主义说》长文。有人提出了一些不着边际的问题，杨度逐一作了回答。

杨度开始时不慌不忙地当堂回答质问，越说越勇，到后来竟大胆地宣称："政府如不允开设民选议院，（本人）则不能为利禄羁縻，仍当出京运动各省人民专办要求开设民选议院之事，生死祸福皆所不计，即以此拿交法部，仍当主张到底！"

这番言论真是掷地有声，令人肃然起敬！杨度在颐和园的演讲，顿时引起京城朝野上下的瞩目。有人对杨度说："你真是好大的胆子啊！不怕说错了话，要遭杀头的罪呢！"杨度只是报以一笑。

1908 年 6 月下旬，杨度单独向清政府提出限期开设国会说帖，反复陈述召开国会对国家和皇室都极为有利，劝说政府早日开设国会。杨度的说帖，引发了一场国会开设期限的讨论，直接促成了《钦定宪法大纲》和九年筹备宪政事宜清单的颁布。

1908 年 6 月下旬，杨度应北洋法政专门学堂之邀，在该校礼堂发表了著名的要求清政府开设国会、实行立宪的演说。这个演说，加上后来政治气候的影响，直接导致了以北洋法政专门学堂学生为主体的立宪运动在天津的开展。

杨度不仅大造开国会的舆论，还在北京联络宗室成员恒均等人，成立宪政公会北京支部，号召三年召开国会，极力扩展宪政公会在全国各地的影响力。这样，杨度一面在宪政编查馆参加拟订预备立宪的法制计划，一面在颐和园充当皇室的君主立宪的讲师，宣传君主立宪，成为替朝廷推行君主立宪的红人。

杨度积极推动立宪的活动，受到了朝廷许多人的攻击，加上他系袁世凯所推荐，颇为袁氏所看重，故当 1909 年初袁世凯被开缺回原籍后，杨度遂失去了政治靠山，处境比较艰难。杨度曾上奏朝廷，请求将厘定君民的关系、行政立法的关系、中央地方的关系作为宪政实施的宗旨，但并没有引起朝廷的重视。他在宪政编查馆虽然参与了厘定官制和考核专科等宪政事宜的讨论，但所起作用也并不太大。清廷颁布《钦定宪法大纲》和《钦定逐年筹备事宜清单》，以九年为期，杨度奉命起草，故备受海内外舆论的攻击。虽然他公开声明对此"未尝参与一字"，但根本不为人信，加上他还借机为偏重君权的规定作辩护，结果为立宪派、革命党双方所不容，弄得非常狼狈。

或许是因为在京城政治生涯不如意，杨度于1909年8月请假回籍省亲，专心从事于实业活动。

早在1909年2月，杨度就与袁树勋、梁焕奎等人联合创立了湖南华昌炼矿公司，采用新的冶炼技术炼锑。杨度为该公司的开办，从吉林、山东、湖南、湖北、江苏筹借了16万两的巨款，并向新成立的农工商部提出申请，要求降低公司的税收，并授以在湖南运用西法炼锑、为期25年的专利权。杨度在申请中指出，专利权可以防止外国人迫使两个甚至更多的公司进行竞争而导致产品降价。为了使其避免外国在价格方面进行操纵所产生的有害影响，实行垄断专利是必要的。杨度的申请被清廷批准了，专利以十年为限，包括十年后延期的可能性。华昌公司采用先进的冶炼技术，享有垄断专利权和减免税款之利，在资金运转上比较宽裕，成为当时最成功的炼锑企业。

请假回籍的杨度主要为华昌公司的发展忙碌，据杨度向赴湘考核咨议局开办情况的汪荣宝透露：湖南产锑额占世界总额十分之四，向以锑沙出口，无能制纯锑者。他们创办的华昌公司专门炼制纯锑，成绩良好，销路甚广。杨度向汪荣宝抱怨，英国人因为妒忌华昌公司的成绩，最近联合世界上的许多炼锑公司聚集大量资金，准备包买湖南的所有锑沙，而政府不知设法补助维持，坐令莫大利源无所发展，良之嗟叹。

1910年3月，因资政院行将召集，宪政编查馆电催杨度入京。杨度返京后再次过起了按部就班的京官生活，在宪政编查馆讨论各种筹备宪政事宜，与知己好友交游酬酢。在国会请愿运动热火朝天之时，杨度打破了较长时间的沉默，奏请立即召集国会。此年6月，宪政编查馆会议厘定官制事宜清单，分厘定官制为四期，一厘定、二颁布、三试办、四实行，中间相距各两年。杨度认为，如此则实行以前之光阴均为空过，而届实行时又有一旦骤进之患，不如改四小期为一长期，与此期内随时可以厘定。但杨度的建议遭到汪荣宝等人的强烈反对，最终并未被朝廷采纳。

1910 年秋，御史胡思敬奏劾杨度，说杨度留学东洋，首倡革命，造谣惑众，形同会匪。在罗列一些所谓"罪行"之后，建议把杨度密捕解押，审拟定罪，以靖人心，以毖后祸。主持朝政的摄政王载沣将此奏折留中未发，杨度得以免于此劫。

不久，宪政编查馆内部因新刑律草案分成了礼教派和法理两派，两派各持一说，争议不已。《新刑律》草案提交资政院讨论时，更是引发了激烈的争议。法部侍郎沈家本邀请杨度参加制定新刑律时指出，中国的旧刑律，其立足点在家族主义，所谓夷三族诛九族等，皆以家族为本位，而新刑律的立足点应放在国家主义上。杨度赞同沈家本的观点，认为这样的刑律与西方先进国家的刑律相接近。但劳乃宣等人坚决反对。劳氏认为，中国数千年来的礼教乃天经地义不能移易，有之则为中华，无之则为夷狄，有之则为人类，无之则为禽兽。中国的刑律须以中国的礼教为基础，礼教首重君臣父子之伦，故刑律不能舍家族主义。

沈家本鼓励杨度等人不要受劳乃宣之辈的干扰，把新刑律制定好。经过几个月的努力，一部大异于历代旧刑律的新刑律制定出来了。

1910 年 12 月 2 日，资政院讨论新刑律案，杨度受法部之托，以宪政编查馆特派员的身份赴会，发表了名动一时的演讲。杨度在大会上滔滔不绝地演讲了两个小时，将刑律不能不改良的理由以及新刑律与旧刑律的异同之处作了详细的说明。

他指出，从国内情况来看，以往旧律于司法包含立法，凡法律无正条者，可以援引比附，这显然不符合立法、司法相独立的立宪原则，如欲一切法律都于宪政相符合，则旧律不能不改。从国际情况来看，世界上各文明国的法典都有共同的原理原则，这些国家在交往中彼此尊重主权。因为中国法律的原理原则与世界各文明国的不相符合，导致外国人在中国不遵守中国法律，享有治外法权和领事裁判权，破坏了中国的司法主权。中国如欲收回这些权利，则旧律不能不改。

杨度接着指出，新刑律同旧刑律相比，有五项区别：更定刑名；删除比附；死刑唯一；死刑减少；惩治教育。他在演讲中，特意分析了新旧刑律在精神上的区别，强调想成为法治的国家，必经一种阶级，即由家族主义进而为国家主义是也。国家采用何种主义，一切政治、法律皆被支配于其主义之下。中国数千来一直为家族主义所支配，古所谓诛九族、夷三族，皆以族为本位，故对于国家犯罪，即处以诛族之罚。因此主义之故，且结果至于以立法、司法之权，皆界之今之所谓家法，即家长之法，家长至于可以杀人乃至擅杀人，是以两权皆付于家长也。此吾国数千年来刑法主义之所在，即维持国家安宁政策所在。当今世界日趋大通，中国闭关自守的局面无复存在，须使全国人民合力对外，如果仍为家族制度所支配，则无往而不劣败。杨度在演讲的最后强调，与国家主义日近，而与家族主义日远。此即新律之精神及主义所在，即与旧律之区别所在。

杨度的演说博得大多数议员的理解，掌声经久不息，新刑律就这样顺利地通过了。据报载：演说历二时之久，鼓掌声如雷，听者神旺，记者腕疲，实政府特派员从未有异数也。

杨度的精彩演讲，虽然为新刑律案赢得了许多议员的支持，但仍有不少议员以新刑律有违礼教而频频发难，礼法之争有愈演愈烈之势。有鉴于此，杨度专门撰写了《论国家主义与家族主义之区别》一文，全面剖析了礼教派的谬误。他指出，无论何国的法律无不与其礼教相关，东西洋各国亦有其礼，亦有其教，首先破除礼教派把中国礼教当作天经地义的思想，礼教并不能谓之天经地义，不过治民之一政策而已。审时变之所宜，应以何种政策治其民者，即以何礼教治其民，一切政治、法律、教育，皆视之以为转移，无所谓一成而不可变者也。中国由于以往有天下主义而无国家主义，无与国之并立，无对外之竞争，但求内部之安宁，已称平治矣。这种情况造成了中国的礼教与法律，都是以家族主义为精神。而其他国家的礼教与法律，都是以国家主义为精神。而且这两种主义不能并立并行。如果中国不改变家族主义为主的旧局面，无论如何颁布宪法、改革官制都是虚文，不但不能走向富强，反而会愈益贫弱。

杨度进而断言，此问题非区区一刑律问题，更非区区刑律中一二条文字句之问题，乃中国积弱之根本原因，而此后存亡所关之大问题也。杨度最后强调，今之新刑律实以国家主义为其精神，即宪政之精神也，必宜从原稿所订而不得以反对宪政之精神加入之。

为了使新刑律案顺利通过，杨度做了大量工作，甚至作出一定的妥协，对礼教派的驳斥也赢得了很多人的赞同，但新刑律在资政院表决时仍没有通过。在投票表决时，尤其是第 288 条引起极大争议，赞成通奸有罪的 77 票，反对的 42 票。接着，又表决列入，赞成章程的人更是少数。结果，新刑律草案在资政院表决没有通过。有位赞成新刑律的议员，当场痛骂资政院的议员程度不足，结果演出了众人大怒、一哄而散的闹剧。

怅惘而归的汪荣宝找杨度计议办法，讨论颁布刑律问题。最后，他们商定的办法为：一、会奏总则，惟将其中不同意之点，特别声明，请旨裁夺；二、由宪政馆草奏分则，请与总则同时颁布，但声明明年交资政院追认。但是这些补救办法并没能采用。至此，这场礼法之争以法理派的失利而结束。

1910 年底，杨度以促进宪政为由，专折奏请政府赦用梁启超。杨度在奏折中指出，梁启超因戊戌倡言仿行各国宪政而获罪，流亡海外以著书立论来开通民智，为力之大，莫与伦比。此士夫所能谈，中外所共睹者也。杨度甘愿以性命担保，恳请朝廷以宽大为怀，赦用学识渊邃、冠绝等伦的梁启超。他说："方今筹备宪政之初，正为启用人材之日，与其赦罪于后，何若用材于先？"

当时，康有为、梁启超是朝廷通缉的重犯，杨度上奏保举，简直是"冒天下之大不韪"，几乎引起朝臣的弹劾，连他自身都难保。杨度奏折递上后，摄政王载沣以梁启超系得罪先朝之人，碍难赦用，故将奏折留中不发。

1911年初，胡思敬再次奏劾杨度。他以杨度演说新刑律、破坏伦常、把持朝局、力保梁启超等原因，指责杨度为罪魁祸首，请求予以制裁。在当时国会请愿运动和保路运动的压力下，清廷并没有采纳这个弹劾。

杨度虽然没有因胡思敬的奏劾而获罪，但京师却在流传着他因革命党广州起义牵连而被捕的谣言。5月4日，内阁官制颁布前四天，京师官场流传着杨度被捕下狱的传言。5月8日，奕劻领衔的皇族内阁成立，杨度被任命为统计局局长，谣言遂得以澄清，但杨度此时在皇族内阁中很难有所作为。

二、首倡国会请愿运动

杨度对清政府的腐败现象曾经给予揭露，批评清政府为放任专制政府，只知对内偷钱、对外送礼；他曾痛斥大多数官员怯懦无能，只为谋取升官发财，而不是为了增进国利民福，因此，他对清政府是不满意的。

但杨度也不赞成以革命方式推翻清政府。他之所以不赞成革命党人"排满"革命，一方面是担心革命会引起国家分裂，另一方面是认为在革命党武力推翻政府之前，听任政府继续腐败与国家利益相悖。因此，他主张对政府进行改造，建立一个君主立宪形式的、由内阁负责任的民主国家。

在杨度看来，不需要使用武力，单是舆论就可以推倒政府，将放任的政府改造为负责任的政府。他在《金铁主义说》中系统阐述政治思想之时，通过与民主立宪党人"排满"革命的策略相比较，认为挟舆论之力，用和平请愿的办法，就可以达到此项目的。民主立宪党必须有大而必胜的兵力才能推翻政府，而君主立宪党以舆论为主要力量，必能推倒放任政府而开设国会。如果万一舆论不能奏效，人民中有一部分以兵力从事之时，将会更加唤起全国反对政府的激昂舆论，兵力之武力虽败，舆论之武力终胜，仍以舆论为告捷之具。

确定舆论鼓吹的斗争方式之后，杨度提出以开国会为号召，在社会上广泛造成开国会舆论的具体操作办法。他认为，如果合力倡导请开国会，则国会问题必然成为社会上的一个简单而又重要的问题，可以团结最大多数的力量向政府施加压力。杨度解释以开国会为舆论号召的原因说："其所以必以国会号召而不可以他者，因社会上明者甚少，一切法理论政治论之复杂，终非人所能尽知，必其操术简单，而后人人能喻，此'排满革命'四字，所以应于社会程度，而几成为无理由之宗教也。吾辈若欲胜之，则亦宜放下一切，而专标一义，不仅使脑筋简单者易知易从，并将使脑筋复杂者去其游思，而专心于此事，我辈主张国会之理由，但有一语曰，国民举代表人以议国事，则政府必负责任而已。以此为宗教，与敌党竞争实力，彼虽欲攻我，亦但能曰办不到，而不能曰不应办也。"

这样，既可以避免反对者的攻击，又可以把主张君主立宪的各派势力团结在召开国会的大旗之下；正如革命党内部虽政治主张差别甚大，但却能团结在"排满"革命的大旗之下相似。其中的奥妙在于，凡理由甚简单而办法甚复杂者，虽智者不易寻其条理；凡理由甚复杂而办法甚简单者，虽愚者亦能知之，能言之，能行之，范围反较为大，势力反较益增也。杨度认为，立宪之国在于有责任之政府，故吾民今日之事业，惟有改造责任政府为惟一之事业。而改造责任政府之方法，在于议会。所以，他积极吁请朝廷早开国会。

杨度在倡导先开国会的同时，并非不清楚早立宪法的重要性。他在回答为什么不倡导立宪时这样道："予不以要求立宪相号召者，非不以要求立宪之名为然而避之也。乃以为与其求形式上之宪法，不如求实质上之国会；与其言广漠之范围而云立宪，不如举简单之事实而言开国会。"国人所当注意者，惟专心竭力以求国会之早成而已。他说："既有国会，斯不患无宪法；且必有国会，而后能有程度较高之宪法。何以故？必有国会而后国民有提议宪法、承认宪法之机关，始可以国民之意思加入于宪法范围之内，乃可望宪法程度之高也。"

杨度认为，清廷面对民众的日益广泛的民主诉求，是宁肯与人民以一尺之空文，不肯与人民以一寸之事实。人民与之争者，宜与争事实，而不与争空文。所谓"空文""事实"，即宪法与国会的代名词。他认为，立宪的范围很广，若事事注意，结果必致一事不办，必须于诸事中择其至重且大者，以专注之力而主张之。国会一开，立宪就自然实现了。

由此可见，杨度是近代中国倡言以开国会实现宪政第一人。梁启超非常赞同杨度提出的这种以国会为号召在社会上广造舆论的办法，认为提倡开国会，以简单直捷之主义，求约束国民心理于一途，以收一针见血之效，诚为良策。虽然两人联合组党的计划没有成功，分别创立了各自的政党组织，但梁启超依然采用了杨度建议的以争取开国会广造舆论的斗争策略。

自此之后，杨度倡导的国会请愿活动，逐步成为此后宪政运动的核心目标，并且清政府正是在速开国会的请愿声中，一步步地走向了灭亡。

杨度确定以开国会来鼓吹舆论的策略之后，旋即进入具体实施阶段。如果说梁启超是宪法主义的首倡者，那么，杨度无疑是国会主义最早的力行者。1907 年 10 月，在日本的宪政讲习会按照杨度拟定的计划，选派代表熊范舆、沈钧儒等人自长沙赴京，将有百余人签名的请愿书交都察院代奏。请愿书开宗明义，痛陈开民选议院之必要："国家不可以孤立，政治不可以独裁。孤立者国必亡，独裁者民必乱。……中国国家所以成为孤立，政体之所以成为独裁者，皆由于无民选议院之所致耳。民选议院设立，则纲领既得，国家一切政务自有可以解决之道。"

此次上书是清末立宪运动中请愿开国会的第一次。宪政讲习会在这次上书请开国会之后，许多重要会员都先后回国运动请愿召开国会事，而且作为灵魂人物的杨度也不再返回日本，宪政讲习会此后主要是在国内发展力量。

自从杨度首倡国会请愿之后，以"速开国会"为号召的国会请愿运动就成为清末最后几年最具影响力的政治活动，而且几乎所有关于请开国会的陈情和呼吁，都在延续着杨度所阐发的国会论述思路。

1907年12月初，杨度联络湘绅谭延闿、梁焕奎、范旭东、罗杰等人成立宪政讲习会湖南支部，并且以湖南全省士民的名义发起上书请愿，恳请政府开设民选议院以实行预备立宪。《湖南全体人民民选议院请愿书》为杨度所拟，并经王闿运改定，联络许多湖南名流联名上奏，实开清季国会请愿运动之先河。当时的《东方》杂志称赞说："国会请愿，首为国民发未伸之意者实为湘人。"

这份请愿书结合清政府关于实行立宪条件的上谕，明确提出以"设立民选议院"为中心目标，并从各个方面阐发了开设民选议院的必要性和重要性。杨度在请愿书中指出，中国人民数千年来屈服于专制政体之下，不知国家为何物，政治为何事，远远逊色于东西各国实行民选议院的国家，今惟有利用代议制度，使人民与国家发生关系，以培养其国家观念而唤起其政治思想，俾上下一心，君臣一德，然后宪政之基础确立，富强之功效可期。如果只空言立宪，其危险之情形，实有为臣民所不忍言者。朝廷趁人民程度尚未发达之际，开设民选议院来发达人民的国家思想，训练其政治能力，上可以巩固君权，下可以增进人民程度，还可以促进立宪政体的及早确立。

他接着指出，民情能否通达是治乱兴衰的关键，只有开设民选议院才能通达民情，消弭祸乱，东西各国均为例证。他说："自法兰西革命以还，人文日起，世局一新，欧洲人士寝馈民权之说，讴歌自由之风，而当时之君相又欲保其固有之主权而厉行专制，君民冲突之事，遂以次递起于欧美两大陆之中。精诚所至，金石为开，潮流所至，河山失险，亚东诸国亦自此多事矣。然各国历史有一共同之公例，非他，即民选议院。开设早者，其祸端常小而时期亦短，如普、意、日本诸国是也；民选议院开设迟者，其祸乱常大而时期亦长，如法兰西、俄罗斯诸国是也。"

中国当前局势岌岌可危，原因就在于没有民选议院通达上下之情。补救之道，应以俄国为前车之鉴，师法普鲁士、日本往事，争取早日开设民选议院。他剖析了民选议院开设早晚的不同利害之后，又明确指出，如果拖延不开民选议院，则三数年后，燎原莫救。请愿书在最后强调，开设民选议院为当前救国的唯一方法，舍此而外，别无他途。他分析说：

"国家者，由人民集合而成。国家之强弱，恒与人民之义务心为比例，断未有人民不负责任而国家可以生存，亦未有人民不负责任而国家尚可立宪者也。中国人民数千年来，屈伏于专制政体之下，几不知国家为何物，政治为何事！即其当兵、纳税，亦纯出于强力之压迫，并不知人民对于国家之职务应如是也。东西各国，人思自救，举国一心，其忠君爱国之忱，我国人民实多逊色。然彼何以至此而我独不然者？即纯以民选议院之有无为之关键也！盖有民选议院，则国家对于人民，既付以参政之权利，故政治之得失，上下同负其责，而彼此无复隔膜，且利害与共，意志自通，关系既深，观念自切。……今惟有利用代议制度，使人民与国家发生关系，以培养其国家观念而唤起政治思想。俾上下一心，君臣一德，然后宪政之基础确立，富强之功效可期。否则，政府独裁于上，人民漠视于下，国家成为孤立，君主视若路人，虽日言'立宪'亦安有济乎？"

这份请愿书的基本思想，几乎为此后全国各地的请愿书所沿用，尤其是杨度强调"开设民选议院为唯一救国方法"的论断，成为国会请愿运动的主要理论武器。

杨度对世界各立宪国发展的历史有清楚的认知，也知道中国短时间内不可能实现发达的宪政。他所提出的"金铁主义"说是一套系统完整的政治理论，用开国会的办法改造政府只是其中的一部分。他自己并没有把开国会作为解决中国各种问题的灵丹妙药，但他之所以还如此突出地宣扬开国会为唯一救国的方法，这是其斗争策略。因为这是夹在清政府和革命党这两种政治势力之间，为了避免危险的暴力革命，又能达到改造清政府的目的，根据当时情况所能提出的相对最为可行的政治策略。

杨度倡议开国会的请愿运动获得了全国各地的积极响应，国内多数报刊都以开国会相号召。到1908年初，已是"国会国会之声，日日响彻于耳膜"；许多立宪团体纷纷发起各省士民签名请愿召开国会，开始络绎不绝地上书政府请开国会，宪政公会、政闻社、预备立宪公会和宪政研究会还酝酿成立专门以速开国会为宗旨的国会期成会。

鼓动起"开国会"的舆论之后，杨度开始以四品京堂候补任职宪政编查馆提调，并利用京官的便利身份广为运动，竭力以国会利益陈说于诸公之间，尤其是极力耸动军机大臣、外务部尚书袁世凯。

1908年6月8日，各军机大臣因为杨度倡导的国会请愿已经蔚然成风，鉴于此事关系太大，清廷专门在颐和园外务部公所召开特别会议，开列疑难问题数十条质问杨度。杨度当场回答了政府诸公的疑问，逐层演说达四五小时之久，辨析国民程度问题尤为爽朗。杨度向袁世凯、张之洞等人表示："我此来以开国会为目的，如办不成，不特无以对朝廷，且何以对诸公之知遇？"并毫不畏惧地说："政府如不允开设民选议院，则不能为利禄羁縻，仍当以出京运动各省人民，专门要求开设民选议院之事，生死祸福，皆所不计，即以此拿交法部，仍当主张到底！"

1908 年 6 月，杨度专门到天津鼓动开国会的舆论，并在北洋法政专门学堂礼堂发表了著名的要求清政府开设国会、实行立宪的演说。杨度在演讲中指出，立宪和专制的主要区别并不在于形式上的法政，而是在于有无通达民意的国会，立宪国之政府原系行人民之意思，故为人民之政府，专制国之政府独立专制，实为政府之政府；立宪国之政府权限分明，专制国之政府权限混淆。正因没有国会，才造成了立宪和专制政府的这些差别。

杨度指出，以人民程度不足来缓期数年实行立宪，是大谬大误之说。预备立宪的入手之方，在于人民得以预闻政事，预备立宪首要在预备人民预闻政事；不预备人民预闻政事，则绝不为预备立宪。由于立宪制度利于君、利于国、利于人民，唯独不利于官吏个人，因而遭到朝廷权贵的强力反对。面对这些政治阻力，杨度强调指出，人民抵抗的唯一手段，就是上书要求开设国会，而且这种办法出于平和，非属暴动，不用担心有毫末危险。

杨度在演讲最后呼吁开设国会，不达目的誓不罢休。他鼓动说："吾是以要求开设国会，希望我全国之热心志士连渡举行，一次无效继以二次，二次无效继以三次、四次乃至数千百次，不达开设国会之目的不止。国会开矣，则政府为国家发布命令之机关，有议会为代表人民舆论之机关，而立宪制度成矣。"

杨度被当时的主流舆论认为是对宪政问题理解得最为深刻的理论权威。他认识到，君主立宪国家的宪法，以英国的民主程度最高，普鲁士次之，日本最低。他把这种差异归结于人民力量的大小及君主让步的多少。而其中最为根本的区别，就在于国会召开的早晚。所以，他坚决主张速开国会：

"必有国会，而后国民有提议宪法承认宪法之机关。始可以国民之意思另加之于宪法范围之内，乃可望宪法程度之高也。"并认为开设国会为惟一的救国方法。

这个演说，加上后来政治气候的影响，直接导致了以北洋法政专门学校学生为主体的立宪运动在天津开展。杨度倡导的连续请愿办法，很快得到全国各地的广泛响应，使清政府面临了前所未有的政治压力。

1908 年 8 月 27 日，面对汹涌的宪政吁请风潮，宪政编查馆就定宪法与开议院作了这样的解释与承诺："大凡立宪自上之国，统治根本，在于朝廷，宜使议院由宪法而生，不宜使宪法由议院而出。中国国体，自必用钦定宪法，此一定不易之理。故欲开议院，必以编纂宪法为预备之要图，必宪法之告成先行颁布，然后乃可召集议院。"

清政府列出一个先立宪后国会的路径与程式，描绘了未来立宪政体的蓝图："按君主立宪政体，君上有统治国家之大权，凡立法、行政、司法，皆归总揽，而以议院协赞立法，以政府辅弼行政，以法院遵律司法。"本此精神而草拟的《钦定宪法大纲》规定了 14 条"君上大权"及 9 条臣民的权利与义务。其他如《议院法要领》11 条，规定议院对政府只有建议权，所有议决事件应由皇帝钦定，国家预算由议院"协赞"；《选举法要领》6 条则对选民作了严格的限制。

清政府公布的《钦定逐年筹备事宜清单》，列出 1908 年到 1916 年间逐年应办之事。其大端有 1908 年筹备各省咨议局，次年选举开办；1909 年颁布资政院章程，1910 年资政院开办；1914 年试办新的中央和地方官制；1916 年一律实行新官制；同年宣布宪法，由宪政编查馆颁布议院法和选举法，选举议员，开议会。

《钦定宪法大纲》公布后，君权之多寡、议院之法律地位等并不为舆论所关注，倒是预备立宪九年期限成了人们关注的焦点问题。九年期限，较梁氏原先预计的 20 年要早得多，但对已呼喊多年的立宪派来说，光绪四十二年 (1916 年) 实在是太遥远了，应当缩短期限。为此，立宪派开始力争缩短预备立宪期限。在力争缩短预备立宪期限过程中，他们逐渐将目光投向了早开国会上，并认同杨度提出的先开国会后定宪法。此后，速开国会成为清末立宪运动的唯一诉求点。

速开国会的活动和呼吁，达到了"社会风从，庙堂倾听"的结果，但对国会问题的讨论，却也激发了很多矛盾。作为倡导国会的关键人物，杨度以一身受数面之嫌疑，当各派之冲击，遭受了极大的政治压力。但是遍及朝野的请开国会的舆论，促使清政府于 1908 年 8 月 27 日颁布了《钦定宪法大纲》，以及有明确步骤的九年预备立宪清单，使无年限、无办法的预备立宪空言，变成了有年限、有办法的具体实行。毫无疑问，与以往的独裁政体相比较，清政府的这些举措已堪称是超轶前古之举动。但已经为舆论所激发的各省士民，却并不满足于这些举措，而是掀起了更大规模的国会请愿运动。

杨度等人鼓吹召开国会及其发动领导的和平请愿，促进了国人的觉醒。而清廷筹备立宪的迟缓不力，在涉外问题上表现出来的软弱态度，以及颁布限制人民民主自由的种种法律命令，使立宪派认识到召开国会的重要性和迫切性，有力地触发了他们要求召开国会的动机。经过立宪派的宣传鼓吹和组织领导，一个全国性的要求确定召集国会年限的请愿运动迅速展开。

国会运动的大规模展开，是在 1909 年各省咨议局开局之后。按照九年预备立宪的方案，1909 年各省相继成立了咨议局。但立宪派并不满足于在省级获得的参政议政权，"我国民既得以参政权运用于咨议局，乃进而求圆满运用之地，于是有国会请愿之举"。他们以省咨议局为政治地盘，连续发动了四次具有全国规模的请速开国会的请愿运动，将议会主义在实践中推到了极致。

1909 年 10 月，江苏咨议局局长张謇发起了第一次国会请愿运动，各省咨议局派代表参加。次年初，请愿代表赴京上书。请愿书遭到朝廷的拒绝后，请愿代表在京成立"请愿速开国会同志会"，专事请愿活动，其《规约》明确宣告：国会不开，是会不散。与此同时，立宪派呼吁本省民众签名请愿，以壮声势，仅直隶一省签名人数就多达 6 万。

1910 年 6 月 16 日，来自海内外的 146 名代表递上 10 份请愿书，均要求朝廷一年内召开国会，是为第二次国会请愿。请愿书言词更加激烈："吾国若一日不开国会，法律必无效力。"他们警告当局："政府既不授人民以立法之权利，人民即无遵守法律之义务。日后人民虽酿成大变，虽仇视政府，虽显有不法之举动，代表等亦无力可以导喻之，惟有束手坐视宗社之墟耳。"据说，这次请愿有三十多万人签名，有一百多个团体代表。但朝廷对此次请愿运动仍毫无退让之意。

在日本的立宪派人士与国内的国会请愿运动遥相呼应。梁启超警告朝廷："国民所以哀号迫切，再三吁诉者，徒以现今之政治组织，循而不改，不及三年，国必大乱，以至于亡，而宣统八年召集国会，为将来历史上所必无之事也。"他号召全国人民：今日人生第一大事，舍请愿国会，岂有他哉！

国会请愿运动的初衷虽未能实行，但通过请愿使分散的立宪派势力得到聚合，联系更加紧密。随着国人社团意识的增强，立宪派自觉地发挥了团体的力量。1910 年初，在京请愿代表筹备成立了咨议局联合会。湖北咨议局副议长汤化龙在谈到成立联合会的缘由时说："咨议局议决的事情，皆属于政治问题，动辄牵及于全国，而朝廷千方百计削弱咨议局的地位，使其议决无政治上之效用。因此，仅凭一省咨议局的力量难以与朝廷抗争。"

8 月 12 日，请愿代表联合会在京成立，与会者 50 人，代表了全国 20 个省的咨议局，主要任务是研究各省共同的利害问题、全国性的政治问题，而奋争的焦点是速开国会。

第二次请愿运动再次遭拒后，请愿代表不屈不挠，继续活动。1910年10月3日，他们通电全国进行第三次请愿运动。按照"九年预备立宪方案"，资政院于当日举行了隆重的开院典礼。10月9日，第三次国会请愿代表团将请愿书呈递资政院，院内的立宪派人士迫切将"速开国会案"提交资政院议定。在大会讨论时，议员争相登台发言，申述速开国会的理由。或云：国会速开一事为我国存亡问题；或云：此案不决，诸案均不能决；或云：大家对于这个议案务须争至达其目的而后已；或云：人民以为国家的用款我们都不知悉，不能将人民脂膏饱其私囊；或云：只有将速开国会案议决，人民才能负担租税。这些发言，得到了多数议员的热烈附和。

在请愿代表的努力下，速开国会问题成了新开设的资政院讨论的主要议题。10月26日，资政院通过了速开国会折稿。该案成了资政院首先讨论并获通过的最重要的政治议案。资政院议员汪荣宝称赞此举为开议以来第一次"有声有色之举"。

速开国会是立宪派的政治目标，这与资政院议员欲争得独立的立法地位正好一致。资政院一旦成立，其价值导向就不以朝廷的初衷为转移。资政院开会期间，直隶、河南、山西、陕西、湖北、福建、奉天等爆发了大规模的群众游行或集会活动。至此，国会请愿运动在形式上已由有序的代表上书转变为群众性的抗议运动，可谓民气汹涌，国会请愿运动达到了顶点。然而，最终结果是，天津立宪运动领袖温世霖被流放新疆，学校提前放假。这使杨度在演说中所谓的立宪运动"无毫末危险之可虞"预言成为泡影。

在请愿过程中，各省的咨议局和中央的资政院都赞成速开国会的主张，并且成为请愿代表活动的合法政治舞台。而且清政府从中央到地方的高级官员，在请愿活动的渲染和感召下，纷纷赞成速开国会。1910年10月25

日，以东三省总督锡良为首的18位督抚、将军和都统联名致电军机处代奏，呈请立即组织责任内阁并于明年开设国会。这些握有实权的高级官员显然是清政府统治的柱石，他们的态度表明对清廷中枢决策层的不满，标志着清廷已陷入空前孤立的危险处境。

这些情况表明，无论是在朝官僚还是在野的士绅，各省督抚或是各级议员，他们虽然在很多方面都有不大不小的矛盾，但在速开国会方面却达成了一致的共识。杨度与张謇、汤化龙等人频繁接触，为他们出谋划策。杨度在《顺天时报》上发表《布告宪政公会文》，申言自己力主速开国会以救危亡的一贯态度，并尖锐指出，外人图谋瓜分灭亡中国，乃今日中国最为危险之事。同时强调，只有实行君主立宪制，才是中国救亡图存的最好出路。

随后，他再次上奏朝廷，"非速开国会，不足以救国势之危。今资政院初开，即以速开国会为请，民心所欲，已可概知"，并警告清廷"如果不俯顺民情，则祸变莫测"。

这道奏折递上去后杳无音讯，杨度愤而将其交《帝国日报》刊布于众，公开表示对国会请愿活动的强力支持。

面对来自各个方面的巨大压力，清廷被迫颁布缩短国会期限谕旨，允诺开国会的时间提早到1913年，并着手制定宪法。但议员们对此举毁誉不一。11月7日，湖南代表在资政院提出了质问为何延至1913年开国会的说帖，获得通过。民选议员竞相发言，强调民族危机加剧，召开国会刻不容缓。有人重申资政院通过的议案的法律效应："凡在立宪国一个议案经表决之后，须请皇上裁可。所谓裁可者，不过是名义上之裁可，并没有经议院表决之后不实行的道理。"

国会请愿代表对朝廷谕旨的反应不一，有的认同，有的对朝廷彻底失望转而倾向革命，有的则主张继续请愿。虽然请愿代表联合会已经解散，但不少省份继续坚持抗争，接着发动了第四次国会请愿运动，其中以奉天和直隶两省声势尤大。

但在清廷的严令弹压下，这次请愿运动很快结束。

1911 年 5 月 8 日成立的皇族内阁，在不到半个月内，接连做了三件意欲维护皇族利益、实则自掘坟墓的决定：实行全国干路（铁路）国有政策、拒绝资政院召开临时会议的请求、与英、法、德、美国四银行团签订湖广铁路借款合同。武昌起义爆发后，惶急无措的清廷召集资政院开临时会议，决定弛党禁，罢亲贵，下罪己诏，授袁世凯为总理大臣，并令资政院起草宪法。11 月 3 日，该院拟定《宪法重大信条十九条》，这与原先的《钦定宪法大纲》迥然相异，规定要实行责任内阁制，君主如同虚设，宪法由资政院起草，宪法的修改权归未来的国会，总理大臣由国会选举等等。

这些条款虽然切合英国宪法，表明朝廷在重大原则问题上作了重大让步，但立宪运动已成昨日黄花，全国三分之二的省份已经宣布易帜独立，清王朝覆灭的命运已经难以挽回了。

杨度最早倡议的国会请愿运动虽然未能达到速开国会的目标，但积极意义极大。"请愿"无疑成了极有效的政治动员，在揭露清政府一意独裁的同时也普及了宪政思想，提升了民智，扩大了宪政的政治基础。从这个意义上讲，国会请愿运动间接推动了反清革命运动。国会请愿运动的参加人员逐渐从立宪派士绅扩大到地方督抚、驻外公使和朝廷官员，使清政府在四面楚歌中手足无措。朝廷虽然被迫缩短了预备立宪的年限，依靠政治强力压制了激进的请愿代表，但清政权的合法性已经在这数次请愿运动中消耗殆尽，陷入了极端的孤立状态。

三、卷入保路风潮

收回利权运动同国会请愿运动一样，也是影响清末政局的重大社会运动，是中国绅商阶层权力意识觉醒的显著标志。而这场运动的第一幕，是湘、鄂、粤三省收回粤汉铁路的斗争。客观评述杨度在这场运动中的作用，需要从粤汉铁路废约自办说起。

晚清的铁路事业发展至为缓慢，在整个 19 世纪后半期修路寥寥，虽然李鸿章等少数官员极力倡导，但反对的势力过于强大，长期处于"无人敢主持"的状态。事情在中日甲午战后出现了转机，朝野很多人都认为中国缺乏铁路致使调兵和转运军需不便是这场战争失败的重要原因，于是纷纷吁请修建铁路，清政府也在上谕中把修建铁路定为国家的自强要策，声称要力行实政。1897 年，湘、鄂、粤三省绅商联合上书政府秉请开办粤汉铁路，得到朝廷的批准，谕令铁路总公司统筹办法。1898 年，负责铁路总公司的盛宣怀与美国合兴公司签订了借款草合同，1900 年，双方正式签订了借款详细合同。合同规定在订约后 12 个月内不开工，则续约成为废纸；又规定须于五年内全部完工，并且不能将此合同转与他国及他国之人。美国合兴公司既未按时开工，又违反合同，暗中将三分之二的股权转售给以法、俄资本为后盾的比利时人。在这种情况下，湘、鄂、粤三省绅商掀起了粤汉铁路废约自办运动。

1904 年夏，杨度第二次留日约有一年左右，他虽在国外，却密切关注着国内的粤汉铁路情况。他把获得的有关粤汉铁路文件刊于上海的《时报》，为废约自办造舆论。同年 9 月，杨度又联络湘、鄂、粤三省留日学生，发起成立了"鄂、粤、湘三省铁路联络会"，主张废除美国合兴公司前约，将粤汉铁路收回自办。接着，留日学生又公推杨度为学界总代表，回国参加废约自办的运动。留美学生同样关注粤汉铁路废约自办的进展，因路途遥远回国不便，故委托杨度也代表留美学生。

1904 年 11 月，杨度为争取废约自办回到上海运动，以留学生总代表的身份，致电外务部尚书瞿鸿禨、湖广总督张之洞、署理湖南巡抚陆元鼎等，反对借款合同。杨度首先指出如果粤汉铁路归比接办，后果将十分严重，明确反对盛宣怀提出的"以美接美"与王之春提出的"华美合办"的建议，认为废合同与废约异，并与邦交无碍，虽然不需要担心废约会引起美国政府的干涉，但也应该专争废合同为主，不必别生枝节。

杨度此次在上海函电交驰，推动了废约自办舆论的高涨。返回日本后，杨度撰写了《粤汉铁路议》长文，对粤汉铁路的各方面情况进行了详细分析。他首先指出，粤汉铁路争回自办的重大意义，接着提出了两个重大问题加以讨论：一是用什么政策能达到废弃合同的目的，二是如何才能达到自办的目的，并且强调不应把这两个问题混为一谈。为了顺利地达到废约自办的目的，杨度分别详细探讨了废合同与立公司这两个问题。

当时许多人担心争废合同会引起美国政府干涉，产生使中国危亡的外交困难，杨度认为此为大误之说也。因为国际上的交涉，专以约文为凭据，何况粤汉铁路废约只是国际私法意义上的交涉，并非国际公法意义上的废条约。美国政府即使袒护合兴公司，最多也只是虚声恫吓，不会引起两国的大冲突，因而不用担心会引起外交的困难。杨度指出，无论美公司能不能将比股收回，美公司都已经违背合同，合同都应该作废。所以，中国不管美国政府态度如何，惟有径行声明作废而已。合同废除后美公司的权利仍需分别对待，有些权利合同一废即全行销灭，但债主之权利不能损害。中国以独立国主权身份宣布废除合同，同时一并声明，根据合同分别处置债主和美公司的权利，这样美公司将无奈我何。

杨度指出，中国废除合同有理有据，但废合同的目的在收回自办，如果废合同而不能自办，不但会成为笑谈，路权仍将为外人所夺。因此在合同将废、公司未立之先，必须妥善考虑如何偿还美公司的债本债利，同时应计划好设立何种形式的公司。当时留美学生王宠惠等人也非常关注粤汉铁路废约自办事，拟定了几条办法寄给主持废约自办的张之洞参考，杨度根据留美学生拟定的腾缓偿款、筹本借债、包工造路三条办法，参合汇集自己的想法后，提出了一些不同看法。杨度认为新设立的公司宜为商立公司，而不宜为官立公司。他反复强调，既然以商为正，以官为副，公司主权自然全在于商，按照商办公司的规则经营。

杨度的这篇《粤汉铁路议》连载于《新民丛报》1904 年的第十四期、十五期和十六期，旋即以《粤汉铁路刍议》为名出版了单行本。杨度把该书邮寄给与路事有关的张之洞、黄昌年等人参考，深受张之洞等人的赞许。

作为一个游学日本的普通士绅，杨度所能做到的只是奔走呼吁、提供建议，粤汉铁路能否收回，主要取决于负责此事的盛宣怀和张之洞等当朝诸公。杨度对负责签约的盛宣怀和伍廷芳深恶痛绝，希望张之洞出面主持废约自办。故他向张之洞建议，先勒令盛废合同，急谋收回自办。

盛宣怀的确在粤汉铁路废约自办交涉中没有起到好作用，他因循瞻望，希望仍由美国公司接办，后来在舆论压力下，虽然也表示废约自办，但仍以美国政府会干预此事威胁清政府。盛宣怀向外务部夸赞以美接美是"中外同心"的好办法，并积极同美商接触谈判。但三省官绅不赞同盛宣怀的办法，湖广总督张之洞对盛氏主张不以为然。张之洞表示粤汉铁路废约自办，业经宣布中外，此举有进无退，自己愿意力任其难，态度异常坚决。张之洞因担心夜长梦多，别生枝节，加快了废约的进度。负责与美公司谈判的驻美公使梁诚与美公司反复磋商，初步达成了废约办法，除偿还债费外，另外给以公道偿费。这样，粤汉铁路的利权全部收回。

杨度认为，中国可以单方面径行宣布废约，同时应声明承担还债之责，但张之洞并未采纳杨度的建议，而是采用了高价赎路的办法。张之洞与英国驻汉口总领事法磊斯商谈后，向英国借款英金 110 万镑，约合华银 800 万两，以粤、鄂、湘三省烟土税作抵押，并不须以铁路作抵，年息四厘半，不折不扣，以十年清还。

张之洞向英国借款高价赎路的办法传至东京后，杨度作为东西洋留学生废约自办的总代表，认为"去美来英，废如不废"，公开表示不满，并公电张之洞给予答复。张之洞致电驻日公使杨枢作了如下答复："报纸讹传，何足凭信。此乃不利废约之人造谣诬毁，冀搅成局。该生等何竟受其愚也？如该生等关心桑梓，果有筹款兴工裨益路政之切实办法，本部堂必加采纳。何得轻信浮言，轻率发议，殊属不合。请星使传谕鄂、湘、粤三省诸生，以后遇事务须详审真伪，再加论列。"

杨度在争取粤汉铁路废约自办时力主商办，反对官督商办和官商合办，期望商办公司能够顺利地完成铁路建造工程。但是湖南铁路公司的实际运营情况，使他不得不重新思考经办方式，转而赞成借款修路和官商合办。

1907 年从日本返国后，杨度耳闻目睹了粤汉铁路的建造情况，并且与督办粤汉铁路大臣张之洞对路事有过多次交流。当粤、鄂、湘三省保路运动兴起后，主持铁路建设事业的邮传部在风起云涌的保路风潮面前进退失据，事处两难。在这种情况下，杨度于 1910 年初，专门给邮传部尚书徐世昌写了一封长信，详细阐述自己关于粤汉铁路的看法，并提供了一些处理办法，以备采择。

这封洋洋四千字的长信的主旨，是重新提出"官商合办"主张，建议废约自办；商股由湘、鄂、粤三省商人筹集；官股则由政府想办法。这样可使粤汉铁路早日修筑。杨度之所以冒着被当时舆论攻击的危险介入这场保路运动，是因为他希望粤汉铁路能够早日建成通车。

杨度在刚开始废约自办时，倡导湘、鄂、粤三省合力商办。但是高价赎回路权后，杨度的这种建议并没有被采纳，而是采用了三省各筹各款、各修各路的修路方针。杨度当时就已向张之洞痛切陈词了三省分修的利害，指出湘、鄂两省根本没有以自款成自路之望，虽然三省合办也不意味着款必足，路必成，但是三省分办则款必不足，路必不成。此事三省已经订立了关于修路的公共条款 14 条，因事局已定，未能改议，张之洞没有采纳杨度的建议。

不幸的是，杨度的这种判断很快为现实所验证了。在致函邮传部徐世昌的长信中，杨度指出，三省分修、各举其路的办法，使本来利息最大、招股最易的粤汉铁路，变成了一省之私的粤路、湘路、鄂路。湘鄂两省一直因资金短缺，数年来修路寥寥，为了解决资金短缺，只好实行借款计划，却又遭到三省绅民的反对。杨度的意思，是指在开始时三省合力商办，招股相对容易，加上官力的支持，未必就会缺款。三省分办的结果已经造成资金短缺问题，却又偏偏反对借款，显然前后皆为失策。

杨度又具体指出三省分办的结果有两弊一害，其中一弊是铁路修成后的管理如果仍分三处，必然会因换车、票价、燃料互异而大生纷扰，必须统一才能解决。另外一弊是三省分修会造成铁轨宽窄各异。至于一害，则还是筹款问题。三省分修是让三省分负其责任，在三省之中，粤富而湘、鄂贫，粤亦不能以其余财代修湘路、鄂路，鄂线尚短，最苦者莫若湘。因而产生了现在的借款问题，并引发了拒款风潮。

三省合力商办显然行不通，杨度认为这时候最合理的解决办法是官商合办，按照"分而不分，合而不合"的原则，把用人、路工和资本统一起来。其设想的具体办法是："宜皆改其公司名为粤汉铁路某段公司，粤为南段，湘为中段，鄂为北段，由部奏派总办一人以总持之，南、北、中段帮办各一人分任之，一切买地、购料、布轨、行车等事，禁其参差，以谋画一。而其最大宗旨，则以官商合办为宜。以官力监督广东，以官财接济湘、鄂，而后三省皆去其病而兴其利。盖纯全商办，湘、鄂乏财，粤虽有财，流弊滋多。纯全官办，势必退股，大起纷扰。且商财可以藉助，何必拒之？官督商办，但抑官力，不藉官财，于粤有济，于鄂、湘无济。三省既谋合一，岂可办法复歧？且广东股东不肯续缴，未必不需官财接济，湘、鄂设皆有款，亦未必不需官力监督，故惟官商合办一法，为无各种之弊。"

杨度主张采用"官商合办"方式，是因为这种方式既有利于早日完成铁路工程，又有利于解决当时存在的矛盾。杨度认为这种办法"最足以解今日之纷"，故建议邮传部采用。如此一来，筹款之法无论是否出自借款，都是国家自筹官本，与商民合力营路，官本不必谋之与商，则商民无从过问。立定官商合办之法，然后与外人谈判借约之事。

杨度向邮传部反复强调，不能因借款而损失路权，由此引发官商交涉。假如无法避免借款合约的损害，就应由国家承担全部所有损失，丝毫不应累及商民，采用这种俯恤商艰、提倡路政的方式，对商民和国家是两利之举，否则会导致更大风潮。如果改归官办，必会大生纷扰，不如仍然按照公司的旧名以官商合办，国家处于大股东的地位，用人之权即可为国家所操纵，不患事权不一。

纵观杨度所提的建议，可以看出杨度明确反对把铁路收归国有的办法，劝说邮传部采用官商合办的方式，不管借款与否，都应该准许商民附股、俯恤商艰、体谅民情，与人民共享铁路之利，国家单独承担各种损害。如果邮传部采纳杨度的这些建议，保路风潮或许不会蔓延扩大，延宕很久的粤汉铁路工程也可以早日建成。

杨度的铁路国有建议，是以普通国民递交公开信的方式上书邮传部的，但因其知名度高，影响力大，一时倒成了反对铁路国有者的众矢之的，遭到拒款派的猛烈攻击，性命险些不保。

1910年3月底，因资政院行将召集，宪政编查馆电催杨度入京，杨度离开长沙北上途经汉口时，遭到湘鄂两省拒款代表的围攻和殴打。对于当时的情况，堂弟杨敞在《晳兄遗墨》中作了详细叙述：

粤汉铁路最初由美国合兴公司承修，逾期未成。兄（指杨度）在东京时即倡议废约自办，著有《粤汉铁路议》，识者韪之，惟是庚子乱后，清廷威信扫地，凡政府之兴办主持，舆论咸视为暴政，加以反对。庚戌春，湖南争路议起，咨议局倡之于先，学界报界和之。兄远在长沙，复致书邮传部尚书徐世昌等，有所主张。知其事者造为蜚语，大肆攻击。于是兄拟回京销假。余则拟入分科大学，同行北上。舟中复遇陆泳沂之弟吉恺，三人同行。清晨船抵汉口，兄拟渡江晤新督瑞澂，故寓荷花楼迎宾江馆。余拟翌日北行，故寓大智门天保栈。上岸后三人同赴迎宾江馆，拟沐浴观剧，消磨一日。甫入门，即闻湘音，询之为湖南咨议局代表入京抗议铁路固有之粟哉时等。余等即外出闲游，避免口舌。晚饭后同赴天保栈，尚未入门，即见多人下楼，气势汹汹，知为寻踪而来。形势如此，迎宾江馆不可再去。汉口既济水电公司为商人宋炜臣创办，在英租界歆生路，宋与兄交好，遂投宿焉。翌晨始知粟等昨曾至武昌湖南旅鄂中学开会演讲，号召阻兄入京，诬蔑丑诋，无所不至，报纸亦推波助澜，形势益恶。

兄于是坐困水电公司，但以租界之故，暂保安全。于是武汉各界，风起云涌，有威吓者，有转圜者。兄则以为己之主张光明正大，对于代表概不接见，仅由余与陆君代为传达。如是者约三四日。一次在歆生路某番菜馆开会，到者甚多，有长袍马褂者，有草鞋赤足者，皆湘鄂口音，而以鄂人为多。主持会场者为湖北咨议局之张伯烈，着对襟出风灰鼠马褂而敞其胸，据案大呼："现在铁路轮船我已撒下天罗地网，看姓杨的往哪里走？"神色凶狠，好者嗷应。一种摆队英雄（武汉秘密帮会曰摆队。在铁路者为铁路摆队，在水面者为水摆队）精神，表现十足。

翌日，水电公司门前渐有闲人聚集，午后益众，要求与兄见面。遂有八人入见，兄与详谈路事始末。约一小时，街上群众哗噪，一拥上楼。室小人多，兄退一隅而讲演并未停止。时桌上椅上皆直立如笋，喧哗怒骂，欲肆殴击。八代表似为演说所动，以身蔽兄，且劝众勿过激。但人群骚动，不可理喻，遂簇拥下楼至街心，有人呼口号，指挥成为二人队形，将凡夹在队中，向江边行去。忽有英捕率印捕驰至问故，有人言武昌湖南会馆开会欢迎杨某。英捕言租界内不许聚众，万令向后转至捕房，延兄入内，而群众争论未已。于是印捕鸣笛捕去数人，遂鸟兽散。时方薄暮，官方派四人肩舆到捕房迎兄，而余在水电公司亦有肩舆相迎至警察局。有夏口厅同知来言，上峰之意，住在警局较易保护。翌晨，巡警道冯少竹遣人来言，风潮甚大，警察力量不足，请上船以策安全。遂由小轮拖一座船开往汉阳黑山，停泊河心，另一小兵轮依泊保护。冯道旋来相晤，言湖南饥民滋事，焚烧抚署，时局如此，以去沪暂避为宜，乃依冯言去沪。但在汉口上船仍属不妥，于是由小轮送至黄洲上船，并派侦探随大轮保护。时陆君已返长沙，余则送兄至沪。黄洲旧无码头，大轮去江心放流而不下破，余等遂夜半登轮东下。

杨度在汉口脱险回到京城后，印发了《与湖南铁路拒款代表书》，明确表示不能随和众议，以要乡曲之誉。他坚定地认为反对借款之举纯属意气用事：

"士君子之处事，当平心静气，以求事理之当然，不当以客气行之。若诸君能为有款之拒款，则必将路务各项，需用几何，一一开列，作一支出预算表。现有款项实数几何，一一开列，作一收入预算表，能使出入年以相当，或不相当而所短无多，且皆确实可靠，能使信而不疑者，则度可以屈己以从人。君子之过，日月之食，古人无固无我，度必不以客气而护前也。然度未信之日，则虽即死，不敢苟同不正确之舆论。不法律之行为，可以劫庸人，而不能以劫君子。今之拒款者，明知无款，或则曰宁无款宁使路之不成，或则强颜而言有款，是皆客气用事，度之所极反对。"

正因为这些缘由，杨度不能赞成拒款代表的意见，并表示为坚持自己的正确看法，不惜直面保路派的暗杀威胁。但是当时参与保路运动的大多数人却没有杨度这样清醒理性的认识，很容易为煽情性的语词所鼓动，而且在当时充满不满与怨恨的社会氛围中，情绪化的舆论本身就会成为一种主宰人心的巨大力量。以后事态的发展，证明了杨度看法的正确。

杨度所提出的官商合办的方式，以及"修路之利人民共之，借款之害国家独任"的原则，就是充分考虑了当时的特殊情况，很可惜没被采用，清政府也随之为保路运动激发的风潮所埋葬。

第五章
斡旋南北

一、组织国事共济会

杨度对袁世凯怀有知遇之感，私交颇深，关系非同一般。他认定，袁世凯就是自己要找的"潜龙"，而自己就是"帝师"，应当尽心辅佐袁氏。正当杨度欲依靠袁世凯实现立宪救国的宏伟理想时，清廷政治格局发生了重大变故，其立宪之梦遭受挫折。

1908 年 11 月 3 日，慈禧太后在颐和园度过 74 岁寿辰，患了痢疾，卧床不起。素来对袁氏有所防备的她，命光绪皇帝的弟弟载沣为摄政王，将其仅有 3 岁的儿子溥仪抱到宫中教养，在上书房读书。14 日，年仅 38 岁的光绪皇帝驾崩，西太后当即召集载沣及军机大臣宣布：立溥仪为嗣皇帝，入承大统；摄政王载沣监国，掌管军国大事。随后，西太后去世。12 月 2 日，溥仪即位，改元宣统，以 1909 年为宣统元年。

当时，流传着光绪皇帝是袁世凯害死的、袁氏为"两宫祸变"罪魁的谣言。这显然是没有根据的臆断。据后来研究证明，光绪皇帝确实死于疾病，并非袁氏谋害。但光绪皇帝和慈禧太后同时去世，确实给袁世凯带来了严重威胁。

载沣、铁良等皇室贵胄与以袁氏为首的北洋集团争夺权力的矛盾，自官职改革以后不仅没有得到解决，相反愈演愈烈。作为光绪皇帝的弟弟，摄政王载沣对于袁世凯在戊戌政变中出卖光绪皇帝一事深切痛恨，对于袁氏贪权置势更为嫉恨，欲趁慈禧太后和光绪皇帝去世之机，借故杀掉袁世凯。

有学者考证说，幸亏杨度因参与草拟诏书，提前泄了密，才使袁世凯通过张之洞与庆亲王奕劻劝阻了摄政王载沣、得以保住性命。载沣在决定杀袁世凯之时，先后征求奕劻和张之洞的意见。奕劻听后坚决反对，他说："杀袁世凯不难，不过北洋军造起反来怎么办？"这是一个难于应付的大问题，载沣不敢轻易下手。

张之洞与袁世凯尽管有不少矛盾，但并不主张杀掉袁氏。他的理由是："主少国疑，不可轻于诛戮大臣。"他向载沣解释说："主人冲龄践祚，而皇太后启生杀黜涉之渐，此端一启，为患不细，吾非为袁也，为朝局计也。"

在这种情况下，优柔寡断的摄政王载沣不得不改变主意。1909年1月2日，清政府发布谕令：军机大臣、外务部尚书袁世凯，"现患足疾，步履维艰，难胜职任，袁世凯著即开缺，回籍养疴，以示体恤之至意"。很显然，载沣借故强行将袁氏罢了官。

1909年1月6日，袁世凯在遭受冷落的景况下，带了第五房、第七房姨太太仓促乘火车从北京南返河南彰德（今安阳），其亲朋旧交中，只有杨度和严修两个人到前门车站送行。作为一个浸润于传统文化之中的读书人，杨度对赏识、提拔自己的袁世凯怀有一种知遇之感，加上将其视为实现自己"帝师"和"立宪"理想的有为者，故冒着极大的政治风险，在袁氏落难之时，敢于"烧冷灶"，到前门车站为袁氏送行。

袁世凯感激地对杨、严说："二君厚爱我，良感！顾流言方兴，或且被祸，盖去休！"

杨度毅然回答："别当有说，祸不足惧！"严修也说："聚久别速，岂忍无言。"他们对袁世凯的政治前途仍然抱着乐观态度。

袁世凯回到豫北彰德（今安阳）洹上村后，韬光养晦，过着貌似闲云野鹤式的宁静生活，刻意要给人一种强烈印象：袁世凯决心与政治绝缘了。实际上，在隐逸生活背后，袁世凯频繁地进行各种政治活动，暗中关注朝廷的一举一动，幕后指挥部属四处活动。在北京的杨度不仅及时地向他传递朝廷的政治动向，而且多次赴彰德与袁氏晤谈，为他出谋划策、起草信札，等待着东山再起的机会，继续将自己的政治前途与袁世凯的政治命运绑在一起。

1911 年 5 月，清政府成立"皇族内阁"，杨度虽被任命为统计局局长，但他并没有大的作为，而是继续为袁世凯出山谋划着。

　　10 月 10 日（旧历八月十九），革命党人经过长期的准备，发动了武昌起义，一举攻克武昌，成立湖北军政府，辛亥革命正式爆发。武昌起义的次日，适逢袁世凯的 52 岁生日（农历八月廿日），杨度与赵秉钧、张锡銮、倪嗣冲、段芝贵、袁乃宽、王锡彤等心腹聚集洹上村，为袁世凯祝寿。正当寿宴进行之际，武昌起义消息传来，举座皆惊。

　　袁世凯意识到，这次起义绝非太平天国运动可比，决心应时而出，待机行事。

　　当时，倪嗣冲、段芝贵等人劝袁世凯趁机复出，称王道帝，黄袍加身。幕僚张一麐也说：乘此天下大乱，民无所归之际，登基称王。杨度反复思忖，认为时机尚不成熟，风险太大。袁世凯接受了杨度的建议，采取稳健方针：表面维持清室，等待局势发展再作决断。

　　与彰德洹上村形成鲜明对比的是，此时的清政府则乱成一团。清政府的当政者，如怯懦无能的载沣，无知的隆裕太后，年迈昏庸的奕劻，未经风雨的年青贵胄，无不张皇震愕，不知从何措手。满人能干的大臣铁良，已经被奕劻挤出北京，到南京任有职无权的江宁将军去了。良弼、善耆、载泽等人均极力主战，侍郎桂春甚至提出尽诛京城汉人的荒唐主张，致使满、汉官员猜疑日甚。

　　10 月 12 日，清政府急忙任命陆军大臣荫昌，率领冯国璋的北洋第一军火速南下，赴湖北向起义军反攻。10 月 15 日，荫昌在南下途中专门从彰德下车，赴洹上村拜访袁世凯。荫昌是袁世凯的至交，但系庸碌之辈，没有带兵经验，尤其是北洋将领素来听命于袁氏，并不听从荫昌指挥。袁世凯偕杨度会见荫昌一行，两人谈笑风生。荫昌说："武昌系乌合之众，无人主持，不难扑灭。"袁世凯初则表示久居乡野，对国事未敢置辞，随后一本正经地说："湖北以黎元洪为将，何谓无人？"当冯国璋率兵赴汉口来洹上村时，袁世凯口授冯氏以锦囊妙计："慢慢走，等等看。"颇能领悟袁氏意图的冯国璋，到达汉口前线后，督兵观望，并不急于进攻。

武昌起义爆发后，袁世凯指使北洋军事集团到处呼吁，大造"非袁不能撑持局面"的舆论。清政府内阁举行紧急会议，要求起用袁世凯率兵平乱。内阁总理大臣奕劻说：此种非常局面，本人年老绝对不能承当；袁有气魄，北洋军都是他一手编练而成的，若令其赴鄂剿办，必操胜算，否则不堪设想。西方列强也向清政府施加压力，大造"非袁不能收拾"的舆论。在这种情况下，载沣不得不考虑起用袁世凯。他对奕劻等人说："你们既这样主张，姑且照你们的办"，"但是你们不能卸责"。10月14日，清政府下诏任命袁世凯为湖广总督，督办剿抚事宜。

载沣虽然起用了袁世凯，但明显对他不放心，仅仅赋予有限的权力：只能节制调遣湖北省的清军及其他援军，对于荫昌所统率的北洋第一军、第二军和萨镇冰的海军，也只能会同调遣，不能全权统领。

在是否出山问题上，袁世凯周围的幕僚分歧颇大。杨度劝袁氏不要接受清政府的任命，袁克定、王锡彤支持杨度的意见；阮忠枢则力劝袁氏出山，并得到一些人的支持。王锡彤和袁氏的一段对话，大致反映了当时的情况：

王："公之出山为救国也，清廷亲贵用事，贿赂公和，即无祸鄂，国能救乎？"

袁："不能。天之所废，谁能兴之！"

王："然则公何以受命？"

袁："托孤受命，鞠躬尽瘁。"

王："专制之国不容有臣功高震主，家族且不保，前朝此例甚多，同是汉族未能免，况非一族。"

袁怒："余不能作革命党，余不愿子孙辈作革命党。"

在这种情况下，袁世凯实际上决意东山再起，重登政治舞台。但精通谋略的袁氏自有其出山之道。袁世凯深知，摄政王载沣起用自己是逼于形势不得已之举，并非依靠他来治理国家，也并未授予军政实权，必须想方设法从载沣手中夺取更大的权力。因此，袁氏致电清政府，诡称旧患足疾，迄今尚未大愈，不便即时就任新授总督，"一俟稍可支持，即当力疾就道，藉答高厚鸿慈于万一"。

不难看出，袁世凯对载沣的讽刺挖苦充溢字里行间。载沣命袁回籍养病，袁世凯以足疾未愈表示不能立即授命，真可谓以牙还牙。袁氏既不推卸，也不即行上任，仍然在观望，旨在索取更多的军政权力。

奕劻见袁世凯不肯出山，便想到了刚刚从彰德回京的杨度。他知道杨度与袁世凯素有私交，关系密切，便请杨度相帮前去劝说。杨度摸清了朝廷要重用袁世凯的底牌后，立即乘车来到彰德，建议袁氏相机出山。

奕劻担心杨度难以说动袁世凯出山，在杨度走后派了袁世凯的老友、邮传部尚书徐世昌南下劝说。徐世昌匆匆来到彰德会晤袁世凯，与杨度等人密谋，向朝廷提出了六项复出条件：明年即开国会，组织责任内阁，宽容参与此次事变的人，解除党禁，委以指挥水陆各军及关于军队编制的全权，给予十分充足的军费。为了解除载沣对自己的怀疑，表明自己对清室的忠心，袁世凯向清政府建议：必须筹备万全，厚集兵力，一举荡平起义军。他一面阻止荫昌及北洋军，让他们在前线停滞不前，一面利用清政府催其赴任督师的有利时机，派杨度赴北京探听朝廷动向，加紧勒索权柄。

正当袁世凯与清政府讨价还价之际，革命形势飞速发展，湖南、陕西、江西、广东等省相继独立，局势朝着有利于革命的方向急剧发展。面对这种情况，清政府举措皆失，皇族亲贵一筹莫展，摄政王载沣不得不授予袁世凯更大的权力。10月27日，清政府下令召回荫昌，任命袁世凯为钦差大臣，节制调遣水陆各军，令军咨府、陆军部不得遥控，并拨给100万两作为军费。

重兵在握的袁世凯在与杨度、徐世昌等人密谋后，决定有限度地出山。袁氏委任段祺瑞、冯国璋分别为北洋第一、第二两军总制，王士珍襄办军务。10月30日，袁氏离开彰德南下，在湖北孝感以北的花园口设立司令部，以陆锦为参谋长，段芝贵等主管司令部各项工作。仗着北洋军的优势兵力，他下令猛攻汉口。11月1日，北洋军攻占汉口。为了显示北洋军威，给起义军一个下马威，北洋军纵火焚城三昼夜，商民损失惨重。

袁世凯的意图不是单纯地对付湖北的起义军，而是要趁机攫取更多的实权。因此，他秘密布置在北京的心腹梁士诒说："南方军事，尚易结束，北京政治，头绪梦如，正赖燕孙（梁士诒）居中策划一切，请与少川（唐绍仪）预为布置。"梁氏接函后，与唐绍仪、徐世昌、赵秉钧、杨士琦、袁克定，及刚刚回京向奕劻复命的杨度等人联络，商讨对策。

在各方压力下，摄政王载沣连下三道谕旨：一是开放党禁，二是实行宪政，三是审议宪法。11月1日，以奕劻为首的皇族内阁辞职，袁世凯奉命组织内阁。11月3日，清政府公布宪法，规定皇族不再出任内阁总理大臣、国务大臣和各省行政长官。11月8日，资政院开会，正式选举袁世凯为内阁总理大臣。

11月13日，袁世凯把前方军事交给心腹干将冯国璋、段祺瑞主持，带领大批卫队浩浩荡荡地抵达北京就职。他在晋见隆裕太后和载沣时信誓旦旦地表示，"杀身成仁，以古圣贤之心为心""誓为清廷保全社稷"。他一再表白："余深荷国恩，虽时势至此，岂忍负孤儿寡妇乎？"袁世凯就任清政府内阁总理大臣后，公开宣布了三条政纲：一是实行君主立宪，二是消除满汉矛盾，三是建立坚固政府，保全中国统一。

11月16日，袁世凯正式成立责任内阁，其阁员为：外务部大臣梁敦彦，副大臣胡惟德；民政部大臣赵秉钧，副大臣乌珍；度支部大臣严修，副大臣陈锦涛；学务部大臣唐景崇，副大臣杨度；陆军部大臣王士珍，副大臣

杨度手迹

田文烈；海军部大臣萨镇冰，副大臣谭学衡；司法部大臣沈家本，副大臣梁启超；农工商部大臣张謇，副大臣熙彦；邮传部大臣杨士琦，副大臣梁如浩；理藩部大臣达寿，副大臣荣勋。

在列强驻京公使的帮助下，袁世凯取消了载沣的摄政王地位，免除军咨府大臣、禁卫军统领载涛等人的职务。这样，袁世凯便将清政府的军政大权牢牢控制在自己手中。

在袁世凯新内阁名单中，杨度出任学务部副大臣。学务部副大臣相当于以前的侍郎，从四品宪政馆提调连升四级。杨度欣然接受，并对袁世凯非常感激。他委任自己的亲信方表为秘书，协助自己整理文稿，并将挚友夏寿田推荐给袁世凯。夏寿田是杨敞的表亲、王闿运的门生，也是杨度的同窗好友。他学识、文才都很好，书法更是不俗，与杨度情同手足，无话不谈。后来虽然曾经各自东西，但书信来往、诗词酬答，始终不断。经杨度推荐，袁世凯对夏寿田委以重任。

杨度做了学务部副大臣以后，替袁世凯办的最有影响的事情，一是组织国事共济会，二是秘密参与南北议和谈判，极力促成南北统一。

袁世凯尽管表面上坚持君主立宪制，实际上是以君主立宪来压迫革命派。他的真实想法是：只要南方答应举袁世凯为总统，即赞成共和制。为此，袁世凯在与南方代表谈判同时，欲通过国民会议来决定君主立宪制或共和制，并选举自己为总统。因此，在南北正式和谈之前，他就与杨度密商，并得到刚刚释放的同盟会领导人之一汪精卫的支持。

　　1911年11月6日，由于"滦州兵谏"事件，清政府被迫释放汪精卫，发回广东原籍，交两广总督张鸣岐"试用"。袁世凯的心腹赵秉钧看出此人大有用处，劝袁氏请旨将汪氏留京试用。袁氏刚到北京时，就把获释的汪精卫接到家里来密谈。他见汪氏生得眉清目秀，而且口若悬河，不禁大为赞赏。袁氏自己不便经常接见他，便叫袁克定跟他结拜为异姓兄弟，保持密切联系。汪精卫用密函分别报告上海同盟会和武汉友人，称赞袁世凯并不是清朝皇帝的忠臣，不要把他当作敌人，如果推举他为民国总统，他以一举手之劳就可以推翻清朝皇帝，革命事业就可以兵不血刃而大功告成。

　　杨度与汪精卫在日本留学时就关系比较密切。汪精卫释放后，杨度就当时政局与他进行了多次商讨。杨度认为，民主共和也并非不好，事实上世界上也有行民主立宪制成功的国家，美国、法国就是明显的例子。但中国不具备美、法等国的条件，国家穷，人口多，老百姓习惯于在专制制度下生活，骤然在一夜之间改行民主，有可能导致国家四分五裂。故中国最适合实行君主立宪制度。但连袁世凯也表示赞同共和制的情况下，杨度敏感地意识到，民主共和已经成为大趋势，难以再实现君主立宪制度。中国是行君宪，还是行民宪？这是关系国家体制的头等大事，应该诉之于国民公意才是。

　　正是基于这种考虑，杨度决定发起一个由君宪和民宪两党组成的政治团体，各自吸收会员参加，由君宪党向清政府请愿，由民宪党请愿武昌军政府，双方先停战，再开国民会议，由国民会议公决国体，以和平方式了结南北争端。

11月15日，在袁世凯的授意和袁克定的资助下，杨度与汪精卫分别以君主立宪党和民主立宪党的代表自居，联名发表了由杨度起草、汪精卫修改的《国事共济会宣言书》。该宣言书指出，中国自有立宪问题出现，国内就分为君主立宪和民主立宪两党。君主立宪党认为，中国以满、汉、蒙、回、藏五族人集合而立国，蒙回藏人之能与汉人同处一个政府之下者，全恃满洲君主的羁縻，若满洲君主一旦去位，则汉、蒙、回、藏即刻分离，洋人则会乘机瓜分中国。若要中国不被瓜分，非留现今君主名义不可。民主立宪党认为，别国可行君宪，中国则不能。不是说君主为满人，必欲以种族相仇之见而排除，而是因为君民之种族不同，则人民之权利必为君主所吞没。故君主一日不去，则宪政一日不能确立。

宣言书接着指出，两党相争在民主、君主这一点上，其他方面，如行宪政，发挥民权，国家领土不得分裂，满、汉、蒙、回、藏必须在同一政府之下等等则是共同的。两党的最后目标，即建立宪政国家以救亡图存是一致的。该宣言还说，现在革命军兴，东南响应，北京政府与武昌军政府各以重兵相持，两不相下，不管谁胜谁负，都必然使得民生涂炭，财力困穷。若以保一君主为目的而使全国流血，君宪党人不忍为。若以保一民主为目的而使全国流血，民宪党人不忍为。两党都不愿眼看南北相斗而让外人得利的后果出现。

宣言书最后说，两党之政见何去何从，非两党所自决，必也诉之于国民公意。因而两党人联合发起国事共济会，意在使民主、君主这一问题不以兵刃而以和平解决，故发起国民公议，以国民之意公决之。无论所决如何，两党都必须遵守，不服从者即为国民公敌。实行本会宗旨之时，其对于北京政府之行动，由君主立宪党任之；其对于武昌军政府之行动，则由民主立宪党任之。

该宣言书附有国事共济会的简章，杨度任命自己的秘书方表为国事共济会干事，在天津组建国事共济会本部。接着，杨度以国事共济会君主立宪党领袖名义，起草一份呈请内阁代表书，请内阁代奏皇上，明降谕旨停战，开国民大会；同时向资政院上陈情书，建议南北即日停战，召集临时国民议会来解决君主民主问题，清廷与革命军均应服从决议。

11 月 17 日，杨度按照宣言书拟定的办法向资政院呈递了陈情书，指出当前局势决非可恃兵力以决胜负，必须用和平解决的办法。国事共济会据此陈请资政院议决，并具奏请旨声明停止战争，召集临时国民会议，议决君主、民主问题，以期和平了结。

1 月 20 日，资政院开会讨论了国事共济会陈情书事件。"静生首表赞同意见，经三四议员讨论后，喻君志韶起而反对，宗室某君和之，拍案大呼，声震议场，秩序大乱，遂由议长宣告散会。"此后，资政院虽然再次开会讨论，依然议而未决，原因在于尚有多数议员主张"痛剿"，坚决表示要用武力扑灭武昌革命政府，以至于资政院钦选议员同时又是国事共济会会员的汪荣宝，慨叹这些议员真可谓至死不悟。

11 月 23 日，因为资政院没有议决，杨度只好直接呈请内阁代奏，请朝廷明降谕旨，速开临时国民会议，议决君主、民主问题。杨度在呈请书中向清廷指出坚持战争的危险，"窃自武昌革命军起，全国响应，朝廷号令不出都城，未独立者仅直隶、河南二省耳。宗社之危系与一发，若欲仍恃兵力以勘内乱，非特生民涂炭，财力困穷，且沿江沿海遍竖白旗，亦复战不胜战。"接着，他又宽慰清廷如果肯以君主、民主问题付之公决，"人民对于皇室，其必优礼相加，而无丝毫危害之意，可以预决。而知和平解决之方，莫逾于此。"呈情书递上后，内阁不为代奏，杨度的努力付诸东流。

杨度作为君主立宪党代表运动政府没有成效，汪精卫的呼吁也没有得到武昌军政府的响应。《国事共济会宣言书》发表后，南方立宪派首领张謇、汤化龙等人致电杨度说，他们原来主君宪制，而现在已经与民宪党一起为实行共和制度而努力了，劝告杨度改弦易辙，接受共和制度。而原本主张民主共和的革命党人，则明确反对由国民会议公决国体。他们认为，革命党人以流血牺牲来唤起人民的觉醒，推翻清政府专制统治，建立民主共和制度，根本没有必要对国体问题进行公决。

面对社会各界的不合作，杨度尝试以召集临时国民议会来解决君主民主问题的企图未能实现。12月5日，为了配合南北议和谈判，杨度正式宣布解散国事共济会。他在解散宣言书中明确表示反对政府武力解决，袒护军政府之意甚为明显，"在君主立宪党之意，始终不愿以杀人流血解决君位问题，北军进攻实所反对。在民主立宪党之意，则以为若别无和平解决之法，惟有流血以护其宗旨。"他还说："今者武汉血流，兵事方殷，和平解决之难已为天下所共见，共济会之所主张已归无效，特宣告解散，惟天下伤心人共鉴之。"他后来自述这段经历说："然其时全国鼎沸，选举难行，国会无由成立。"

杨度试图成立国事共济会召开临时国民会议解决时局的计划流产后，立即改变政治策略，按照袁世凯的意图，直接与革命党人黄兴函电商讨南北议和问题。

二、促成南北统一

袁世凯就任清政府内阁总理大臣，攫取了清政府军政大权后，便开始图谋取得全国权力。他所采取的策略，是在雄厚的军事实力基础上，以立宪派和西方列强为帮手，以倡言君主立宪向革命党施加压力，进行讨价还价的谈判，反过来，又以革命党要求共和来压迫清帝逊位，达到逼清帝退位，自己继任中华民国临时大总统的目的。

武昌起义后，在海外的立宪派领袖梁启超主张"和袁，慰革，逼满，服汉"，主张对袁世凯进行拉拢。在国内的立宪派领袖张謇也认识到，君主立宪不可能统一全国，乃迅速地从主张君主立宪转向赞成共和。因此，在宣布独立的各省革命政府中，立宪派人占有举足轻重的地位。江苏的张謇，湖南的汤化龙，浙江的汤寿潜，四川的蒲殿俊等人，均为立宪派的代表人物，他们与主张相似的湖北都督黎元洪、江苏都督程德全一起，在南方革命政权内部形成了一股强大的拥袁力量。

　　11 月初，袁世凯指挥北洋军攻占汉口后，形成南北两军对峙局面。袁世凯除了对革命党进行军事打击外，还派人秘密与革命党人进行和谈。11 月 3 日，湖北军政府在阅马场举行登台拜将典礼，黎元洪委任赶来指挥作战的同盟会领袖黄兴为战时总司令。黄兴在汉阳设立司令部，积极布防备战。

　　9 日，黄兴看到袁世凯与清政府间的矛盾可以利用，便以中华民国军政府战时总司令的身份致书袁世凯，劝说其反戈一击，希望袁世凯建立拿破仑、华盛顿之事功，直捣黄龙，覆灭清室。黄兴电复正在北京的革命党人汪精卫，请他转告杨度，如果袁世凯能迅速推倒清政府并赞成共和，就可推举他为大总统。在黄兴致书袁世凯的同一天，黎元洪也宣称，他已经通电独立各省都督，有七省都督同意成立一个共和国，推举袁世凯为第一任大总统。

　　接到杨度转达的黄兴来信后，袁世凯加派其亲信蔡廷干、刘承恩，与湖北军政府进行和谈。11 日，黎元洪在军政府召开起义各省代表会议，邀请刘、蔡出席，进行停战谈判。刘、蔡认为共和政体不适合中国，应在君主立宪制下议和；军政府方面坚决拒绝承认君主立宪，认为只有承认共和国体，方可议和。黎元洪复函袁世凯，劝袁赞成共和，勿为清室所用。

　　11 月 13 日，蔡廷干持黎元洪复信返回北京，向袁世凯汇报说："袁在南方得人心，但任命为总统还无把握。"尽管刘、蔡与湖北军政府的议和谈判没有多少进展，但袁世凯基本摸清了南方军政府的观点。

袁世凯一方面让蔡廷干向莫理循介绍谈判详情，以便得到列强的支持；另一方面，他把黎元洪给的复信交给载沣。黎氏的复信，措词激烈、苛刻、傲慢，谴责清廷将国家引入屈辱的境地；称颂袁世凯，谴责清室对袁世凯的待遇；但是保证如果皇帝逊位，将得到年金和体面的待遇。很显然，袁世凯是在利用革命党人来压迫清政府。这封信使载沣手足无措，而袁世凯则踌躇满志。袁世凯在以革命党人压迫清室的同时，又迅速部署兵力，向革命党施加军事压力。11月27日，北洋军攻占汉阳，并不断炮击武昌。

北洋军占领汉阳，据有龟山之险，如果渡江强攻，武昌民军将遇到极大困难。但老谋深算的袁世凯夺回汉口，旨在使民军知道他的厉害，以便坐下来继续和谈；同时，缓攻武昌，旨在给民军留下一块地盘。既显示自己对民军的宽大，又保留了和谈的对手，继续向清室要挟。因此，在攻占汉阳的次日，他奏请朝廷颁布上谕，命刘承恩、蔡廷干速往武昌，与民军谈判。12月2日，南北双方达成在武汉前线停战三天的协议。

经过一段时间的接触后，杨度认为，以黎元洪为首的湖北军政府，未必能够代表革命党人与清政府进行议和谈判，向袁世凯建议在上海与革命党人伍廷芳等人进行会谈。12月7日，清政府任命袁世凯为议和大臣，全权负责对南方和谈。袁氏立即委派唐绍仪为全权总代表，杨士琦、严修为代表，前往上海与南方革命党人进行议和谈判。考虑到杨度与孙中山、黄兴等革命党人关系密切，袁世凯遂加派杨度为议和参赞，随议和代表唐绍仪南下上海，秘密斡旋南北议和。其真实目的，就是希望杨度立于超党派立场，利用其与黄兴、宋教仁等革命党人良好的私交，议定通过他们所提出的国民会议方案，以和平方式统一南北。

按照杨度的设想，只有经过国民会议的合法程序，袁世凯才不会背上篡夺清政权的恶名；只要袁世凯取得中国最高统治者的地位，暂时不必计较是大总统还是皇帝的名义，都可以实现其立宪的目标。因此，唐绍仪等人负责与革命党人伍廷芳公开谈判，杨度则负有袁世凯授予的重大秘密使命。

杨度离开北京南下前，就在京、津两地向各方实力进行疏通。他到上海后立即派人向南方独立各省游说，散布空气说："现在的南北和议，不是革命党与清朝皇帝议和，而是革命党与袁项城议和。袁不想做曾国藩、李鸿章，你们切莫把他逼上梁山。袁的问题解决了，你们的革命也就成功了。"他还威胁说："即便用大总统名称，袁世凯仍可以为拿破仑，使共和再为君主。"对南方独立各省施加政治压力。

北方议和代表临行前，袁世凯定下了南北和谈的基调：君主制度，万万不可变更；将来国民程度渐渐开通，懂得共和真谛，再慢慢改为共和政体。他还面嘱唐绍仪：尊重张謇的意见而行事。

12 月 9 日，南方独立各省都督公推伍廷芳为总代表，温宗尧、汪精卫为参赞，参加上海议和谈判。18 日，南北双方在上海举行第一次会谈，参加者为以伍廷芳为首的南方民军代表团，以唐绍仪为首的北方清政府代表团，会谈主要围绕共和与君主立宪问题进行。伍廷芳提出，在和谈期间必须遵守停战协议，如有军队擅自行动，双方均应严加惩处，并强调，必须以成立共和国为双方进行谈判的先决条件。唐绍仪说他个人表示赞同，并暗示袁内阁并不反对共和制度，但因所处地位不同，目前不便直接表示，建议按照杨度提出的办法，首先召开临时国会解决这个问题。伍说："这个问题如不确定，下文从何谈起？"唐解释说："召开临时国会不过是一种形式，借口减少北方反对和议的阻力。"

关于召开临时国会问题，袁世凯接到了唐绍仪请示的电报，同时杨度、杨士琦二人也有密电报告，表示赞成此项意见。但杨度召开临时国会的目的，与唐绍仪的设想显然有很大差别。他们主张事前做好准备，临时国会必须由北方控制，表决国体必须是君主立宪制，这是杨度与唐绍仪的共同点，但两人的根本差异在于：杨度认为这个"君主"不是清朝皇帝，而是改朝换代的新君——袁世凯。

袁世凯收到杨度等人的秘密报告后，立即召开内阁会议，决定赞同召开临时国会。他担心满族王公大臣反对，就解释道："这不过是一种形式，咱们事前作好布置，届时一定表决国体为君主立宪制，革命党就无话可讲了。"袁氏请朝廷颁旨召开国民会议，但载洵、毓朗等皇室成员坚决反对。袁世凯只好秘密令唐绍仪就此问题与南方代表继续协商。

南北议和谈判表面上在上海租界市政厅进行，实际上是在立宪派人物赵凤昌家的"惜阴堂"幕后进行的。在这里召开的秘密会议达成初步协议后，才提交正式会议宣布。赵凤昌不仅是江浙立宪派张謇的重要谋士，而且是袁世凯花重金收买的政客。唐绍仪到沪后，按照袁世凯之命拜访赵凤昌，并由赵代约与张謇晤面。唐绍仪、张謇、赵凤昌、杨度等人密切合作，

袁世凯

在谈判桌上共同对付革命党人。

唐绍仪会见张謇时，透露了这样的口风：若南方能推袁世凯为临时大总统，清帝退位不成问题。张謇认为，唯一能够迫使清帝退位者，除了拥有实力的袁世凯之外，别无他人。因此，以张謇为首的立宪派不断向黄兴、伍廷芳等人施加压力，争取袁世凯赞同共和政体。

12 月 30 日，根据"惜阴堂"秘密决定，伍廷芳与唐绍仪达成了协议：一是召开国民会议，解决国体问题；二是国体未解决前，清政府不得动用已借外款，也不准续借；三是直、鲁、豫、甘及东三省国民代表，由清政府组织产生，其余省代表则由南方政府组织产生。

正在此时，袁世凯的态度发生了戏剧性变化。这主要是由于南方各省选孙中山为临时大总统，击破了袁世凯获得大总统的梦想所致。

1911 年 12 月 29 日，各独立省份代表选举孙中山为临时大总统，并于 1912 年 1 月 1 日在南京成立中华民国临时政府，孙中山宣誓就职。电讯传来，袁世凯极为恼火。袁氏担心孙中山当选临时大总统，将给自己出任大总统带来障碍。1 月 2 日，袁世凯电告伍廷芳，否认已达成的协议，今后谈判由他直接电商。伍廷芳反驳说："若以签字议定之条约可任意作为无效，将事同儿戏；所谓直接电商，万国议和向无此例。"伍廷芳要袁世凯亲自南下面谈。

袁世凯收到复电后，再次致电伍廷芳：忽闻南京已组织临时政府，并孙文受任总统之日宣誓驱逐清政府，与前议国会解决问题相背，质问选孙中山为临时大总统是何用意？

伍廷芳当即回电予以驳斥说："现在民军光复已十余省，不能无统一之机关。在国民会议未议决之前，民国组织临时政府，选举临时大总统，此系民国政府内部组织之事，为政治上之通例。若以此相诘，请还问清政府：国民会议未决议以前，何以不即行消灭？何以尚委派大小官员？"

袁世凯为了表达自己对孙中山就任临时大总统的不满，不仅中止了唐绍仪议和代表团的任务，而且让北洋将领群起反对共和政体，向南京临时政府示威。以段祺瑞为首的北洋将领在汉口发出通电，声称："吾人断然主张君主立宪，如采用共和政体，吾人惟当奋力战斗，至死不承认此政体。"在北京的冯国璋、张怀芝等文武官员也大叫要以"铁血解决政体"。北洋将领纷纷声称，要与民军开战。他们扬言"民军既举有总统，同人生计将绝；此后之战，皆为袁世凯，非为满洲也"。

　　在武昌、汉阳的北洋军不遵守双方军队后撤停火的协议，接连炮击武昌。袁世凯的心腹赵秉钧、杨以德等运动北方官绅，拟俟清帝退位后，即拥袁为大总统，如南方政府不取消，就拥袁为皇帝。支持袁世凯的各国公使团也声称："各国均赞袁公平正直，他毫无错误可供革命党指摘，和议破裂，咎在革命党人。"

　　袁世凯中止唐绍仪议和代表的同时，秘密致电正在上海的杨度，命他务必利用特殊身份，疏通南北关系。杨度在上海通过多方接触，看出南方革命党内部有两个派别。一个是以孙中山为首的粤派，主要人物有胡汉民、汪精卫、王宠惠等；另一个是以黄兴为首的湘派，骨干有谭人凤、宋教仁、刘揆一等。黄兴为首的湘派明确表态同意袁世凯做大总统，而现在孙中山被推出来，必定是粤派在各省代表中活动的结果。要改变这个现实是不可能的了，惟一能做到的，是说服孙中山公开表示，他做总统只是暂时的，以后一定把这个位置让给袁。若这样，袁世凯必定满意，南北会谈就达到了它的预期效果。

　　于是，杨度以袁世凯私人代表的身份，在上海秘密会晤孙中山、汪精卫、刘揆一、王宠惠、胡汉民等人。他对孙中山说：唐少川的辞职，其实已意味着南北和谈的破裂。南北和谈破裂的真正原因在于袁项城知道了中山先生已被推举为大总统，袁世凯认为革命党人不相信他。孙中山则申明：

自己几十年奔走革命，从来没有想到要由自己来做新国家的总统。革命是危险的事，随时都有可能牺牲，若为一己利益着想，我早就不革命了。他表示只要袁世凯能够逼迫清帝退位，就辞去临时大总统。

杨度一方面在上海秘密会晤孙中山及革命党人，向他们说明袁世凯赞成共和的意向，另一方面则联合张謇等立宪派向孙中山施压。张謇明确提出："要慰庭劝皇上退位。只要皇上一退位，我们统一党就举他做大总统。大家推我拟一个电文。我给慰庭吃一颗定心丸：甲日满退，乙日推公，东南诸方一切通过。"这样，张謇函告袁世凯："甲日满退，乙日拥公，东南诸方一切通过，愿公奋其英略，旦夕之间勘定大局；南省先后独立，事权不一，秩序不安宁，暂设临时政府专为对待独立各省；孙中山已宣言，大局一定，当即退位。"

在内外各方压力下，南方革命党一方面筹备北伐，另一方面不得不表示：只要袁世凯逼清帝退位，就推举袁氏为大总统。

孙中山在南京就任中华民国临时大总统的就职誓词说："倾覆'满洲'专制政府，巩固中华民国，图谋国民幸福，此国民之公意，文实遵之，以忠于国，为众服务。至专制政府既倒，国内无变乱，民国卓立于世界，为列邦所公认，斯时文当解临时大总统之职。谨以此誓于国民。"

孙中山刚就职就提到解职，而且信誓旦旦地公之于世，这或许是世界所有总统就职典礼上没有过的事情。与此同时，北京各大报纸刊出了冯国璋、段祺瑞等48位北洋高级将领抵死捍卫君宪的通电。孙中山不得不亲自致电袁世凯，明确表示："文虽暂时承乏，而虚位以待之心，终可大白于将来。望早定大计，以慰四万万人之渴望。"

1月14日，梁士诒密电唐绍仪说：清政府正筹商退处之方，此后如何推举总统？苟不得人，则祸变益巨。前云孙中山肯让袁世凯，有何把握？唐绍仪将此电交伍廷芳转呈孙中山。当日，孙中山再次表示：临时政府的惟一目的，在于速定共和，只要清室退位，共和既定，他就让位于袁世凯。16 日，孙中山让伍廷芳再次转告袁世凯："如清帝实行退位，宣布共和，则临时政府绝对不食言，文即可正式宣布辞职，以功以能，首推袁氏。"

在取得了孙中山及南方革命党保证清室逊位、举袁世凯为临时大总统的诺言后，杨度圆满地完成了袁世凯赋予的秘密使命，从上海返回北京，辅助袁世凯加紧逼宫活动。

1912 年 1 月 16 日，袁世凯率领全体国务大臣密奏隆裕太后，在讲了一通南北议和过程后，袁氏指出：大局岌岌，危逼已极！人心涣散，如决江河，莫之能御。解决的办法便是顺应共和趋势，改变政体。他说："民军所争者政体，而非君位，所欲者共和，而非宗社。我皇太后皇上何忍九庙之震惊，何忍乘舆之出狩，必能俯鉴大势，以顺民心。"字里行间充满了对清室的恫吓之意。

隆裕太后接到奏折后，默无一言，惟有拭泪。在随后召开的王公宗室大臣御前会议上，溥伦力持自动逊位，让袁世凯做总统，奕劻、载振父子附和此说。但是，少壮贵胄溥伟、善耆、良弼、升允等人坚决反对进行和谈，决心以武力对抗到底。袁世凯表示："假如你们不满意，我只有向皇太后辞职。"良弼等人毫不退让，主张批准袁内阁辞职，另组皇族内阁。

在紫禁城的这次会议结束后，袁世凯从皇宫返家行经东华门大街时，革命党人从东兴楼饭馆楼上仍下三枚炸弹，当即炸毙其护卫。袁世凯此时遇刺，消除了隆裕太后和清室权贵视袁氏为革命党的疑虑，有利于袁世凯的活动。袁世凯利用该事件，从此称病不入朝，将逼宫的任务交给亲信赵秉钧、胡惟德等人，自己躲在幕后指挥，而且制造了"革命党人已经遍布于北京城"谣言，制造京城紧张气氛，对皇室权贵施加压力。

19 日，在袁世凯的指使下，梁士诒、赵秉钧、胡惟德上奏隆裕太后："人心已去，君主制度恐难保存，恳赞同共和以维大局。"1 月 22 日，孙中山正式提出了清帝退位条件。25 日，袁世凯奏呈说：这样再拖延下去，清室能否照前议条件给予优待，不敢预决。公开以取消优待条件对清室进行恫吓。

1 月 26 日，在袁世凯的授意下，前不久通电反对共和的段祺瑞、姜桂题、张勋、何宗莲等 48 名北洋将领，联衔要求清政府明降谕旨，定共和政体，以现任内阁及国务大臣等，暂时代表政府。当日，满族亲贵少壮派、反对清帝逊位最有力者良弼，被革命党人彭家珍炸死，宗社党作鸟兽散，再也不敢反对逊位之事。

在袁世凯的内外夹攻之下，隆裕太后和清室不得不屈服。2 月 3 日，隆裕太后授权袁世凯，与南京临时政府谈判清帝逊位优待条件。2 月 9 日，袁世凯与南京临时政府达成《关于大清皇帝辞位之后优待条件八条》《关于清皇室待遇条件四款》等协定，扫除了清帝逊位的最后障碍。2 月 12 日，隆裕太后带着 6 岁的宣统皇帝，举行最后一次君臣朝见仪式。外务大臣胡惟德代表袁世凯，率领国务大臣向隆裕太后和宣统皇帝行三鞠躬礼，这是清朝开国以来改变跪拜礼的第一次，也是最后一次。

隆裕太后将预先写好的诏书交给胡惟德说：袁世凯世受皇恩，把这样的局面应付到今天，为国家、为皇室都出了不少力；现在按照议和的条件把国家大权交出来，交给袁世凯组织共和政府，使天下早点安宁吧！今天颁布诏书，实行退位。

至此，统治中国长达近三百年的清王朝覆灭了。

三、转向赞成共和

杨度自从第二次日本留学回来后，通过对各国宪政的研究和对中国国情的深入分析，认定虚君立宪是中国最宜采用的国体。为此，他积极在为中国第一部宪法的制定和促使国会早日召开而奔走呼号。不料，革命党激进的救国方略得到了多数人的拥护，武昌起义催生了十四个省的独立。尽管南方各省独立的背景不尽相同，大部分都督亦非革命党人，但厌倦清廷的情绪则是一致的。民心已经倾向于民主共和，民主共和已成为当时中国的政治潮流。

面对着这种巨大的一夜之间发生的突变，杨度面临着艰难的选择：一是固守一贯的主张，坚持虚君立宪，与革命军势不两立；二是守"道不同不相与谋"的古训，在革命党民主共和大行天下的时候退出政坛，不闻世事；三是放弃自己君主立宪的政治主张，投入民主共和的时代潮流中，在共建民主制度的潮流中再展身手。

从上海回到北京后的杨度，看到袁世凯已经公开宣布赞成共和，知道自己的君主立宪理想难以实现，必须改换门庭，放弃自己的君宪主张，投入民主共和的时代潮流。为此，杨度在短暂的迟疑后也宣布赞成共和，并与亲信薛大可、刘啸和、王赓等人商议，决定组织新的政治团体——共和促进会。

1912 年 1 月 25 日，杨度与北京各新闻记者及一些资政院议员共同召开共和促进会发起大会，发表宣言书，明确表示支持共和。杨度在宣言书中叙说自己由君宪转向赞成共和，主要原因在于当前的时势，断不能以党见之私，召瓜分之祸。杨度还解释说，以往自己主张实行内阁负责制的君主立宪政体，乃以救国救民为前提，而非仅以保存君位为目的；乃以促政治之进步，而绝不愿以杀人流血勉图君位之保存。他指斥那些抵制共和的清廷亲贵王公与顽固分子，在民众希望君主立宪的时候则主张君主专制，在目前民众希望民主共和的时候又主张君主立宪，既不能在革命发生之前实行宪政、预先消除革命的萌芽，反而在革命发生之后来反对共和，实际上是为了拥护皇室一姓私利，甘弃国家利益于不顾。

杨度起草的宣言书指出：现在发起本会，是应时势之要求，鉴国民之心理，尽匹夫报国之责。宣言最后说：生民涂炭，已濒水深火热之域；外侮方殷，行见豆剖瓜分之惨。求内部之统一，免外人之割裂，安危存亡，系此一举。凡我同胞，奋袂兴起，以尽国民之义务。

　　杨度发起成立共和促进会之时，北方局势甚为危险，政治暗杀迭出，社会危机四伏。他认为，若大局再不解决，恐京津之乱即在目前，故其发起成立共和促进会，旨在消弭这些危险，促进北方赞成共和。很显然，杨度的所作所为有利于促进南北和平统一以及民主共和在全国的确立。但是共和促进会宣言书发表之后，黄光焯、陆廉钦等人坚守君主立宪的立场，致书杨度，指责其由君主立宪转而赞成民主共和，并辱骂这种行为是轻节义，毁廉耻，并断言这种行为将导致国家的污秽昏乱。

　　针对这种质问，杨度作了公开回答。他首先指出，正是因为清廷以假立宪愚弄民众，皇族当权，政治紊乱，以至假立宪成而真革命起。君主立宪党无不对清廷假立宪痛心疾首，却又无术可救，幸吾国尚有革命党足以推翻清廷，补救国家危亡。如果避免黄、陆等人的指责，杨度有两个办法可以不从立宪转向共和：一是积极的方式，主张用兵力战，南北交兵，以维持君主立宪；二是消极的方式，不坚持君主立宪，然亦终不赞成共和，以保个人之信誉。实行这两种办法都是不可取的，前策是以私而害公，后策是为私而不顾公，均为杨度所不愿采取。

　　杨度以往赞同君主立宪而不主张民主共和，主要就是担心因国家内部纷扰而招致列强干涉瓜分之祸，认为和平救国莫若君主立宪。在当前革命已经发生的情况下，再坚持君主立宪，惟有战争的办法。杨度坦言，自己从革命事起以来，无日不为共和解决之运动，但在将有和平解决的希望之时，北京忽然冒出无数君主立宪团体，四处散发传单，煽动军、警、政、学各界，这些人以往并不赞成立宪，现在受满洲皇族的指使，冀以破坏和平解决之法，结果造成北京浮议四起，人心骚然。杨度深恶这些人窃取"君主立宪"之名而为亡国之事，故结合旧日同志，宣言结会，明主共和，藉以消主战派之谬说，而以北方实行共和为和平救国之道。

杨度放弃君宪转向共和之举，既不为保守的北方所接受，也受到了激进的南方革命势力误会。由于杨度在此前主张君主立宪，并从留学生领袖当上了清政府的四品提调，故引起了部分激进的革命党的痛恨。长沙光复后，湖南部分激进的革命党人组织了国民协进会，绝对排斥满人及为满人做过事的清政府官僚。杨度因为主张粤汉铁路官商合办曾经得罪了一批湖南士绅，故这些士绅向该会大进谗言，建议对杨度给予惩戒。于是，国民协进会通电全国，指责杨度在武昌起义后奔走南北，并力请袁世凯出山，是一个不折不扣的大汉奸。按照国民协进会的会章，宣布判处杨度死刑，并没收其在湖南湘潭老家的家产，拘捕其妻子儿女。此事传开后，在当时舆论界引起较大震动。胡汉民、汪精卫等革命党人在南京联名发出通电，出面为南北议和出过大力的老友杨度说情，孙中山甚至亲自致电湖南都督谭延闿，请他派兵保护杨度老家的家属。国民协进会很快宣布解散，并没有对杨度家人采取所谓制裁，风波随即平息。

清帝逊位后，孙中山向南京临时参议院提出辞职咨文，南京临时参议院选举袁世凯为中华民国临时大总统，并派遣教育总长蔡元培为专使，宋教仁、汪精卫、纽永建、王正廷、魏组寰为欢迎员，前往北京欢迎袁世凯南下就职。

袁世凯知道，离开了北方老巢到南京就职，势必如虎落平阳，处处受制，故坚持定都北京。但面对临时政府派来的蔡元培等专使，应该如何应对？袁世凯的长子袁克定与杨度、杨士琦、姜桂题、曹锟等人进行了秘密商议。杨度趁机煽动北洋将领制造事端，怂恿他们把迎袁专使吓回去。

2月29日晚，曹锟率领的北洋第三镇在北京"哗变"。变兵高喊："袁宫保要走了，我们没人管了！"持枪闯入蔡元培等人的住所，并大掠东城、西城和前门一带，放火焚烧民宅，抢劫财物。接着，驻扎通州、丰台、高碑店、长辛店、保定和天津等地的北洋军奉命相继"哗变"，抢劫天津的银行、造币局、铁路局等重要部门。

北京兵变发生后，段祺瑞、冯国璋、姜桂题等北洋将领立即发出通电：临时政府必须设在北京，大总统难以离开北京一步，统一政府必须迅速组成。他们公开挽留袁世凯，要求南京政府收回成命。

亲眼目睹了北洋兵变的惨祸，加上杨度、梁士诒等人的一番劝慰，蔡元培等人感到北方形势复杂，袁世凯确实难于立即南下就职。3月2日，蔡元培等人致电南京临时参议院，报告北京兵变后的局势，陈述袁世凯不能南下就职的原因，并且警告说："北京兵变，外人极为激昂，日本已派多兵入京。设使再有此等事变发生，外人自由行动恐不可免。培等睹此情形，集议以为速建统一政府，为今日最要问题，余尽可迁就，以定大局。"

袁世凯也致电孙中山表白说：他极愿南行，惟自经此兵变，北方商民不想让他南行，"函电吁留，日数千起"，因此暂时难于南下就职。在这种情况下，3月6日，南京临时政府参议院通过了袁世凯在北京就任临时大总统的决定。3月10日，袁世凯在北京接任中华民国临时大总统，梁士诒为总统府秘书长。在就职典礼上，袁世凯宣读卜列誓词：

"民国建设肇端，百凡待治。世凯愿竭其能力，发扬共和之精神，涤荡专制之瑕秽，谨守宪法，依国民之愿望，蕲达国家于安全强固之域，俾五大民族同臻乐利。凡兹志愿，率履勿渝！俟召集国会，选定第一期大总统，世凯极行解职。谨掬诚悃，誓告同胞。"

杨度在上海游说革命党人的成功，及密献兵变妙计，不仅帮助袁世凯登上了中华民国临时大总统的宝座，而且成全了袁世凯在北京就职的心愿。心高气傲的杨度自认为袁氏会将新政府内阁总理一职酬谢给他。

但出人意料的是，杨度不仅没有当成内阁总理，而且在新内阁中连一个总长的位置都没有得到。

袁世凯就任临时大总统后，立即着手组织新政府。由于第一任内阁是新旧总统交替的一个桥梁，故国务总理应是孙中山、袁世凯共同信任的人物。从当时的情况看，唐绍仪无疑是最佳人选。唐绍仪从1885年便跟随袁世凯，是袁氏的亲信和部属。唐绍仪早年留学美国，对西方政治制度有所了解，又与孙中山、伍廷芳等为广东同乡，所以在南北和谈期间，为了顾全大局，与孙中山、黄兴、伍廷芳等人推诚相见，以求和谈之成功。考虑到当时没有更适当的总理人选能得到南京方面的同意，所以袁世凯勉强同意唐绍仪为内阁总理。3月13日，袁世凯任命唐绍仪为中华民国内阁总理。25日，唐绍仪受袁氏之命南下，与南京方面协商政务及组阁问题。

袁世凯在考虑内阁名单时，并没有忘记为自己留下功勋的才子杨度。他最初交给唐绍仪所拟定的内阁名单是：陆军总长段祺瑞、外交总长陆征祥、内务总长赵秉钧、财政总长熊希龄、海军总长刘冠雄、教育总长杨度、交通总长梁如浩。这些都是重要部门，袁世凯要抓在自己手里。另外还有三个部：司法、农林、工商，则交给南方，让他们自己决定。但唐绍仪经与南京方面协商，对教育总长的人选作了调整，将内定的杨度换成了蔡元培，杨度入阁的迷梦破灭了。

4月21日，中华民国第一届内阁成立，其阁员如下：外交总长：陆征祥；内务总长：赵秉钧；财政总长：熊希龄；陆军总长：段祺瑞；海军总长：刘冠雄；司法总长：王宠惠；教育总长：蔡元培；农林总长：宋教仁；工商总长：唐绍仪（兼）。这届内阁中的主要阁员，如外交、陆军、海军、内务等部，均为北洋集团的人物；除内务部外，各部员司基本上由南北两个政府的成员糅合而成。唐绍仪组阁后，与同盟会的领袖宋教仁比较接近，支持同盟会主张的责任内阁制，所以人们将该内阁称为"唐—宋内阁"。

在南北统一过程中，杨度穿梭于北洋集团与革命党之间，为促成袁世凯当上临时大总统立下了汗马功劳，但在民国新内阁中根本就没有自己的位置，故非常恼火。但他又无法向同僚抱怨，更不敢迁怒于袁世凯，只得默默地离开北京这个政治中心，远走青岛休养，静观政局变化。

1912 年夏，在袁世凯的策动下，全国掀起了政党大合并。5 月，以立宪派为主和旧官僚、同盟会的脱党分子组成的民社党、统一党、民国公会、国民共进会、国民协进会等合并组成共和党，黎元洪为理事长，张謇、程德全、章太炎等为理事，袁世凯的亲信山东都督周自齐、河南都督张镇芳、奉天都督张锡銮、吉林都督陈昭常、甘肃都督赵惟熙均为该党成员，直隶都督冯国璋与浙江都督朱瑞等接近该党。8 月，以汤化龙为首的共和建设讨论会，吸收了国民协会、国民新政社、共和促进会、共和统一会和共和俱乐部等，成立了民主党，汤化龙为理事长。共和党以保持全国统一，采取国家主义为宗旨；民主党则以建设强国政府为宗旨。这两党都是以加强中央集权为核心，和袁世凯的观点一致。8 月 25 日，中国同盟会与统一共和党、国民共进会、国民公党、共和实进会等在北京召开改组成立大会，合组国民党，孙中山为理事长，黄兴为理事，实际主持人是代理理事长宋教仁。

1912 年 10 月 8 日，立宪派领袖梁启超从国外返抵天津，民主党举行欢迎会，杨度代表来宾致欢迎词。10 月中旬，杨度赴北京参加"实业共济会"成立大会，并被推举为副会长。12 月 22 日，由开滦、汉冶萍等公司发起，在天津召开了"中华全国矿务联合会"筹备会议，杨度作为湖南华昌矿务公司代表出席。

自从袁世凯就任中华民国临时大总统后，在唐绍仪辞职、内阁危机、裁军、军民分治等问题上与同盟会产生了矛盾，受到了各界舆论的批评。袁世凯为了缓和矛盾，极力联络孙中山和黄兴，邀请他们北上会商，藉以增加自己在政治上和道义上的力量。1912 年 9 月 11 日，黄兴抵达北京，袁世凯以接待孙中山的礼仪规格热烈欢迎。黄兴与杨度进行了多次长谈，双方交换对政局的看法。黄兴极力邀请杨度加入国民党，但杨度没有答应。后来，革命党人胡瑛等人也动员他参加国民党时，心高气傲的杨度提出，除非国民党放弃政党内阁的主张，自己才可以考虑加入。政党内阁是国民党最重要的纲领，岂能放弃？胡瑛等人被迫放弃了拉拢杨度入党的念头。

尽管杨度因政见不合先后拒绝了黄兴、胡瑛邀其加入国民党的要求，但他与黄兴等国民党人始终保持着较好的关系。后来黄兴在上海病逝，杨度撰写了一副挽联吊唁：

公谊不妨私，平日政见分驰，肝胆至今推挚友；
一身能敌万，可惜霸才无命，死生从古困英雄。

一、"君宪救国论"

　　尽管杨度为袁世凯取得中华民国大总统立下了汗马功劳，但他并未实现自己预想的"帝师"目标，甚至连开国元勋也没有当成。对杨度这位重要谋臣，袁世凯在民国初期并未予以重用，而是授予诸如汉口商场督办、参政院参政等闲职，从未出任过什么有实权的要职。毫不夸张地说，杨度在民国初年的官场上是非常失意的。

　　1913年9月，熊希龄组织"名流内阁"，因为杨度与熊希龄的私人关系非常密切，熊氏原拟杨度出任交通总长。杨度趁机推荐刚刚从云南调到北京的蔡锷为陆军总长。但由于总统府秘书长梁士诒从中作梗，不仅蔡锷没有当上陆军总长，而且杨度本人的交通总长也泡汤了，被迫改为教育总长。但自视甚高的杨度对教育总长没有多大兴趣，淡淡地说了声"帮忙不帮闲"，傲慢地拒绝了。

　　1913年11月，袁世凯发布解散国民党并取消国民党籍之国会议员资格的命令后，国会达不到法定开会人数，国会被迫停止活动。袁世凯组织政治会议代替国会，作为国家立法的最高机关。政治会议议员不经选举而是经由指派产生，大总统可以指派10名议员，国务院可以指派4名议员，各部指派1名议员，各省指派2名议员。袁世凯指派杨度、李经羲、梁敦彦、樊增祥、马良、赵惟熙、杨士琦、饶汉章等10人为政治会议议员，用以操纵政治会议，使之成为袁世凯的御用表决机器。12月15日，政治会议开幕，袁世凯在会上致词，再次肆意攻击民主、自由的共和政体，断然与共和体制决裂。政治会议开幕后，袁氏提出解散国会、停办各州县自治会、解散省议会和成立约法会议等议案，均得到了政治会议的通过。杨度作为政治会议议员，实际上充当了袁世凯背叛共和、走向独裁专制的帮凶。

1914年5月，袁世凯按照《中华民国约法》及《大总统选举法》授权大总统的权力，对政府机关及其权限作了很大改组。他宣布撤销国务院，在总统府内设立政事堂，一切军国大计，由袁世凯一手掌握。政事堂类似前清的军机处，辅佐大总统处理政务。原来的国务院，总理、总长有权直接发号施令，国务院、总理取消后，总长除处理部务外，涉及全国的规定、命令均须呈报政事堂审阅，再转呈大总统审批后方可发布，各部总长必须向大总统负责。政事堂下属法制、机要、铨叙、主计、印铸、司务六局，又设内史监，办理总统机要。

　　杨度在解散国会、按照袁氏旨意制定《中华民国约法》及《大总统选举法》过程中表现积极，觉得自己是袁氏信任的心腹干将，加上旧学新政样样精通，政事堂国务卿非己莫属。但在袁氏公布的政事堂各部局长官名单中，仍然没有杨度的位置。与袁世凯关系密切的前清老臣徐世昌出任国务卿，与杨度同为袁幕中人的杨士琦、钱能训分任左、右丞，外交总长为孙宝琦，内务总长为朱启钤，财政总长为周自齐，陆军总长为段祺瑞，海军总长为刘冠雄，司法总长为章宗祥，交通总长为梁敦彦，教育总长为汤化龙，农商总长为张謇，法制局长先后为施愚和顾鳌，机要局长为张一麐，铨叙局长为夏寿康，主计局长为吴廷燮，印铸局长为袁思亮，司务局长为吴笈荪，内史监长史为阮忠枢，副内史监长为曾彝进、王式通，夏寿田、刘春霖等十数人为内史。

　　就连杨度保荐的云南都督蔡锷，这次也被袁氏拉进了大元帅统率办理处，并当上了将军府将军，杨度仅仅被袁世凯授予"少卿"的虚衔。这样，从唐绍仪到孙宝琦五届内阁中一席未占的杨度，原本想在政事堂中谋取国务卿以实现宰相之梦想的愿望，也彻底落空了。杨度气闷至极，又无可奈何，徒然抱怨时运不济。

　　民国初年的杨度，思想上变化很大，很快完成了从君主立宪向民主立宪思想的转变。早在 1912 年 3 月，杨度与北京新闻界人士、一些原资政院的议员成立了共和促进会，放弃君主立宪，转而支持共和制度。但从总体上看，杨度在思想深处并没有完全放弃君主立宪，他仍然是君主立宪的信奉者，赞同共和制度只是权宜之计。对于这种转变，杨度后来解释说，此时满汉情感已经破裂，没有弥合的余地，只有另造新的"君统"。他还解释自己入袁世凯幕府之初衷说："予在大总统幕中，亦不得已牺牲予平日宗旨，勉强与赞助，以免一时危亡之祸。"他所理想的新"君统"，自然是袁世凯。

面对民国建立后出现的内阁更迭频繁，政局动荡不安，社会秩序混乱的现状，杨度对自己赞成共和的做法有了很大动摇，开始对一度放弃的立宪思想进行重新认识。他尽管在民初迫于时势一度转而赞同共和，但在思想深处仍然抱有强烈的君主立宪思想。在他看来，中国是需要一个皇帝的，在这个皇帝之下实行西方近代立宪制度，中国才有希望，至于这个皇帝是谁，反而是不重要的。他在对民国初期的政象观察后坚信，民国建立后出现的政治混乱和社会无序状况，是由共和制度造成的；中国要想富强，必须实行君主立宪。

这样，在经过辛亥以后一段时间的彷徨苦闷之后，杨度的思想逐渐从共和退回到君主立宪，并将自己的这种想法告诉了好友夏寿田。

袁世凯身边最接近的是内史夏寿田。夏氏是杨度的同乡兼同学，年少而有才名，其入袁幕也是杨度所介绍。内史监长史阮忠枢虽是袁氏在小站时代的老幕僚，可是他这时鸦片烟瘾很重，并不经常按时守在袁氏身边；老幕僚张一麐则专任政事堂的机要局长。这样，袁世凯每天一大早到签押房上班时，按时上班的亲信幕僚只有夏寿田。所以，袁氏遇事都与夏氏商量，夏寿田由此一变而为袁世凯身边最亲信的幕僚，对袁氏的思想动向和意图掌握得最清楚。

1915 年摄于北京

　　夏寿田既是杨度所介绍，杨、夏关系自是极为接近。当杨度产生放弃共和制度而倡言君主立宪制度时，夏寿田已经探知袁世凯对共和制度不满，并已经有了复辟帝制的意向。于是，夏氏遂建议杨度将自己君宪救国的主张系统地加以阐发，由他负责呈送给袁世凯。

　　1915 年 4 月，杨度在经过一番深刻思考之后，挥笔撰写了著名的《君宪救国论》一文，全面阐述了"君宪救国"思想。该文分上、中、下三篇，以问答式的对话体，阐述了"非立宪不足以救国，非君主不足以成立宪"的核心观点。

　　杨度首先阐述了"君宪救国"的理由，将君主立宪称为"救亡之策，富强之本"，而将民国以来的政局混乱，归结为共和制度的弊端，断言共和制度不适合中国。他分析道：共和政治必须多数人民有普通之常德常识，于是以人民为主体，而所谓大总统行政官者，乃人民所付托以治公共事业之机关耳，所变者为治国的政策，无所谓安危治乱问题。但中国民众的程度低下，难以实行共和，"多数人民，不知共和为何物，亦不知所谓法律，以及自由平等诸说为何义，骤与专制君主相离而入于共和，则以为此后无人能制我者，我但任意行之可也。其桀桀者，则以为人人可为大总统，即我亦应享此权利，选举不可得，则举兵以争之耳，二次革命其明证也。加以君主乍去，中央威信，远不如前，遍地散沙，不可收拾。无论谁为元首，欲求统一行政，国内治安，除用专制，别无他策。故共和伊始，凡昔日主张立宪者，无不反而主张专制"。民国初年实行的是形式上是共和，而实际上则是专制。

他继续说：虽然民初实行了总统制，虽然有《中华民国约法》及各种会议机关，在形式上近于立宪，但实际上是立宪者其形式，专制者其精神。民国成立四年中，若非政府采用专制精神，则中国欲求一日之安，不可得也。故一言以蔽之曰：中国之共和，非专制不能治也。换言之，中国之共和，非立宪所能治也。他强调：因立宪不足以治共和，故共和决不能成立宪。由此，他得出结论："平言之，则富强立宪之无望，皆由于共和；申言之，则富强无望，由于立宪无望，立宪无望，由于共和！今欲救亡，先去共和！何以故？盖求富强，先求立宪，欲求立宪，先求君主故也。"

为什么欲求富强，当先求立宪？杨度回答道：富强者，国家之目的也；立宪者，达此目的之方法也。富国强兵乃是百年大计，非一蹴可就，有待于一代又一代人的持续努力，然而人治的特点是人亡政息，贤明统治缺乏可持续性。只有用立宪之方法来谋富强，才能避免人存则政举，人亡则政息。他认为只有宪政才能够避免"人亡政息"的通病。他说，国家最大也最危险的隐患，乃是人存政举，人亡政息，这就是人治国家的通病。所以中国古代虽有汉武帝、唐太宗那些英主，但只能富强一时，不能使一富不可复贫，一强不可复弱，"故自一时论之，虽觉小有兴衰，而自其立国之始终论之，实为永不进步"。

杨度认识到宪政乃富强之本，基于两个基本事实：一是日本效法西方立宪后立刻变得强盛了，二是中国遇到的无法匹敌的强敌，全都是立宪之国。他分析说："日本与我邻者千年，前此亦未闻如许之强盛者何也？其时彼亦未立宪，不能为继续之强盛也。惟一至近年，忽有立宪政体之发明，欧洲列国行之，而列国大盛，日本行之，而日本大盛。我中国所猝遇而辄败者，皆富强之国也，又皆立宪之国也，岂不怪哉？然而不足怪也，不立宪而欲其国之富与强，固不可得，既立宪而欲其国之不富不强，亦不可得也。"

宪政避免了国政受到领袖个人素质的制约，有无明君都能保证国家持续发展："盖国家所最痛且最危险者，莫如人存政举，人亡政息，惟有宪政一立，则人存政举，人亡而政亦举，有前进，无后退，有由贫而富，由富而愈富，断无由富而反贫者也；有由弱而强，由强而愈强，断无由强而反弱者也。人亡而政不息，其效果必至于此。"因此，宪政功用之奇而且大，只有宪政能够救中国，"立宪之后，自然富强，故曰：欲求富强，先求立宪者此也"。

杨度认为，只有实行帝制，才能保证宪政成功。为什么说欲求立宪，先求君主？为什么不能实行民主立宪，而要回到君主立宪上呢？他指出，民国初年实行的"专治的共和"只能苟安一时。总统大位既然是敞开的，那么将来中国还不知道会有多少竞争大总统的战乱，不知何时才能结束，故必须先除去这以武力竞争国家元首的弊病，否则国家永无安宁之日。因此，只有把大总统变成君主，使一国元首立于绝对不可竞争之地位，庶几足以止乱。杜绝了野心家们争元首的想头，自然也就不会再发生"二次革命"那种抢夺总统大位的武装叛乱了。他说："计惟有易大总统为君主，使一国元首，立于绝对不可竞争之地位，庶几足以止乱。"他分析道：元首有一定之人，则国内更无竞争之余地，国本既立，人心乃安。拨乱之后，始言致治，然后立宪乃可得言也。

他认为，不改君主则已，一改君主，势必迫成立宪。因为改为君主以后，全国人民又思望治，要求立宪之声，必将群起，在上者亦知所处地位，不与共和元首相同，且其君位非由帝制递禅而来，乃由共和变易而成者，非将宪政实行，先以为收拾人心之具，亦不能不应人民之要求也。他得出的结论是："故自此而言之，非君主不能发生宪政；自彼而言之，又非宪政不能维持君主也。若谓立宪之制，君主不负责任，必非开创君主所能甘，是则终无立宪之望。不知凡为英主，必其眼光至远，魄力至大，自知以专制之主，而树功德于民等无论若何丰功伟烈，终有人亡政息之一日；不如确立宪政，使人存政举者，人亡而政亦举，所造于国家较大也。"

最后，杨度大讲"假立宪必成真革命"的道理，详细列举了清朝假立宪导致灭亡的例子，强调指出，必须真立宪，才能以正当安国，以诚实取信于民，"政府所颁，一字即有一字之效力，乃为宪政实行"。他指责民初国民党人的立宪也不是真正的立宪，不过借立宪之手法，以达革命之目的而已，其功用与清室之立宪正同，所异者清室为他人预备革自己之命，国民党自己预备革他人之命而已。他所强调自己倡导的立宪，与前清皇室、民初国民党皆不同，"予以为他日之君主立宪，有二要义焉：一曰正当，所以矫民国之弊也；二曰诚实，所以矫前清之弊也"。他强调："正当则国安，诚实则民信，前清与民国之弊皆可扫除矣。以此而行君主立宪，中国之福也，予虽愚蒙，敢不从教。"

杨度对民初共和制度的批评，不能说完全没有道理。他公开倡言要以帝制推进立宪，包含着以日本、德国为蓝本实现立宪的理想。但他只论证了帝制对于实行宪政的必要性，显然忽略了通过帝制实行宪政的可行性这个关键问题。同时，这种君宪救国论，在杨度看来是最适合当时中国国情民情的救国方案，是真正实现立宪理想的途径，但当袁氏破坏共和、密谋复辟帝制之时公开倡言"君宪"，在客观上显然为袁氏复辟帝制提供了难得的理论依据。因此，即便杨度主张"君宪救国"是真诚的，但也难逃其为袁氏利用的命运。况且，杨度此时提出"君宪救国论"，不排除向袁氏邀功图进的主观意图。

其女儿杨云慧后来对此评价说："这在父亲的主观上，确实是想为中国人民找出救国道路的。但说来说去，还是围绕着君主立宪，认为只有君主立宪可以救中国，而袁世凯又是一个有才干的人物，由他来实行君主立宪最为理想，一定会使国家富强起来。父亲根本看不透袁世凯玩弄权术、阴险毒辣和卖国的本质，更看不到所谓'君主立宪'已属历史的倒退。"

杨度的《君宪救国论》，经夏寿田秘密转呈给袁世凯。杨度大讲中国民众素质低下，不宜于民主共和，只适合君主立宪，反复强调只有帝制才能救中国，正合袁氏复辟帝制的心思。这篇洋洋万言的文章，道出了袁世凯的心声。袁世凯阅后，极为欣赏，立即批复："姑密之。然所论列，灼见时弊，可寄湖北段芝贵精印数千册，以备参考。"他连声称赞杨度："真乃旷代逸才也！"

袁世凯不仅将此文当成从共和改行帝制的理论纲领，交给徐世昌、梁士诒等人秘密传阅，并把这篇大作寄给湖北将军段芝贵，令其秘密付印；而且亲笔题写了"旷代逸才"四字，由政事堂制成匾额赐赠杨度，给予表彰。

杨度在受到了袁世凯的这种恩宠以后，诚惶诚恐，更感到袁世凯真是"知贤"，是可以辅助的"潜龙"，立即上表恭达谢忱。其云："为恭达谢忱事。五月卅一日奉大总统策令：杨度给予匾额一方，此令。等因，奉此。旋由政事堂颁到匾额，赐题'旷代逸才'四字，当即敬谨领受。伏念度猥以微材，谬参众议，方惭溺职，忽荷品题，维被饰之逾恒，实悚惶之无地。幸值大总统独膺艰巨，奋扫危疑，度得以忧患之余生，际开明之嘉会，声华谬窃，返躬之疚弥多，皮骨仅存，报国之心未已。所有度感谢下忱，理合恭呈大总统钧鉴！"

从此，杨度更加忠心耿耿地为袁世凯复辟帝制而效劳了。

二、发起筹安会

1915 年 8 月，袁世凯御用报纸《亚细亚日报》发表了其法律顾问古德诺撰写的《共和与君主论》，伦敦的《泰晤士报》、东京和国内的一些报纸随后予以转载，立即引起强烈反响。《共和与君主论》发表后，日本学者有贺长雄跟踵而上，发表了《观奕闲评》《共和宪法持久策》，与古德诺的论点遥相呼应。

古德诺自 1913 年 5 月担任袁世凯的法律顾问，与袁克定过从甚密，每周固定二次会晤，并多次与袁世凯晤谈。据顾维钧回忆，古德诺在一次会见袁克定时说，中国有帝制的传统，民主主义的观念不像西方那样强烈，所以中国需要有一个强有力的中央政府以巩固国家政权，以取代当时存在的那种各省军阀割据的松散局面。当然，强有力的中央政府正是袁世凯的意思，在他的心目中，唯一的形式只是帝制政府。

杨度的《君宪救国论》和古德诺的文章发表之后，徐佛苏、丁世峄等人秘密呈请袁世凯改行帝制，袁世凯命夏寿田将这些意见就商于杨度。袁世凯初意是让杨度做一个居间人，与徐、丁等人秘密联络，幕后指挥徐佛苏等人组织一个研究国体问题的学术团体，并网罗一些社会名流参加，使这个团体能影响和领导民意，为复辟帝制制造舆论。

袁世凯自己既不能发号施令，也不能亲自指挥，因此他觉得由杨度出来担任最为适当。杨度为了实现自己的"帝师"梦想，不甘心于做幕后联络者，表示愿意亲自出马张罗。夏寿田向杨度转达了袁世凯的意见，暗示杨度可以联络当时知名之士研究所谓国体问题。

对于袁世凯复辟帝制心态把握得特别准的杨度，立即出面联络。杨度邀请了五位有名人物：孙毓筠、胡瑛、刘师培、严复、李燮和，加上杨度自己，总共六人。他们被时人称为"洪宪六君子"，或"筹安会六君子"。

这六人中有四人曾是革命党人，孙毓筠和杨度关系最为密切。

孙毓筠，名多琪，字竹如，号少侯，安徽寿县城关人。他的祖先为孙氏长房，以贩卖布匹起家，其父孙传晋做过道台，自己早年是优贡生，秀才出身，少年倜傥，颇负众望。他不满其封建家庭生活，曾变卖家产，在寿县北街僧格林沁祠旧址创办"蒙养学堂"，自任堂长。他生性挥金如土，从家里掏出大量银钱支援附近境遇困难的反清志士，从而结识了大批朋友。在办学期间，他认识了柏文蔚、张树侯等人，并组织天足会、强学会，宣传革命。1902年春，孙毓筠征得自己的叔父、内阁大学士孙家鼐同意，先派妻子汪珏带两个孩子到东京留学，次年自己也东渡日本。同盟会成立后，他马上参加，并捐款10万银元充作革命经费。孙毓筠对革命的热情和资助，赢得了孙中山及同盟会其他领导人的尊重，大家都推举他为同盟会庶务干事长，并任安徽留日学生支部长。1907年初，孙毓筠到南京运动新军刺杀端方，以响应萍醴起义，不幸被捕。杨度驰书两江总督端方，竭力营救他。两江总督端方因为他是寿州相国孙家鼐的侄孙，故仅判五年徒刑。辛亥革命时，孙毓筠获得自由，任江浙联军总部副秘书长，不久被举为安徽都督。二次革命后，孙毓筠倒向袁世凯，先后做过约法会议议长、参政，组织过宪政研究会。

胡瑛，原名祖懋，字敬吾，后改名瑛，字经武，号宗琬。原籍浙江绍兴，生于湖南桃源。1903年入长沙经政学堂读书，在黄兴等人影响下倾向反清革命，并与革命同志结党暗杀劣绅王先谦未遂，被开除学籍。1904年2月，年仅18岁的胡瑛参加了黄兴、宋教仁等人组建的华兴会，成为该会最年轻的骨干分子。7月，参加了刘静庵、张难先等人在武汉发起的组织科学补习所，被选为干事长。他与同乡宋教仁、覃振一起，被称为"桃源三杰"。萍醴浏起义失败后，他被捕下狱，仍然在狱中指挥反清革命，豪气干云，是一个传奇式人物。武昌起义后出狱，担任武昌军政府外交部长，南京临时政府成立后，孙中山派他为山东都督，袁上台后，派他为陕西经略使、新疆青海屯垦使。

孙、胡两人自二次革命失败后，同党中人或死或逃，他们认为国民党翻身的机会不多了，故另走门路，投靠袁世凯。

刘师培，字申叔，号左盦，江苏仪征人。其曾祖文淇，祖毓崧，伯父寿曾，均以治《春秋左氏传》闻名于清道咸同光四朝，列传国史。刘师培少聪慧好学，精力过人，读书一目十行，过目不忘，承家学之遗风，精研儒家经典、内典道藏，旁及东西洋哲学，对历朝掌故尤为熟悉，19岁即考中举人。1903年，他在上海结识了章太炎、蔡元培等人。《苏报》案在刘师培的思想深处产生了深刻影响。他不仅佩服章太炎的为人与学术，而且有意继承章太炎等人事业，从事反清革命运动。他将自己的名字改为"光汉"，以期攘除清廷，光复汉族。刘师培来到上海后，由蔡元培介绍加入了光复会，参与了《俄事警闻》《警钟日报》的编辑工作，积极为《中国白话报》撰稿。他用通俗的语言，向广大民众宣传革命"排满"的主张，先后撰写了《中国民族志》《攘书》《中国民约精义》和《匪风集》等著名文论，成为一名激进的革命党人。但随后，他信仰无政府主义，秘密投靠两江总督端方。端方在四川被杀后，他到四川任国学院主讲。民国成立后，章太炎介绍他到北京大学担任文科教授。杨度发表《君宪救国论》后，刘师培也发表《国情论》和《劝告旧同盟会诸同志》给予回应。他还向袁世凯上了一篇谢恩折：

"窃师培业耽七略，才谢三长，孝标溇历艰屯，子骏冀兴古学，自维梼昧，幸值休明，综邹鲁之七经，昔惭呫哗。诵唐虞之二典，今睹都俞，恭维大总统乾德诞敷，谦光下济，风宣衢室。化溢灵台，访辛尹之遗箴，聘申公以束帛，偕偕士子，伸风议而遂栖迟，驱驱征夫，咏谄诹而怀靡及。顾复不遗葑采，忝备尧询，班国士之外传，进汉臣于前席，俾闻国政，责以春秋致用之方，遂候禁官，置之朝夕论思之地，宠光曲被，陨越滋虞，惟有仰竭涓埃，冀图报称。中远猷于辰告，励亮节于寅恭。尔有嘉谋，庶备南官之专对，朝无阙事，愿窥东观之遗书。"

严复，字幼陵、又陵，福建侯官县人，早年以福建船政学堂第一名学生被派到英国学海军，回国后任北洋水师学堂教习。他虽然是学海军，但他驰名中外的，是翻译西洋名著，曾参加过唐才常主持的张园"国会"，被推为副会长（容闳为会长）。他先后翻译出版了《天演论》《名学》《群学肄言》《群己权界论》《原富》《法意》《社会通诠》《名学浅说》《中国教育刍议》等名著，致力于把西洋学说介绍到中国来，与同乡人辜鸿铭、林纾齐名，并为文坛三雄。

袁世凯任北洋大臣时曾经延揽严复。但严复很瞧不起袁世凯，故坚决拒绝。他说："袁世凯是什么东西，够得上延揽我？"等到摄政王载沣将袁世凯开缺回籍时，他不胜惋惜地说："看来看去，袁世凯还算是一个国家的柱石，置之闲散，未免可惜！"民国成立后，严复出任京师大学堂的监督。当全国一致拥护共和之时，他却指责民国徒有共和之名而无共和之实。

杨度组织筹安会时，想找几位大名流来捧场。他在找梁启超碰了钉子后，乃找到严复，杨度开门见山地对严复说："幼老，您是反对共和制度的，近来德皇威廉第二也说共和制度不宜行之于中国，您对此有何高见？"

严复冷冷地说："我没有高见，国事不同儿戏，岂可一改再改！"

杨度说："中国非统一不可，欲统一则非有一雄豪君主统御，我们想发起组织一个研究国体的团体，请幼老为发起人如何？"

严复仍然冷冷地答："你们何必研究？称帝称王自为之可也。"

杨度见话不投机，赶快改变口气说："幼老您错了，政治主张不本学理而行则不顺，学者不以其所学献之国家则不忠，您是才望俱隆的高士，岂可高卧不出，如天下苍生何？"

杨度的这句话打中了严复的心坎。他说："好吧！你们去发起，我可以列个名。"

第二天，筹安会发起筹组的消息在报上刊布，严复的大名赫然在发起人内。

李燮和早年是浙江求是学堂的学生，曾参加过萍醴浏起义，失败后逃亡日本，先后加入了光复会和同盟会，是后期光复会主要领导人之一。辛亥革命后，他在上海组织光复军，对上海独立贡献很大，孙中山任命他为光复军北伐总司令。宋教仁刺杀案发生后，他从湖南来到北京，以调和南北自任。恰巧碰上了杨度，两人关系密切，遂为杨度所收罗。

1915 年 8 月 14 日，杨度、孙毓筠、严复、刘师培、李燮和、胡瑛六人联名通电全国，发表了筹组筹安会宣言。该宣言称：

"我国辛亥革命时，中国人民激于情感。但除种族之障碍，未计政治之进行，仓卒之中，制定共和国体，于国情之适否？不及三思，一议既倡，莫敢非难；深识之士虽明知隐患方长，而不得不委曲附从，以免一时危亡之祸。故自清室逊位，民国创始绝续之际，以至临时政府、正式政府递嬗之交，国家所历之危险，人民所感之痛苦，举国上下皆能言之，长此不图，祸将无已。近者南美、中美二洲共和各国如巴西、阿根廷、秘鲁、智利等莫不始于党争，终成战祸，葡萄牙近改共和，亦酿大乱。其最扰攘者莫如墨西哥，自麦亚士逊位之后，干戈迄无宁岁，各党党魁拥兵互竞，胜则据土，败则焚城，劫掠屠戮，无所不至，卒至五总统并立，陪国家于无政府之惨象。我国亦东方新造之共和国家，以彼例我，岂非前车之鉴乎？美国者世界共和之先达也！美人之大政治学者古德诺博士即言，'世界国体，君主实较民主为优，而中国则尤不能不用君主国体。'此义非独古博士言之也，各国明达之士论者已多，而古博士以共和国民而论共和政治之得失，自为深切明著，乃亦谓中美情殊，不可强为移植。彼外人之轸念吾国者且不惜大声疾呼，以为吾民忠告，而吾国人士乃反委心任运，不思为根本解决之谋，甚或明知国势之危，而以一身毁誉利害所关，瞻顾徘徊，惮于发议，将爱国之谓何？国民义务之谓何？我等身为中国人民，中国之存亡，即为身家之生死，岂忍苟安默视，坐待其亡！用特纠集同志组成此会，以筹一国之治安，对于国势之前途及共和之利害，各摅所见，以尽切磋之义，并以贡献于国民。国中远识之士，鉴其愚诚，惠然肯来，共相商榷，中国幸甚！"

宣言中所谓的"深识之士"，实际上是暗指袁世凯，以洗刷袁世凯一忽儿赞成共和，一忽儿改行帝制，反复无常，投机取巧，自私自利的行为。杨度将美国政治学者古德诺抬出来证明君主较民主为优，中国不能不施行君主政体；最后得出结论，君主制较民主制为优，中国应该改变国体，实行君主立宪制。

8月23日，筹安会在石驸马大街正式成立，杨度被推选为理事长，孙毓筠为副理事长，严复、李燮和、胡瑛、刘师培为理事。杨度初将筹安会限于学理上的讨论，该会给会员的通知说：本会宗旨，原以研究君主、民主国体二者以何适于中国，专以学理之是非与事实之利害为讨论之范围，此外各事，概不涉及。

作为筹安会的首脑，杨度对君主立宪的信念始终没有放弃。他接连发表了《筹安会成立启事》《筹安会通电》《谈筹安会》《筹安会请愿书》《筹安会第二次宣言》等文论，孙毓筠、刘师培等也相继发表了《君政复古论》《国情论》《唐虞揖让与民国制度之不同》等文章，掀起了所谓讨论国体推行帝制的轩然大波。

袁世凯认为杨度搞筹安会，是书呆子的办法，专门在咬文嚼字上面下功夫，不会有所成，遂逼迫杨度改用简单方法，由筹安会给所有的代表每人发一张选票，填上"君宪"或"共和"二字，投票的结果当然是要"君宪"，以此办法拥戴袁世凯称帝。

杨度只得照办。8月28日，筹安会越出"学理"讨论的范围，对国体投票表决，一致主张君主立宪。次日，它向全国宣告：立国之道，不外二端，首曰拨乱，次曰求治。"我国拨乱之法，莫如废民主而立君主；求治之法，莫如废民主专制而行君主立宪。此本会讨论之结果也。"公开鼓吹恢复帝制，将袁世凯抛弃共和、帝制自为的真实想法向世人公布。

筹安会通知各地代表，并寄去表决票，请代表在票上填写"君宪"或"共和"二字。这样，筹安会就从一个研究团体变成了一个表决团体。它还准备策动各省的代表向代行立法院职责的参政院请愿变更国体，并鼓动各省驻京人士组织公民"请愿团"，分途向参政院请愿，要求恢复帝国。杨度在有10810人签名的《筹安会请愿书》中提出，国体问题应立即付诸民意机关表决，再以国民会议通过宪法。比起辛亥革命之初主张由国民会议来决定国体有所变化，但力主以民意方式促成帝制则是一贯的。他踌躇满志地说：君主立宪本为予生平唯一之政见，与从前国事共济会之宗旨略同。至于鄙人宗旨，于"君主立宪"四字，一字不可放松。立宪而不君主，必不足以固国本，鄙人所反对也；君主而不立宪，必不足以伸民权，亦鄙人所反对也。他表示，自己言行一致，从清末以来就抱定君主立宪的宗旨，十几年如一日。在这里，杨度显然回避了在民初放弃立宪转向赞成共和的事实。

筹安会成立后，除了公开发表宣言外，还电请各省将军、巡按使及各团体选派代表晋京，共同讨论国体问题，其为袁世凯复辟帝制的真实意图逐渐显露。杨度与袁世凯的关系甚深，其出面组织筹安会讨论国体问题，明摆着是要改变国体，实行君主制。故全国各省趋炎附势之辈，为了保持禄位，纷纷复电表示赞成，并答应派代表入会。不久，湖南、吉林、安徽、南京等处相继组织分会。

筹安会虽然通知会员说，本会宗旨以研究君主、民主国体二者以何适于中国，专以学理之是非与事实之利害为讨论之范围，此外各事，概不涉及，但在会员填写入会书时立即发现，筹安会并不是一个研究机构，而是一个行动机构。它的行动策略，就是向袁世凯"劝进"，督促袁世凯早日改变国体，实行帝制。因此，当筹安会把投票纸分别发给各省代表，请他们在纸上填写"君宪"或"共和"时，他们几乎一致填写"君宪"，向袁世凯表示效忠。

随后，杨度领导的筹安会发表了第二次宣言。这个宣言分为求治和拨乱两部分。求治部分，是要去伪共和而行真君宪；拨乱部分则宣称：无强大之兵力者，不能一日晏于元首之位。宪法之条文，议员之笔舌，枪炮一鸣，概归无效。所谓民选，实为兵选。其最后的结论是：拨乱之法，莫如废民主而立君主；求治之法，莫如废民主专则而行君主立宪。实际上是公开主张复辟帝制。

与筹安会开张的同时，袁世凯秘密组织起一个 10 人班子，作为发动和组织帝制活动的中枢。这 10 人为：内务总长朱启钤，税务督办梁士诒，督理奉天军务段芝贵，农商总长周自齐，河南都督、参政张镇芳，统率办事处总务厅长唐在礼，军政执法处处长雷震春，步军统领江朝宗，京师警察总监吴炳湘，拱卫军军需长袁乃宽。

袁世凯在与亲信谈话时说：如果全国老百姓一定要我做皇帝，我就做。他清楚地知道，要改变国体，从共和恢复到帝制，一定要利用民意。他命心腹杨士琦把"征求多数国民之公意"的意见，明确告诉参政院及杨度等亲信。

为了表示民众一致拥戴袁世凯恢复帝制，袁世凯的党羽们加紧活动。8月下旬，段芝贵、袁乃宽等人发起召开军警大会，讨论"筹安"事宜，继之发动京官劝进。杨士琦、钱能训、陆征祥、朱启钤、章宗祥、梁士诒、周自齐、梁敦彦、阮忠枢、张镇芳等袁氏干将纷纷上表劝进；王士珍率领陆军部、刘冠雄率领海军部、江朝宗率领步军统领衙门及其所属部队、吴炳湘率领京师警察厅警察，也不甘落后，密呈劝进表。

与京师相呼应，段芝贵密电各省将军巡按使说：多数人讨论趋向君主政体，请筹思电复。各省将军、巡按使为了表示效忠袁世凯，复电表示赞同。段芝贵据此密报袁世凯：恳请元首改君主国体，以固根本，挽救危亡。

杨度领导的筹安会不仅分派专人前往各省策划，在各地建立分会，而且请各省派遣代表速来北京，成立"各省公民请愿团"，共商国体。由于有了段芝贵致各省将军、巡按使的密电，各省文武官员纷纷响应，立即派代表进京。杨度将这些代表组织起来，成立了"各省公民请愿团"，向参政院请愿，请求改共和为帝制，拥戴袁世凯为皇帝。

筹安会成立后，杨度与胡瑛等人在北京中山公园来今雨轩聚会，有一段"走狗"言志的典故。

胡瑛率先说："外间皆呼我等为走狗，究竟是不是走狗？"

杨度道："怕人骂者是乡愿，岂能任天下事哉。我等倡助帝制，实行救国，自问之不愆，何恤乎人言。即以'走狗'二字论，我狗也不狗，走也不走的。"

孙毓筠则说："我不然，意志既定，生死以之，我狗也要狗，走也要走的。"

严复说："我折中其说，狗也不狗，走也要走的。"

胡瑛曰："然则我当狗也要狗，走也要走。"

第二天，"走狗"言志的故事，传遍津、京。天津《广智报》刊登了一幅讽刺洪宪帝制的漫画——《走狗图》。正中是袁世凯的漫画像，头戴冕旒，身披龙衮，垂拱而坐。四方是四条狗，画的是为改变国体、恢复帝制作吹鼓手的筹安会四大将——杨度、胡瑛、孙毓筠、严复。这幅漫画讥讽杨度为袁世凯的走狗之首，所谓狗头军师杨也。

实际上，此时的杨度自视甚高。他决心要作洪宪第一功臣，实现自己的宰相梦。

三、几面不讨好

陶菊隐在《北洋军阀统治时期史话》中，说袁世凯骂杨度是"蒋干"。蒋干在《三国演义》里是一个容易受骗上当的白面书生。老师王闿运称杨度是"书痴"，并在《湘绮楼日记》中记载："弟子杨度，书痴自谓不痴，徒挨一顿骂耳！"

杨度能文善辩，精通各国宪政，是一个难得的政治人才。但与梁士诒比较，杨度的书生气甚浓。杨度与梁士诒在清末同时考取经济特科，梁是

梁士诒

第一名，杨是第二名；在清末袁世凯内阁中，梁是邮传部副大臣，杨度是学务部副大臣。但进入民国以后，梁一直春风得意，手握实权，是袁世凯的得力助手，以"财神""二总统"著称。他们的仕途之所以有这样大的差异，其原因正在于：梁八面玲珑，善于察言观色，见风使舵；杨则才气纵横，雄辩滔滔，仍然不脱书生气。

杨度组织筹安会引起全国反响后，梁士诒很是妒忌。为了避免"奇勋伟业"被杨度这位白面书生夺去，梁士诒与袁世凯的心腹朱启钤、周自齐等不甘示弱，也立即参与进来了。梁士诒对袁世凯说："杨度搞的什么筹安会，是空谈学理，有什么用处？既然筹安会自称是研究和讨论国体问题的团体，已经表决赞成君主立宪了，那么，它的任务已完成，应该取消，另外成立一个有实际行动的统一机构。"

袁世凯表示赞同。梁士诒故伎重演，以巨款收买、组织所谓"请愿团"，与筹安会的"各省公民请愿团"遥相呼应，邀功争宠。他在安福胡同成立了全国请愿联合会，由沈云霈为会长，向参政院呈递请愿书，请求召开国民会议，解决国体。一时间，北京出现了"商会请愿团""商务总会请愿团""教育请愿团""社政请愿团""人力车夫请愿团""孔社请院团""乞丐请愿团""妓女请愿团"，纷纷向参政院请愿，表示拥戴袁世凯为皇帝。

梁士诒领导的全国联合请愿团，与筹安会争妍斗胜，甚至比筹安会更直接，声势更大。"十三太保"中的显赫人物如段芝贵、袁乃宽等，都参加了全国请愿联合会。如果说筹安会还只是以研究政体相标榜，全国请愿联合会则是一个实际劝进的团体，很快成了帝制活动的中心，甚至筹安会不少会员也被并入联合请愿团中。

但袁世凯迫于各方压力，并没有公开赞同复辟帝制，而是公开表示：欧战发生后，国际情势已变，墨西哥之乱，可为寒心。我以大总统之地位，实难研究及此；但学者开会讨论，根据言论自由之原则，政府无从干涉。

我个人既不想做皇帝，又不愿久居总统之位，洹上秋水，无时去怀，无论他们主张如何，均与我不相涉。此举可视为学人研究，倘不致扰害社会，自无干涉之必要。

杨度领导的筹安会成立之后，原定计划是组织各省代表前来北京，向代行立法院的参政院请愿，要求变更国体，但因为参政院要在9月1日开会，各省代表来不及全体赶到北京，故只好改由各省旅京人士组织"公民团"，分途向参政院请愿，而其所呈请的请愿书，实际上均由筹安会代拟。9月1日，参政院正式开会，山东、江苏、甘肃、云南、广西、湖南、新疆、绥远等省区代表纷纷呈递请愿书，要求变更国体。

从9月3日起，参政院开始讨论"请愿团"的请求，咨请政府在年内召开国民代表大会确定国体。9月6日，袁世凯派政事堂左丞杨士琦出席参政院，代表自己发表对于变更国体的宣言如下：

"本大总统受国民之付托，居中华民国大总统之地位，四年于兹矣！忧患纷乘，战兢日深，自维衰朽，时虞陨越，深望接替有人，遂我初服；但既在现居之地位，即有救国救民之责，始终贯彻，无可委卸，而维持共和国体尤为本大总统当尽之职分。近见各省国民纷纷向代行立法院请愿改革国体，于本大总统现居之地位似难相容。然本大总统现居之地位本为国民所公举，自应仍听之国民。且代行立法院为独立机关，向不受外界之牵掣，本大总统固不当向国民有所主张，亦不当向立法机关有所表示。惟改革国体于行政上有绝大之关系，本大总统为行政首领，亦何敢畏避嫌疑，缄默不言！以本大总统所见。改革国体，经纬万端，极应审慎，如急遽轻举，恐多窒碍，本大总统有保持大局之责，认为不合时宜；至国民请愿，不外乎巩固国基，振兴国势，如征求多数国民之公意，自必有妥善之上法，且民国宪法正在起草，如衡量国情，详细讨论，亦当有适用之良规，请贵代行立法院诸君子深注意焉！"

袁世凯明白表示：改革国体，经纬万端，极应审慎，目前未必合乎时宜。这实际上是表示自己并不赞同杨度等人的筹安会变更国体的做法，显然是要将帝制的责任推给杨度等人。但如果全国人民硬要强迎他做皇帝，他便只能服从民意而不便有所反对。

袁世凯的这种表态，令杨度感到非常突然。当夜，他就赶到袁世凯亲信幕僚张一麐家里去请教。张一麐问杨度："你为什么要搞什么筹安会？"

杨度说："我那时正闲居无事，原想回长沙去走一趟，不料夏寿田忽然来对我讲，大总统要我出头，提倡君主立宪。我因一向主张君主立宪，又怎能不出头！"

张一麐说："以前有过两件事，一件是前清的'预备立宪'，一件是苏杭甬铁路问题，都是事先讲得十分认真，事后却都变了卦。现在你搞帝制，你难道能保证袁世凯不变卦，不怕将来他也来个'诛晁错以谢天下'吗？那时你就成替罪羊了！"

杨度听后，顿时觉得进退两难。

筹安会的出现，引起了拥护民主共和政体者的口诛笔伐。连杨度的老师王闿运、好友梁启超和蔡锷也出面指责，这是杨度所意想不到的。9月3日，梁启超所撰的《异哉所谓国体问题者》，首先在《京报》发表，接着《国民公报》，上海《时报》《申报》，天津《大公报》，昆明《觉民》等报刊先后转载，成为反对帝制，驳斥筹安会的有力檄文。

梁启超认为，无论是君主制改为共和制，还是共和制改为君主制，"国体"的变更都是革命，都会引起社会的动荡，所以，不希望袁世凯违背自己忠于共和，不恢复帝制的承诺。但他认为，在共和国名义不变的前提下，一个独裁的总统，自由决定传子还是传贤是保持社会稳定最好的制度。所以，他在《大总统选举法》公布后撰写了《读〈中华民国大总统选举法〉》，认为修正的选举法，足以定纷而息争，符合中国目前事势的要求，称赞这样的继承办法"岂惟今日之良法而已，虽谓十年以后之良法，谓为永久之良法，谁曰不宜"？当杨度提出《君宪救国论》之后，梁启超在《异哉所谓国体问题者》一文中，再次重申《大总统选举法》足以解决权力继承问题，但他为了自己的前途、声誉和政治地位，一反过去主张君主立宪的常态，反对变更国体，认为"果未熟而摘之""孕未满而催之"是不明智的。随后，他公开发表了宣言，表示今后与杨度划清界限："吾人政见不同，今后各行其是。不敢以私废公，亦不敢以公害私。"

由此可见，在袁世凯复辟帝制问题上，梁启超不失为能识大体、善抓时机、有着敏锐嗅觉的政治家。

杨度的老师王闿运，并没有为自己的得意弟子捧场。早在1914年5月，杨度便向袁世凯力谏，聘请王闿运北上担任国史馆馆长。袁世凯派杨度亲自赴湖南迎接。在北京住了一段时间后，王闿运看到全国舆论对袁世凯的复辟倒退行为不满，人心动荡，预感到袁世凯的前途不妙，帝王之学在此时也不相宜，思想上开始打退堂鼓。8月19日，杨度请恩师适时劝进，意

1914年在袁世凯内阁任职时所摄

在为袁世凯复辟称帝制造舆论。但王闿运审时度势，深感袁世凯复辟帝制的前景不妙。这位研讨"帝王之学"的大师急流勇退，慨叹"吾道不行"，就挂印裹金，辞去国史馆馆长，拂袖归山，退避湘潭了。

王闿运临别时告诫杨度："你还是少说话的好。"此时，杨度正热衷于为袁世凯称帝奔走，根本没有理解老师让他退出的意思。后来，袁世凯忙于准备改行帝制的时候，杨度写信给老师，请求他能对袁世凯表示劝进。

王闿运回信说了长篇大道理，其中写道："杨叔文尝引梁卓如之言云：'民可，则使由之；不可，则使知之。'自谓圆到，适成一专制而已。自古未闻以民主国者，一君二民，小人之道，否象也，尚何筹安之有？"

他在信末说："若先劝进，则不可也，何也？总统系民立公仆，不可使仆为帝也。弟足疾未发否？可以功成身退，奉母南归，使五妹亦一免北棺之苦乎！抑仍游羿縠耶？"

这段话既拒绝了杨度要他劝进的要求，又批评了杨度的筹安会活动，并恳切地希望杨度立即身退，早日南归，不要再为袁世凯的复辟帝制效劳了。但杨度却仍执迷不悟，再度去信请王闿运回京。王闿运的态度则更坚决，回信说："闻外议二三，颇咎始议，虽毅然自任，而群心思摇，默然不言，此其时矣。闿运本欲入都，以妇子所尾。既然大事，亦不必违众而行，此吾两人不同之大端也。"

《洪宪纪事诗》引王闿运《湘绮楼说诗》云："洪宪改元，余方辍讲东洲，不问世事。而京使复来，将以大师位上公强起之，笑谢不遑。使留三日不去，乃与书项城，有曰：闻殿墀饰事，已通知外间。传云，四出忠告，须出情理之外。想鸿谋专断，不为所惑，但有其实，不必其名，四海乐推，曾何加于毫末。前已过虑，后不宜循，改任天下之重，不必广询民意，转生异论。若必筹安，自在措施之宜，不在国体。且国亦无体，禅征同撰，唐宋篡弑，未尝不治，群言淆乱，何足问乎！又与杨皙子书曰：谤议丛生，知贤者不惧。

然不必也，无故自疑。欲改专制，而仍循民意，此何理哉？"

筹安会成立后，尽管得到了全国各地拥护袁世凯势力的支持，也引起了那些坚持共和制度人士的激烈反对。北洋政府肃政厅呈请大总统，请取消筹安会，对杨度、孙毓筠等人给予惩戒。其云：

"自筹安会成立以来，虽宣言为学理之研究，然各地谣言蜂起，大有不可遏抑之势。杨度身为参政，孙毓筠曾任《约法》议长，彼等唱此异说，加以函电交驰，号召各省军政两界，各派代表加入讨论，无怪人民惊疑。虽经大总统派员在参政院代行立法院发表意见，剀切声明，维持共和，为大总统应尽之职分，并认急遽更改国体为不合宜，然日来人心并不因之稍安，揆厥所由，无非以筹安会依然存在之故。应恳大总统迅予取消，以靖人心。"

筹安会成立先后只有两个月，开始时轰轰烈烈，趋炎附势之流争相攀附，迨梁士诒的请愿联合会出现后，筹安会声势大减。1915年10月，杨度将筹安会改名为宪政协进会，并发通电，宣告筹安会结束。电云：

"筹安会之设立，原以研究君主、民主国体何者适于中国，今国体问题，已待决于国民代表大会，以全国民情向背论之，吾人所希望之君主国体，当能得多数国民之同意。惟吾人前此宣言，非立宪不能救国，非君主不能立宪，是所希望者，在君主国体，并在立宪政体。盖国体必为君主，始有一定之元首；政体必为立宪，始有一定之法制。无一定之元首，何以拨乱？无一定之法制，何以致治？今者国体之解决匪遥，政体之研究愈重，允宜乘此时机，加以讨论，务求国体解决之后，宪政即随而发生，得以速底于成，庶几一国国是，从兹大定。然宪政端绪，至为繁复，外观世界，内审国情，自宜早事研讨，以供上下之采择。今据会员多数之同意，决定将筹安会名义改为宪政协进会，所有本会中组织及一切职员，并各处加入讨论之代表，概仍其旧。特此宣布，邦人诸友，幸共图之！宪政协进会。"

从此以后，复辟帝制活动的主要人物已不再是杨度，而是梁士诒。但杨度因为发起筹安会鼓吹帝制，遭到全国民众的痛骂，成了一个臭名昭著的、为袁世凯复辟效劳的"筹安六君子"之首，弄得几面不讨好。

根据参政院的咨文，袁世凯发布命令，决定11月20日召开国民代表大会以议决国体。10月25日，全国各地的袁氏党羽开始选举国民代表。28日，陆续进行国体投票。投票地点规定在将军或巡按使衙门，将军和巡按使是法定的投票监督人，票面上印有"君主立宪"四字，投票人在选票上写"赞成"或"反对"字样，再写上投票人姓名。代表是指定的。投票前每人可以领到"功劳费"500元大洋。到12月7日，各省投票结束，100%拥戴袁世凯当皇帝。从请愿、选举国民代表到国体投票、推戴皇帝，无一不是袁世凯及其党羽直接操纵指挥的。梁启超在《袁政府伪造民意密电书后》一文中，对这套把戏作了这样的描述：

"国体问题发生以来，所谓讨论者，皆袁氏自讨论；所谓赞成者，皆袁氏自赞自成；所谓请愿者，皆袁氏自请自愿；所谓表决者，皆袁氏自表自决；所谓请愿者，皆袁氏自推自戴。""此次皇帝之出产，不外右手挟利刃，左手持金钱，啸聚国中最下贱无耻之少数人，如演傀儡戏者然。由一人在幕内牵线，而其左右十数辈人蠕蠕而动；此十数辈人者复牵第二线，而各省长官乃至参政院蠕蠕而动；彼长官等复牵第三线，而千九百余不识廉耻之辈、冒称国民代表者蠕蠕而动。……则此一出傀儡戏，全由袁氏一人独演。"

各省投票结束后，自称国民代表大会总代表的参政院，急忙于12月11日上午9点开会，举行全国代表大会解决国体之总投票，秘书长林长民报告全国代表大会之人数与票数：全国代表1993人，全票一致赞成改国体君主立宪，改袁总统为袁皇帝。杨度与孙毓筠等人提议说：既然全国一致赞成君主立宪，并拥戴袁大总统为皇帝，而参政院又由各省委托为总代表，那么本院理应以总代表名义，恭上推戴书。与会者一致赞同，立即推举杨度等人起草推戴书，当众宣读。

这天中午，参政院将总推戴书和其他推戴书一齐呈送给袁世凯。袁世凯接到推戴书后，并没有立即接受，而是立即发回，并发表假意推托之申令："尚望国民代表大会总代表等熟筹审虑，另行推戴，以固国基。"

很显然，袁世凯接到推戴书后，如果直受不辞，会暴露自己帝制自为的迫切心情，引起时人的讥评，故不能不表示"谦虚"一番。

对于袁世凯拒绝接受推戴书，杨度等人早有预料。按照原来的安排，参政院于当日午后5点再行开会，杨度等人起草成两千六百余字的第二次推戴书，由秘书朗读，全体赞成通过，再次递呈给袁世凯。第二次推戴书，列举了袁世凯经武、匡国、开化、靖难、定乱、交邻等六大"功绩"，称其功勋"迈越百王"，吹捧袁氏德行超过古代君主。

12月12日，袁世凯经过三推三让，在一片假借民意的筹安、请愿声中，接受了推戴书，发表冠冕堂皇的申令。申令说："天下兴亡，匹夫有责，予之爱国，讵在人后？但亿兆推戴，责任重大，应如何厚利民生，应如何振兴国势，应如何刷新政治，跻进文明，种种措置，岂予薄德鲜能所克负荷？……乃因国民责备愈严，期望愈切，竟使予无以自解，并无可逭避。"

12月13日上午9时，袁世凯在中南海总统府居仁堂接受百官朝贺。午后，各省请愿团和北京绅商四百余人聚于新华门前跪贺，高呼"中华帝国万岁"，齐唱新"国歌"。贺拜结束后，各自领取川资返回原籍。

12月13日，袁世凯在中南海居仁堂里接受了"百官朝贺"，翌年初，开始按公、侯、伯、子、男五个档次封授爵位，40岁的杨度竟然成为最高一级的"公"，且单享"文宪公"的称号，其地位远高于一些握有重兵的封疆大吏。如后来当上大总统的曹锟只是12个伯爵之一；张作霖排名更低，是二等"子爵"；吴佩孚起初连爵位都没有，后来才被追授"三等男"。

12 月 15 日，杨度的老师王闿运从湖南致电袁世凯："共和病国，烈于虎狼，纲纪荡然，国亡无日。近闻伏阙上书劝进者不啻万余人，窃谓汉语有云：代汉者当涂高。汉谓汉族，当涂高即今之元首也。又明谶云：终有异人自楚归，项城即楚故邑也。其应在公，历数如此，人事如彼，当决不决，危于积薪。伏愿速定大计，默运渊衷，勿逡巡于邦交，勿怀情于偏论，勿蹈匹夫谨守之节，勿失兆民归命之诚，使衰年余生，重睹开日，闿运幸甚！天下幸甚！"

袁世凯即日复电："比者国民厌弃共和，主张君宪，并以国事之重付诸藐躬，夙夜彷徨，罔知所届。外顾国势之棘，内懔责任之严，勉徇从请，力肩大局，春冰虎尾，益用兢兢。当冀老成硕望，密抒良谟，匡予不逮。"

各省的劝进电都没有得到袁世凯的复电，只对王闿运的这封来电加以回复，令那些趋炎附势之徒大为惊奇。据说，王闿运这封劝进电，是其得意门生杨度代拟的。

12 月 16 日，为了安抚清室、宗社党及前清遗老，袁世凯重申"优待条例"永不变更，并由政事堂议定：黎元洪、奕劻、载沣、那桐、锡良、周馥、世续七人列为"旧侣"；徐世昌、赵尔巽、李经羲、张謇四人列为"故人"，称"嵩山四友"。

袁世凯决定以 1916 年 1 月 1 日为洪宪元年元旦，预备登基。登基的准备工作在紧张地进行。大典筹备处在 12 月初便秘密成立，到 19 日方才正式公布。朱启钤为筹备处处长，杨度为副处长，梁士诒为总务主任，阮忠枢为撰拟科主任，张镇芳为会计科主任，职员多达四百余人。

既然袁世凯当了皇帝，那么必然要立太子和皇后、皇妃。作为长子的袁克定早已认定自己为太子。他是长子，按封建宗法规定，当太子是理所当然的。但袁克定曾在彰德骑马时，把一条腿摔坏了，左手也受了伤，所以总是戴着一手套。袁世凯曾说，老大六根不全，将来怎么能够"君临万民"？要在老二克文、老五克权之中择选一个为太子。当时，大典筹备处给袁的儿子每人做了一身皇子服。其中，只有克文和克权的服装与众不同，反映了袁的用意所在。

皇后正宫当然是袁世凯的正妻于氏。但由于袁世凯另有九个姨太太，袁世凯曾口头封过：大、二、三、五四个姨太太都为"妃"（四姨太太已病故），六、八、九三个姨太太为"嫔"。但各个姨太太互不服气，明争暗斗，闹得乌烟瘴气，不得安宁。

为袁世凯帝制出了大力的杨度，坚信自己将是"中华帝国"的首任宰相，相传曾派人到法国巴黎订制了一套华贵的宰相礼服。袁世凯称帝时家中闹得乌烟瘴气，而即将为新朝"宰相"的杨度，家庭内部也引起了不小的风波。他的女儿杨云慧描述道：

"原来，不知是谁竟对我祖母说：'你的儿子正在为袁世凯筹备做皇帝。只要袁世凯做了皇帝，你的儿子就是开国元勋，将来一定是宰相。你就是一品太夫人了。'祖母听了当真起来，马上就想象起自己日后当了一品太夫人的情景来，得意万分。她还立即把我母亲黄华喊来，叫她马上去定制一套绣花的礼服，上面要有一品官衔的官谱标志。她还指定非叫湖南有名的湘绣工人制作不可。

"我的母亲黄华生性温厚，从不敢违拗婆婆的命令，却又不知道这官谱的做法，便问了一声：'这一品太夫人的官谱是怎样做的？要有一个式样才好。'祖母却马上大发脾气，责怪母亲违命，实是不孝。我母亲只得赔礼认错，哭泣不止。这时，我父亲正好从外面回来。祖母更把脾气发在父亲身上，硬说媳妇不孝，要父亲写休书休掉她。父亲当然不肯，哭着对祖母说：'我没有理由休她，她又没有做什么坏事。况且还有公庶、公兆两个孩子在外国求学，日后他们回来，我如何交待！'这反使祖母吵得更厉害了。父亲没有办法，说：家里这样的吵闹，我不做官了，我出家做和尚去。"

1905 年杨度与夫人黄华

接着，妹妹杨庄当面质问杨度："这筹安会究竟搞些什么，袁世凯真的要做皇帝了吗？"杨度回答说："做皇帝的时间还早呢，要等各省、各区的将军、巡按使和商会、教育会、各种合会以及华侨团体都选派代表来北京，共同讨论决定后，才能够实行。"

杨庄忧虑地对杨度说："这件事你要特别小心，袁世凯是个反复无常的伪君子，你即使帮助他成功了，也未必会重用你；而且他手下还有不少人在争权夺利。败了，你倒受到天下人的咒骂！"

随后，杨庄专门致函杨度，规劝说："皙兄夙怀老庄之道，少有卿云之才，兼爱好奇，多可少怪。盖奖其名义，惜其干没，然大鹏之夭闳，只取胡鸠之笑耳！夫大道不称，大辩不言。登苏门者，或未闻其余论；涉颖濒者，犹概想其玉音。以此方之，良为辞费。既钦闻高义，只献愚议。仁义樊然，敢宣管见。"

然而，杨度此时根本没有把妹妹的劝告放在心上。开国宰相的诱惑力太大了！为了实现自己的君宪理想，杨度继续为创建"洪宪"皇朝而奔波。

四、遭通缉的帝制祸首

正当"洪宪"皇朝筹备举行登基大典之时，1915 年 12 月 25 日，云南宣布独立，蔡锷等人举起"护国"旗帜，公开讨伐袁世凯。心存畏惧的袁世凯并未在 1916 年元旦举行登基大典，只是在新华宫内由"皇后"于夫人接受"命妇"的朝贺。

蔡锷是梁启超的得意门生，文武双全的难得人才。辛亥革命时领导云南起义，就任首任云南都督。民国成立后，袁世凯忌惮蔡氏在云南的势力，有意对其进行笼络。杨度与蔡锷在日本留学时关系密切，遂将其推荐给袁世凯。袁氏将蔡锷调到北京，置于将军府加以羁禁。袁世凯复辟帝制的阴谋暴露后，蔡锷瞒着杨度，秘密赴天津与梁启超商谈讨袁计划。11 月 11 日，蔡锷患喉疾，托词逃出北京赴天津就医，摆脱袁世凯设置的多重阻拦，化装经日本南下，于 12 月 19 日回到云南昆明。

蔡锷回到昆明后，立即与唐继尧、李烈钧准备武装讨袁，并领衔致电袁世凯，痛责袁世凯为背叛民国之罪人，失去了中华民国大总统的资格。电文说："变国体之原动力实发自京师，其首难之人，皆大总统股肱心膂，盖杨度等六人所倡筹安会，煽动于前，而段芝贵所发各省之通电，促成于继。大总统知而不罪，民惑实滋。"电文要求将杨度等筹安会六君子和朱启钤等七人立即明正典刑，以谢天下，并限袁世凯在 24 小时内予以答复。

蔡锷本是杨度推荐给袁世凯后才受到重用的，袁世凯收到蔡锷反对帝制的通电后，将杨度狠狠地责骂了一顿。12 月 25 日，唐继尧、蔡锷、李烈钧等人通电全国，发起了护国运动，组织中华民国护国军。27 日，唐继尧、

蔡锷将军像

蔡锷等及全体云南军政人员正式发布讨袁檄文，历数袁世凯在就任临时大总统后"不仁、不义、不智、不信、不让"的罪行。31日，唐继尧、蔡锷等人发布由梁启超所撰的通电，宣布护国军的四项主张：拥护共和国体，使帝制永不发生；区分中央、地方权限，谋各省民力之自由发展；建设真实的立宪政治，以适应世界大势；以诚意巩固邦交，增进国际团体之资格。

袁世凯闻听蔡锷在云南独立后，一面命政事堂、统率办事处、参政院通电予以反驳，下令免去唐继尧、蔡锷等人的职务，一面在中南海丰泽园设立由他亲自主持的征滇临时军务处，命令曹锟为总司令，率领十多万北洋军分别从四川、湖南、广西向云南进攻。但北洋军士气低落，军无斗志，先后在川南、湘西败北。同时，中华革命党人驱逐浙江将军朱瑞，山东、东北、湖北、安徽、福建各地均发生反袁武装斗争，护国运动遍布全国各地。

云南独立之后，北洋前线将军受到冯国璋、段祺瑞消极抵抗的影响，均按兵不动，只是一味索饷索械。在中外各方压力下，袁世凯不得不考虑取消帝制。

1916年3月21日，袁世凯在怀仁堂召集联席会议，各部总长、政事堂各局长、段祺瑞、徐世昌以及刚由安徽到京的倪嗣冲等文武要员三十余人参加会议。袁世凯决定撤销帝制，请徐世昌复任国务卿，陆征祥专任外交总长。次日，袁世凯正式发表由徐世昌副署的《申令》，宣布撤销帝制，将推戴书发还参政院销毁，立即停止所有帝制筹备事宜，恢复中华民国五年纪元，废除洪宪纪元，同时焚毁八百四十余份帝制文电，以达到重新欺骗人心和销赃灭迹的双重目的。

袁世凯从1916年1月1日洪宪改元起，到3月22日废除洪宪年号止，前后共83天。当了83天皇帝，做了一场皇帝梦。袁世凯皇帝梦的破产，是共和战胜帝制的胜利。

袁世凯私下承认，帝制自为是自己不好，不能咎人。他在取消帝制的申令中曾检讨说，自己诚在足以感人，明不知以烛物，苦我生灵，劳我将士，以致群情惶惑，商业凋零，承认"万方有罪，在予一人"，颇有为恢复帝制而后悔的味道。

3月25日，袁世凯通过黎元洪、徐世昌、段祺瑞致电护国军将领，请取消独立，共图善后，并命四川将军陈宦与蔡锷商谈停战议和。4月1日，黎、徐、段再次向护国军提出取消独立、停止交战、共筹善后问题，被护国军拒绝。

洪宪帝制行将落幕，杨度备受各方攻击。4月10日，他对袁世凯撤销"承认帝制案"极为不满，觉得袁世凯确是如张一麐所说的反复无常，就上了一道呈文，要求辞去参政院的参政职务："备位参政，一年于兹，虽勉竭其微忱，究无补于大局。世情翻覆，等于瀚海之波；此身分明，总似中天之月，以毕士麦之霸才，治墨西哥之乱国，即令有心救世，终于无力回天。流言恐惧，窃自比于周公；归志浩然，颇同情于孟子，所有辞职缘由，理合呈请大总统钧鉴。"

杨度在文中将自己的心迹比喻为"中天之月"，清澈明亮。他还以德国毕士麦（今译俾斯麦）和古代的周公、孟子自况，依然是保持着一种高傲阔步、自命不凡的高傲态度。

袁世凯宣布取消帝制，策动帝制的杨度难逃其咎。这位筹安会首领何去何从，一时惹人注目。4月20日，杨度发表通电，表示君宪有罪，罪在己身，如果杀他有补于国事，他万死不辞，甚至到了这个时候，杨度还反对要求元首退位。

5月1日，杨度这位国人皆曰叮杀的政治怪杰，安坐在北京丰盛胡同的家中，对《京津泰晤士报》记者侃侃而谈："政治运动虽然失败，政治主张绝不变更。我现在仍是彻头彻尾主张'君宪救国'之一人，一字不能增，一字不能减。十年以前，我在日本，孙、黄主张共和，我则著论反对。我认共和系病象，君主乃药石，人民讳疾忌医，实为国家之大不幸……除君宪外，别无解纷止乱之方……梁任公是我的老同志，他一变再变……国体问题，我应负首责，既不诿过于人，亦不逃罪于远方……且退一步言，政见不同，亦共和国民应有之权利。"

袁世凯原本身体健壮，没有疾病，但自称帝以来，受到各方打击，众叛亲离，致使食欲渐减，精神不振，忧郁成疾。到了1916年5月，袁世凯心情沮丧，病势加重。他最初患的是膀胱结石，后来转变为尿毒症。如果及时治疗，不至于毙命。总统府虽有四名中西医生，但袁世凯既不相信西医，也不请中医诊脉开方。6月1日，当袁世凯看到汤芗铭发来的宣布湖南独立的电报后，大为震怒，病情加剧，卧床不起。

6月5日，感到大势已去的袁世凯召见王士珍、荫昌、周自齐、朱启钤等人密议，嘱咐他们好心维持北京秩序。6月6日上午10点40分，一代枭雄袁世凯在忧愤中死去，终年 57 岁。

据传，袁世凯在弥留之际，咬牙切齿，怪声高叫："杨度误我！"另一种版本说，袁世凯说的是："他误了我！"其实是指袁克定，因为袁克定伪造日本人办的《顺天日报》，让袁世凯误以为日本人也支持他复辟帝制。

这段公案当然是死无对证。有人认为，袁世凯其实原来并没有什么做皇帝的野心。后来是眼看民国实验搞不下去，觉得共和制不适用于中国国情，才让杨度和同样主张君主立宪的美国顾问古德诺说服了，觉得君主立宪才是解决中国难题的唯一办法。这种看法是难以成立的，因为袁氏复辟帝制之意早已有之，并非是杨度等人劝说的结果。

袁世凯死后，杨度激于这种传闻，有感而发，挥笔为袁世凯写就一副挽联，挂在袁大总统出丧灵棚中，明是吊唁，实则申辩：

共和误民国，民国误共和？百世而后，再平是狱；
君宪负明公，明公负君宪？九泉之下，三复斯言。

杨度的意思很明白：到底是共和制误了民国，还是民国歪曲了共和制，千年之后再来评定这公案吧；到底是君主立宪对不住袁世凯，还是袁世凯对不起君主立宪，请袁世凯到九泉下好好反省一下吧！此时的杨度依然认为，在济世救国的诸多药方中，自己的"君宪"论仍然是最好的，只是由于袁世凯这个人不得人心，没有能够将其实现而已，并不是君主立宪不能救中国。其女儿杨云慧回忆说："在这里，我父亲仍然认为他的君主立宪的主张和活动并不错，只是袁世凯自己不争气，埋怨袁世凯不该把帝制失败的责任都推到他的头上。"

其实，不用等到百世之后再作评定，现在就已经看得非常清楚了。当然既是共和耽误了民国，又是民国歪曲了共和制度；至于是君主立宪对不

起袁世凯，还是袁世凯对不起君主立宪，也有了明确答案：当然是袁世凯
对不起君主立宪制度，而不是君主立宪对不起袁世凯。

6月7日，中华民国副总统黎元洪继任大总统，段祺瑞为国务总理。
既然中华民国又恢复了，那么鼓吹、制造帝制复辟的"元凶"便不能不予
以惩办。早在1915年12月23日，蔡锷发动护国战争之前，就以唐继尧
等的名义，给袁世凯发了最后通牒式的电报，其中要求惩办13个"帝制
祸首"，即所谓的"十三太保"，除"筹安六君子"外，还有"七凶"（即
朱启钤、段芝贵、周自齐、梁士诒、张镇芳、雷震春、袁乃宽）。

1916年7月14日，黎元洪发布的通缉惩办洪宪祸首文告上，13个人
仅剩下5人，添上另外3人，凑成8人，其余一律宽免。被通缉的8人是
杨度、孙毓筠、梁士诒、朱启钤、周自齐，加上的3人是顾鳌、夏寿田、
薛大可。原来在榜上的帝制罪魁，段芝贵是个小站出身的军阀，于里有兵，
又有人力保；严复、刘师培是著名大学者，也有人为他们开脱；胡瑛、李
燮和是老革命党人，有人要求照顾；袁克定不算祸首不说，还为雷震春、
张镇芳求情，当然他们也是带兵的军阀。这样，原来要惩办的13个人中，
只剩下了5个人，大概觉得人数太少不好搪塞，就添了三个人：顾鳌是约
法议员、政事堂的参事；夏寿田是袁世凯的幕僚；薛大可则是一个报人，
写过几篇帝制的报道，署名为"臣记者"。

洪宪帝制的失败，结束了杨度的政治生涯，使杨度的君主立宪理想遭
到了严重打击，老师传授的"帝王之学"从此告终。在杨度看来，君宪失
败的责任在于袁世凯处理失当，而不是这种理论不好。

蔡锷尽管在讨袁檄文中要求严惩杨度等帝制祸首，但对杨度以帝制实
行君宪的理想还是知晓的。故他在临终前的遗嘱中自述平生之志，并为杨
度开释，对其作了较为中肯的评价："本人少年时，羡东邻强盛，恒抱持
军国主义。是项主义，非大有为之君，不足以鞭策而前，故政体孰善，尚

乏绝端之证断。后因袁氏强奸民意，帝制自为，逞个人篡窃之私，不惜以一手掩饰天下人耳目，爰申正义，以争国民人格。湘人杨度，曩倡《君宪救国论》，附袁以行其志，实具苦衷，较之攀附尊荣者，究不可同日语。望政府为国惜才，俾邀宽典。"

当时，杨度作为"筹安六君子"之首被北洋政府通缉，故这份遗嘱就隐而未发。杨度在得知蔡锷逝世的噩耗后，撰写了一副挽联，极尽悲怆之至：

> 魂魄异乡归，如今豪杰为神，万里山川皆雨泣；
> 东南民力尽，太息疮痍满目，当时成败已沧桑。

当黎元洪惩办帝制祸首的通缉令发布后，张勋通电反对惩办帝制祸首，他说："君主民主，主张虽有不同，无非各抒己见；罪魁功首，岂能以成败为衡？"他认为段祺瑞的通缉令，是落井下石，非丈夫所为，而止沸扬汤，究与大局何益！

张勋的声明发表后，几个被通缉者对他表示感谢。张勋致函杨度予以慰问，并邀请他到徐州作客。杨度回了一封长信，详细阐述了对时局的看法。

张勋

他尽管婉言谢绝了徐州之行，但此后与张勋的关系开始密切起来。

1917 年 7 月 1 日，张勋与康有为发动了一场复辟的政变，拥戴清末代皇帝溥仪重新登基，恢复了衣冠跪拜等一切旧礼仪。这种倒行逆施的复辟行动，引起了全国各界的不满，纷纷通电反对。杨度在张勋复辟丑剧演出的第三天，致电张勋和康有为，表示他的反对态度。

他发表的《反对张勋复辟公电》说："两公向以复辟主义闻于国中，此次实际进行，度以不自由之身，虽于事实毫无助力，然平生信仰君主立宪，姑于两公宗旨亦表赞同。惟尝审慎思维，觉由共和改为君主，势本等于逆流，必宜以革新之形式、进化之精神行之，始可吸中外之同情，求国人之共谅。且宜使举世皆知为求一国之治安，不为一姓图恢复。至于私人利害问题，尤宜牺牲罄尽。有此精神胆力，庶几可望成功。而公等于复辟之初，不称中华帝国，而称大清帝国，其误一也；阳历断不可改，衣冠跪拜断不可复，乃贸然行之，其误二也；设官遍地，以慰利禄之徒，而宪政如何进行，转以为后，其误三也；设官则惟知复古，用人则惟取守旧，腐朽秽滥，如陈列尸，其误四也。凡所设施，皆前清末叶不敢为而乃行之于今日共和之后，与君主立宪精神完全相反。如此倒行逆施，徒祸国家，并祸清室，实为义不敢为。即为两公计，亦不宜一意孤行，贻误大局。不如及早收束，速自取消，……盖无程度之共和如群儿弄火，而无意识之复辟又如拳匪之扶清，两害相权，实尤较缓。所可痛者，神圣之君宪主义，经此牺牲，永无再见之日。度伤心绝望，更无救国之方。从此披发入山，不愿再闻世事。"

张勋复辟彻底击碎了杨度的君宪梦。他深知，经过张勋复辟的闹剧，恐怕无人再去深入领会君宪之精神实质。杨度从 1902 年留学日本时接受的君主立宪思想，在坚持了 15 年之后彻底地放弃了。虽然他忠于自己的政治理想，有自己的政治节操，但他不能不承认其君宪救国的梦想完全破灭的残酷现实。

杨度在痛苦的反思中，不得不继续探索救国救民的新道路。

第七章
晚年活动

一、避居津门的虎头陀

黎元洪惩办帝制祸首的通缉令中，杨度名列第一。杨度被迫避难津门外国租界，遁世学佛，做起了寓公。挚友夏寿田也被通缉，秘书方表跟着落难，经常来到杨度的寓所高谈阔论，打发无聊的时光。

1916年10月，杨度惊魂甫定，又有噩耗传来，恩师王闿运在湖南湘潭辞世。杨度得知后痛哭不已。因为自己身在通缉之中，行动不能自由，无法去湖南奔丧，只得致函王闿运的儿子王代懿，请其代为慰问，并撰写了这样一副挽联寄去：

旷古圣人才，能以逍遥游世法。

平生帝王学，只今颠沛愧师承。

这副上联悼恩师，下联则为自己感伤。平生研习帝王之学，满怀济世救民之志，只换来了一个"颠沛"的结果，杨度岂不凄怆？怎能对得起传授自己帝王之学的恩师呢？杨度当时悲感交集的心情，在这副对联中得到了集中体现。

避难中的杨度的处境和心情，在他的《避难中作》中有所表露：

去岁遭世变，逃遁栖海隅。

依托外租域，存此亡命躯。

乱世轻人命，苟命古所誉。

官吏索我缓，容我使读书。

史为吾之友，应接在一庐。

有时歌以啸，天风若与俱。

优游既卒岁，阳春倏以敷。

林花次第开，好鸟时相呼。

往来二三子，皆复患难余。

喧寂无异趣，穷达理一如。

在如此寂寞的情景下，杨度始觉空门意味长，开始研究佛学，并取名"虎禅师""虎头陀""释虎"等。他给自己订下四戒：戒烟、戒酒、戒诳语、戒嗔怒。每日天明即起，静坐一个时辰，然后焚香读佛。他在《新佛教论答梅光羲君》中自叙其学佛因由："余因半生经历，多在政治，叹今世之社会，不自由，不平等，一切罪恶，无非我见，反躬自问亦无非我见。今欲救人，必先救己，其法惟有无我主义。"可见，杨度晚年学佛，实缘于医民救人改造社会之世俗心。

但毕竟是半路出家，杨度当时的功力和悟性远不足窥探佛门堂奥。1921年7月，杨度专程赴庐山寻师访道。他在《逍遥游辞引》自称："夜登庐山，仰首视天，云开月出，此心忽然大彻大悟。遇机而通，应缘而解，不思而知，不行而能，无心而悟，自然而得，如罪人之出狱，如游子之还家，如久病之忽愈，如大梦之已觉。于是无心于事，无事于心，以无心之心了无事之事，行无所行，止无所止，作无所作，息无所息，来无所来，去无所去，生无所生，灭无所灭，心无所为，无所不为。"

杨度在庐山遇到了一位高僧，与之朝夕相处，听涛听经，谈空说有，似有所悟所获。他对高僧言：无心于事，无事于心，以无心之心，了无事之事。行无所行，止无所止。作无所作，息无所息。来无所来，去无所去，生无所生，灭无所灭。无心之境，境中无物，皓月当空，大彻大悟。

高僧听后说："居士已开悟了。"

杨度喜问："那我已经得道成佛了？"

高僧笑道："人人皆可成佛，唯老衲还是凡夫俗子一个，老衲愿作一条水牯牛。"说罢飘然而去。

杨度离开庐山时，赋诗分赠东林寺住持。其一云：成是侯王败匹夫，到头归宿总丘墟。帝师王佐都抛却，挨得清闲钓五湖。

其二云：世事不由人计算，吾心休与物攀援。穷通治乱无关系，任我逍遥自在天。

庐山之行对杨度影响甚大。他在《除习偈序答畸道人》中云："虎禅师当在庐山悟道之时，实因我为我困，心极不安，当气绝心死之余，为无可如何之计，一刀直下，斩断命根，不望再生，只图一死。不期一念之间，刀与命根同时失却，无心之境大现于前，此心即时大彻大悟，有如白日当空，照彻大千世界，立地超然入于佛地，大死大活，前后两人。此后一心寂照圆明，常如明镜。"

杨度回到北京后，将寓所中壁间所挂名人字画全部取下，客厅中仅挂一幅七言诗偈：

世上心机总枉然，不如安分只随缘。

旁人若问安心法，饿着加餐困着眠。

杨度的学佛并不只是为了求得个人解脱的行为，而是通过对以往政治上失败的反思，企图从佛教中寻得一种新的救国理论。他根据自己从事政治的经验体会，认为今世之社会，不自由，不平等，一切罪恶，无非我见，反躬自问亦无事而非我见。今欲救人，必先救己，其法惟有"无我主义"。为弄清"无我主义"，他遍考古今中外各家学说，然而感到"无一足称无我主义"者，于是想到了印度佛法，久传中土，欲求无我主义，当于佛法

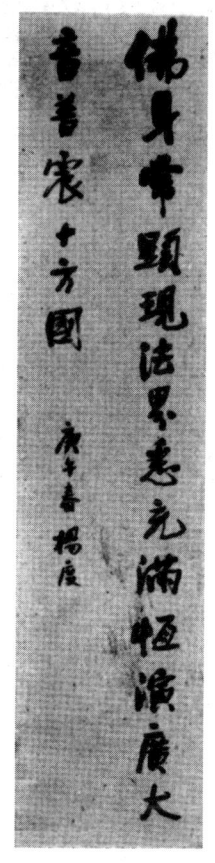

杨度手迹

中求之。这是杨度走上学佛论佛道路的最初动机。

　　杨度"悟道"之后，出辞吐气，如佛一般。如《佛法偈序》回答客问时云："善哉！善哉！能为众生求佛法要，汝今谛听，今为汝说。"显然是在仿效释迦牟尼的口气。1926年夏，夏寿田致函杨度："忽因环境所迫，困苦至不可名言，几于怨天尤人，无所不至。辗转竟夕，天甫欲明，忽然脱落，不觉狂笑。偶思公在庐山时'我为我困'境界，此身不觉与公泯而为一。又念古人遇此彻解时，往往夜半捶门打户，惊人瞌睡。转恨公远在济南，不能乘飞惊清梦也。公可谓庐山得道，鄙可谓龙亭得道，与此前受公印证时又为别一境界矣。略而言之，古人有所谓知解依通，鄙前此略近乎此，再加以缘境持通，鄙今日略近之。此后更当加以修行彻通，则可至刀镜两亡，本心自在之境矣，我师以为何？若鄙今自命能见公之境界，公以慧力观之，为能相知至真实否？"

杨度复书曰："龙亭悟道，大贺大贺！此如登山之譬，前既绝顶亲临，今复四山踏遍，补修补证，心愈不疑，乃为已悟者之证，而非未悟者之悟也……今既得之，则大事已了，古人所谓亲见一面，非此不为亲切自得……公谓此后知我境界，我为公证此言不诳。以后工夫同为不修之修，所分别者，习气多少，有无之渐，菩萨九等地位之差而已。我如是，汝亦如是。"

妹妹杨庄早年随杨度游学日本，后因病闲居，始治佛学，由净土而密宗，修业至勤，用心弥苦。1928年春，杨庄填词《百字令·和伯兄虎禅师答天畸居士江亭怀旧之作兼呈畸公》给杨度：

> 江亭迢递，祗前峦葱翠，青青未了。嫩绿鹅黄看不尽，忽忆旧游情调。憩迹湖山，骋怀江海，时日经多少。苍颜犹在，此心曾虽俱老。
>
> 自笑漆室衿期，班昭意志，妄扰虚明照。顿觉妙圆清净性，即是六根烦恼。无色无空，即空即色，冷暖凭谁道。人间游戏，荣枯哀乐都好。

杨度读后笑道："淑姬悟矣！"乃复书云："妙哉言乎'顿觉妙圆清净性，即是六根烦恼'，妹能了此，即成佛矣，除此以外，更无余事……从此禅门又多一重公案矣。"并作"六根偈"为之证道，偈曰："六根六尘，清净圆明，即心即境，无境无心。所谓成佛，即见本心，汝心既见，汝佛斯成。自成自佛，自见自心，一幻万幻，一真万真。离垢无净，离妄无真，如来所在，眼耳色声。当下解脱，当下担承，三无差别，心佛众生。"

1929年5月22日，杨度致函杨庄，表白了自己的学佛主张："兄所谓学佛，有八字可明，曰：身是凡夫，心超世界。此身生老病死，一切等

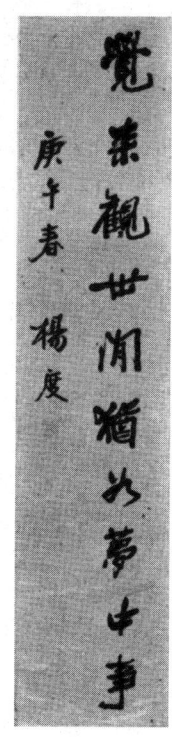

于凡人，惟其心大彻大悟，扫除贪瞋痴念，可以随缘度日，无可无不可而已。盖兄所谓佛者，即是圣人也……圣人无病，此义未之前闻。生老病死，物理之常，禽兽尚然，人类尚然，圣人何能独免，且亦何必独免？由不病而不死，皆不过道家养生之术，与佛无关。即令千年不死，兄亦以老妖精斥之，此于修心毫无关系……兄之论佛与儒教精神相似。孔子曰：未知生，焉知死；未能事人，焉能事鬼？兄亦如此截断死后，只说生前，而生前之道，力求平常，不求奇怪，正如儒家说中庸。孔子曰：中庸，不可能也。至哉言乎！天下惟最平常之人，最做不到；奇人，并不难做。所以豪杰多而圣贤少。兄之所谓成佛即是成圣，即是做人。死后再不要提，只问生前做人之法，若能做成极端凡夫，即是做成极端圣人。所以不说过去、未来，只说现在；不说出世，只说入世；不说神道，只说人事。兄之见解与受用，皆在于此。

此与佛义毫无不合。假使有人说释迦不然，则我答曰：当使释迦为我弟子。兄对此毫不客气也……妹得此信后，不必辩论，只领悟奉行。兄为成佛之人，语语皆为佛语，更无是非可以讨论。信之即是，疑之即非，妹其勉之。"

这封信颇为真实地体现了杨度的学佛境界。其所撰《自题小照》颇能反映其心境："我是苍生托命人，空空了了入红尘。救他世界无边苦，总是随缘自在身。"他为自己达到了大彻大悟的地步，以说法、传法的口气撰写了《论佛杂文》十余篇，在社会上引起了一定反响。佛学家梅光羲致书赞誉道："读大著《论佛杂文》，直与《六祖坛经》、《传心法要》等书无二无别，直与从上诸祖把臂同行，同一鼻孔出气，而文字尤切今世之用，诚至宝也。"

杨度在《新佛教论答梅光羲君》中，对自己的佛学理论进行了阐释，

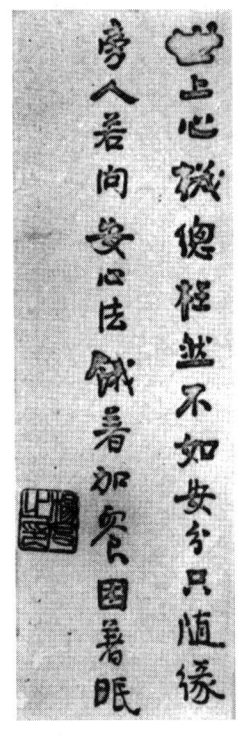

杨度手迹

自称始以寻求无我主义而习佛法，终以创造无我法门而入佛道。故杨度的佛学是围绕"无我主义"展开的。他认为，"无我论"是根据"论理的科学法门"建立起来的，而且主张排除一切迷信神秘之说和违反生理的戒律，对于旧的佛教教义来说是一种革命，故当命名为"新佛教论"。

杨度的"新佛教论"，是在综合了三论宗、法相宗和禅宗理论基础上建立起来的。他归纳其新佛学内容说：此新佛教，实统四不法门，无我论，无我法门等义。

所谓"四不法门"，是杨度从自身学佛的经历中总结出来的。他说："予于学佛修行中，经过迷途者四，初迷后悟，次第舍弃。今于事后追思，各得消极之用，以告学者，亦可觉迷，故命曰四不法门。"具体而言，是指不离身以求心，不著身以求心，不积极以求心用，不消极以求心体。

杨度初学佛法时，认为生死事大，学佛之旨，在使无生无死之心，不随有生有死之身轮回转世，因而着力研究净土宗往生净土之旨。不久，他发现身有灵魂之说大有可疑之处。于是他专门研究了关于灵魂、轮回、往生净土等问题。研究的结论是：舍体求性，无性可求，离身觅心，无心可觅，乃知灵魂说为外道，而非佛法。离身求心，无有是处。因此，他认为，净土法门是离身而求心者，非善法门应予否定。杨度随后乃转而严持戒律，以律为师，并习静坐，认为修心之法当自修身始。

然而，经过一段时间的修行之后，杨度发现这种方法养身则优，治心则拙。当他认识到修行之要不在于身之后，走出"积极以求心用"的迷途，逐渐走上了"消极以求心体"道路。他用"息心止念"的方法以求无念之心，但立即发生了两大疑问：人心能否无念？无念是否成佛？他思考后的结论是：人断不能无念，无念亦不为佛。杨度把自己所经历的这些迷途，分别归属于净、律、密、禅四宗，并命之以"四不法门"给予否定。

"无我论"是杨度"新佛教"的理论基础。他指出，社会的不自由、不平等以及一切罪恶，都源于"我见"，而要去除人们的"我见"，唯一的方法是采取"无我主义"，故首先要从理论上给"无我"以科学的说明。杨度的"无我论"，综合三论、法相和禅宗的理论，着重从心理方面的由对待而生分别、我见等，来论证本心无我、一切皆空的。他把这种"无我论"称为"心理相对论"，并从六个方面加以分析：一切唯心，一切唯念，一切唯对，一切唯假，一切唯我，一切唯习。

首先，杨度概述了这六个方面的横向关系。他说，心、念、习为性，假、对、我为相，然而一切心、念、习又无非都是假、对、我。因此，性相是融通无碍的，也可以说：凡心皆念、皆习、皆假、皆对、皆我。其余五者准此。他说，正是由于六者相通，因而形成了心理的相对，其对有三，即：自心言之，则心念心习为对；自念言之，则能念所念为对；自习言之，则习我不习我为对。通过这三组心理相对，即可证明全我固假，半我亦假；我能固假，我所亦假；我的固假，非我的亦假。得出的结论是：心理相对，即为无我。

接着，他分析了这六个方面的纵向关系。他认为，一切世界，全在一心，一心以外，别无世界，"所谓世界，即为心界"。故"一切唯心"是最根本的。人的本心是先天的、绝对的、空无所有的，然而念则是后天相对的，是由心而起的。他说：人有身必有心，有心必有念。因此，心外无念，念外无心，一切唯念。人的一切心念，都成对待。除却对念，并无一念。由对念而起对名对相，因而世间一切事物均对对相生，对对相灭。心、念、对三者的关系，归纳起来就是："心之不能无念，念之不能无对，乃心理之必然，亦人类之同然。"

杨度据此推导出这样的结论："凡念皆对，所以凡对皆假"。这是因为"对"是指能、所之分，而此"乃自心所假设"者，所以，虽似二而实一，虽似有而实无。接着他又由"对"而推论至有我和必假。既然对为假对，

杨度与家人。自左至右，中排：徐粲楞、杨度、黄华，后排：杨云洁、杨云碧、杨云慧、杨公兆妻、杨公兆、郭有守、杨公素、杨公敏，前排：杨公武。

则我亦假我。"习"与"我"有关，又与"念"相似而不同。这样，由一切唯心至一切唯习，杨度自认为构成了一套有严密逻辑推理的"无我论"。

杨度对"无我论"自视甚高，认为是他在心理学上发明的一种新学说，并且声称已超出了唯心唯物二派对立。其"无我论"，实际上是通过相对之象，而明其绝对之无我，亦即通过对一切"对""我"都是"假""习"，均由"念"起，从而归根于"一切唯心"的一系列分析，从而去把握先天绝对，空无所有的本心。故其偈曰：一心自二，假我非真，对消假习，直悟真心。

"无我法门"则是杨度"无我论"的具体实行方法，是其新佛教的核心所在。该法门又称"一心无二法门"，"自由平等法门"或"佛法门"等。杨度以"无我论"中所说的六个"一切唯"，结合"四谛"说来论述"无我法门"的具体内容和方法。所谓"真心偈"，就是他对苦集灭道四谛说的概括。他认为，一心自二，即为苦谛，假我非真，即为集谛，对消假习，即为灭谛，直悟真心，即为道谛。他明确指出，在这四谛中，以灭为主，盖以灭即不集。未灭为苦，已灭为道。换言之，"无我法门"的关键是但除假习，即见真心，一见真心，斯为成佛。而所谓"除假习"，也就是"灭我"。从这方面说，无我法门，即为灭我法门。

怎样才能"灭我"呢？其法分为二部：曰修曰悟。修指渐修，悟为顿悟。他认为，修和悟是不可分的两个环节，即使是最上乘之禅宗，仍须修悟并重，因此，虽有顿悟，终须渐修。渐修的方法，就是取一我字，或无我二字，为默念之符号，然后像净土宗之念佛号，密宗之念咒语那样，时时心口默念，作为对消假习的手段。于是，我的范围渐狭渐小，非我的范围渐广渐大，但到一旦瓜熟蒂落，如桶脱底，乃将一切对习半习总根之我，忽然斩掉，根本扫除，了无障碍，我与非我，同时失却。至此，此心豁然开朗，皎如白日，照彻三千大千世界，得大自由，得大平等，这就是顿悟的境界。他指出，前此的"无我论"仅明其空理而已，只有经过这一番修行工夫，才得证其实境。此时真可谓一念回光，大地震动，此身逐入别一世界，而成菩萨。杨度强调，在顿悟成"菩萨"后，仍需继续渐修，方能最后成佛。

对于这种修持方法，杨度指出，这只是在形式上与净、密的修行方法有某些相似，而在实质上是根本不同的。其中最主要的不同是，在此法门中入世出世，无二无别。他认为，他提倡的修行，不在静时，而在动时，不在独处，而在群处。这明显的是吸收了禅宗的方法。杨度特别强调，入世出世，无二无别。1924年，他在《我佛偈赠美国贝博士》中说，佛教的大义是实行的，而非言论的；是救人的，而非避世的；是现在的，而非未来的。所以既无世可出，也无三世可言。1929年，他在给杨庄的信中强调：入世即是出世，人事即是出世，人事即是佛法，所以不说过去、未来，只说现在；不说出世，只说入世，不说神道，只说人事。

杨度认为，如果能遵循他所发明的"新佛教"的教旨谋划改进未来社会，则定能普度众生，一齐成佛，达到无私我之争、无对待阶级、人人得平等自由的世界。佛教如何适应现代社会，是佛教发展中不断面临着的一个现实问题，杨度根据历史发展和时代特点，提出了对佛教理论和方法进行改革的方案，故其"新佛教论"颇有值得借鉴之处。

二、奔走大江南北

1918 年 3 月 15 日，北洋政府以"时事多艰，人才难得"为由，对洪宪祸首和张勋复辟案犯一律实行特赦，杨度再次出山，继续寻求医民救国之策。4 月 26 日，杨度由天津抵达北京。5 月 1 日，杨度晋谒大总统冯国璋，对解除其通缉令表示谢意。

1919 年，杨度在北京亲历了五四爱国运动，受到了极大震撼，思想开始发生较大变化，关注孙中山领导的革命活动。1922 年春，孙中山发动了第一次北伐。但因为陈炯明叛变，北伐军在进军赣南时遭到失败。陈炯明暗通直系军阀曹锟、吴佩孚，意图南北夹击北伐军。孙中山闻讯后，立即委托老同盟会员刘成禺北上保定，游说曹锟，但没有取得成功。处于危急之中的孙中山，了解到此时在北京的杨度与曹锟、吴佩孚等北洋军阀来往密切，他的挚友夏寿田担任曹锟的秘书长，就让刘成禺专门从保定转赴北京，希望杨度这位"尘外高人"能设法帮助北伐军脱离险境。

刘成禺到达北京后，立即赴菜厂胡同走访杨度，将孙中山委托游说曹锟之事向杨度和盘托出。杨度得知来意后说："当年是你介绍我和孙中山先生认识的。我和孙先生曾有过数次辩论，两人的政治主张不能求得一致。孙先生主张民主革命，我认为暴力行动对于国家破坏太大，不能适用，主张的是'君主立宪'。虽然如此，但我们两人的救国思想是一致的。孙先生当时劝我加入同盟会，我没有同意。在分手的时候，我和孙先生说过，日后不论谁的主张成功，都愿互相协助。现在，我失败了，当然应该尽力地协助孙先生。"

在场的薛大可说："革命党把我们叫作'帝制余孽'，我们要请求孙先生帮我们把这个面貌洗掉。"刘成禹回答："一定会的，只要大家齐心为革命事业努力。"杨度遂让刘成禹静听回音。

刘成禹走后，杨度找到正在曹锟幕府担任秘书长的夏寿田进行商议。两人商议后，决定由夏寿田出面游说曹锟手下的两员大将王承斌、熊秉琦，让他们出面阻止吴佩孚出兵援助陈炯明。曹锟本与杨度有旧，又经夏秘书长牵线，乃设素宴款待这位"方外之交"。宾主相见甚欢之际，杨度对曹锟说道：陈炯明本为孙中山的爱将，在孙中山的广东地盘内兼任了十个要职，现在竟然反叛，这样的人可交可信吗？你曹大帅联络这种人为盟友，在社会上还做得起人吗？你就不怕这种人有一天掉转枪口对你吗？你这样做，不也在鼓励你的部将朝秦暮楚吗？

杨度这席问话，惊得曹锟冷汗淋漓，如梦初醒，遂打消了派兵南下与陈炯明夹击北伐军的念头。杨度把曹锟拒绝出兵的情形告诉了刘成禹，并强调："请快快告知孙先生，可以重新布置战略了。"刘成禹急忙通知孙中山，使北伐军转危为安。

杨度自从洪宪帝制失败后，亲眼看到民国政治舞台上的风云变幻，经过多年的深刻反省，认识到君宪难以救中国，便决定实现当初与孙中山的约定，放弃成见，追随孙中山进行民主革命。经过陈炯明叛乱，孙中山的革命力量遭到重创，许多人以为孙中山从此一蹶不振了，遂疏远了孙中山。故当孙中山在上海寓所看到杨度来访时，感到非常突然。孙中山深知杨度倔强的个性和信守诺言的品格，何况刘成禹已经来信报告了有关杨度在北京设法劝阻吴佩孚出兵援助陈炯明的事情。故他立即热情欢迎，紧握住杨度的手说道："晳子，你能履行政治家的诺言，真是可人！"

杨度坦诚地说："我的君主立宪主张已经失败，今后再也不会有君主出现了。我认识到时代已经不同，目前只有依靠广大人民群众，积极参加革命运动，才是救国的唯一出路。我赞同孙先生的联俄、联共、扶助农工的三大政策，以此来实行救国。"他表示："我这次来上海，就是为了遵守当年临别时的诺言，愿以劫后余年来为革命事业出力，协助先生完成民主革命，以救中国。"

孙中山对杨度素来非常器重。他认为杨度是一个才气横溢的人，现在听杨度这么诚恳的解释，更是非常高兴，并欢迎杨度加入国民党。但是，孙中山感到杨度在洪宪帝制时的名声太大了，一个素来主张君主立宪者忽然加入国民党，会使国民党人难以接受。孙中山考虑了多时后，提出希望杨度发表一个声明或检查书，向大家解释一番，然后再在组织上加入国民党。但性格高傲的杨度没有同意，只是淡淡地说："我不加入国民党，是照样可以为国民党工作的。"

孙中山知道杨度的高傲个性，就不再提加入国民党的事。但孙中山还是向国民党内发出重要指示，说明杨度从北京来归的情况。他解释说："杨度此番倾心来归，志坚金石，幸勿以往事见疑。"从此，杨度跟随孙中山开始走上民主革命道路，时常奔波于京沪道上。

杨度通过好友夏寿田，力图说服曹锟响应孙中山的号召，实现兵工筑路计划，为全国"废督裁兵"运动开创新风气。1923 年，孙中山再约杨度于上海，任命他为全权代表，赴北京联络曹锟，酝酿建立孙曹联盟。为此，杨度亲自到保定会见曹锟，建议曹锟与孙中山合作，实行兵工政策，作为和平统一南北的基础。曹锟对裁兵主张没有多少意见，但其部将吴佩孚迷信武力，反对裁兵，故曹锟不敢贸然赞同，杨度策动的兵工筑路计划未能实施。

虽然游说曹锟的工作没有成功，但杨度通过为国民党做秘密工作，认识了主持北方革命工作的共产党人李大钊，为其日后成为中共秘密党员打下了思想基础。除了认识李大钊外，他在北京还结识了《京报》社长邵飘萍、《社会日报》主编林白水等人，阅读了《新潮》《新青年》等进步刊物，开始接触共产主义学说。

1925 年 3 月 12 日，孙中山在北京协和医院逝世。杨度深为悲痛，呈送一副挽联表示吊唁：

英雄作事无他，只坚忍一心，能全世界能全我；

自古成功有几，正疮痍满目，半哭苍生半哭公。

杨度痛感孙中山去世太早，深为水深火热中的民众担忧。他决心继承孙中山的遗志，为民主革命出力，并利用自己与北洋军阀各派系有联系的特殊身份，打入北洋军阀内部，进行分化离间工作，以促使南方革命军的北伐事业早日成功。

1923 年 10 月，曹锟用贿赂手段当选为中华民国大总统，夏寿田继续在曹锟幕府中任高参，颇为得宠。夏寿田介绍杨度出任曹锟的高级顾问，使其有更多的机会劝说曹锟同南方的革命军合作，统一中国，只是没有成功。

1925 年 5 月，上海爆发了"五卅"运动，全国掀起了反帝爱国高潮。参众两院的议员胡鄂公、雷殷等一百多人，与北京学生联合会、社会主义青年团、马克思主义学说研究会等进步团体联合起来，在北京成立了"反帝国主义大同盟"，发表宣言要求各帝国主义放弃侵略政策，废除一切不平等条约。胡鄂公是当时国民党北京特别党部负责人之一，与杨度交谊很深。杨度通过胡鄂公和李大钊参加了大同盟的活动。

1926 年春，山东军务督办张宗昌聘请杨度担任总参议，杨度便经常往来于北京、天津、济南之间。经常出入杨度在北京寓所的客人，除了齐白石、夏寿田、方表等老朋友外，还有胡鄂公、王绍先、肖旭东、章士钊等人。此时，张作霖率奉鲁联军将冯玉祥的国民军赶出北京，段祺瑞的执政府随之倒台。奉鲁联军开进北京后大捕爱国人士，《京报》社长邵飘萍被杀害，《社会日报》主编林白水也被捕。据说在枪毙新闻记者林白水前，为林氏求情者很多，张宗昌概不接受。8月6日清晨，为了营救林白水，杨度与薛大可赴张宗昌家中求情，终于说服张宗昌枪下留人。遗憾的是，当张宗昌打电话给宪兵司令部时，林白水已经在半小时前被绑赴天桥杀害了。

杨度出任张宗昌督军府中的总参议，并非卖身投靠，而是自有其动机。他致信友人披露自己心迹道："度虽有救国之心，然手无斧柯，政权、兵权皆不我属，则亦无可奈何。"所以，他要借用那些执掌政权的军人，让自己手有斧柯，实现自己的救国之志。

杨度利用曹锟、张宗昌对自己的信任，对北洋军阀作了瓦解工作，进行所谓"造乱"活动。其第一步计划，是在曹锟面前谎称吴佩孚有野心，

杨度印章（齐白石刻）

企图搞掉曹锟而自任总统。又说，吴佩孚没有什么本领，因此对南方作战，屡战屡败。第二步，是在曹锟面前献计，怂恿曹锟以慰劳军队为名到郑州去，趁着吴佩孚来迎接的时候，开枪击毙吴佩孚，然后布告全国，自任三军统帅，联合南北两方军人，共同对付张作霖。曹锟听了，甚为高兴，准备按计行事。不料，吴佩孚已经有所防备，当曹锟到达郑州时，就借口保护总统的安全，严加戒备，反而把曹锟禁了起来，杨度的计划未能成功。

一计不成，他又想出第二计。1927 年初，北方局势发生了新变化。冯玉祥的国民军从甘肃、陕西等地向河南进军，再次瓦解了吴佩孚的军队。同时，孙传芳在江苏、浙江两省也被北伐军打垮。这样，各路旧军阀中最有实力者，只有张作霖为首的奉系军阀。

为了对付南方革命势力，张作霖派张宗昌的军队去援吴（佩孚）、援孙（传芳），实际上是扩大地盘，保全奉系自己的实力。张宗昌本来是依附奉系发家的，张作霖此时派他南征，却又不把他当作自己的嫡系，故张宗昌颇有怨言。

杨度得知这些情况后，就趁机在济南先放出空气说：张作霖已经与北伐军总司令蒋介石暗中有联系，条件是要先消灭张宗昌的杂牌军队。这个风声传到了张宗昌的耳里后，他很惶恐不安，急忙找总参议杨度商议。杨度劝张宗昌要顺应时代潮流，当机立断，先下手为强，秘密派人与南方的北伐军联系，约好先攻孙传芳，然后再打张作霖。

张宗昌听后非常高兴，准备依计而行。不料，张作霖也听到了一些风声，急令自己的长子、奉军第三军团长张学良赶到济南，会晤张宗昌以探寻究竟。张学良见张宗昌的态度暧昧，顿生疑心，竭力劝说张宗昌要顾全大局，以团结为重，不要听信身旁人的挑拨而独自行动。张学良临走时专门托人转告杨度："请杨晳子少出主意，当心他的脑袋！"杨度的策反计划未能成功。

杨度知道事情败露，只得借故请辞。他在临别泉城之前，写下了黯然神伤的律诗：

> 茶铛药臼伴孤身，世变苍茫白发新。
> 市井有谁知国士，江湖容汝作诗人。
> 胸中兵甲连霄斗，眼底干戈接塞尘。
> 尚拟一挥筹运笔，书生襟抱本无垠。

杨度从济南回到北京以后，每日仍然照常写大字，研究佛学，与胡鄂公、李大钊等革命人士频繁接触，秘密参加革命活动。1926 年 12 月，张作霖在天津蔡家花园召开会议，拟以"安国军总司令"的名义，组织以奉系为主的靳云鹏内阁。由于张宗昌保荐，杨度被内定为教育总长。旋以北方政局再次发生变化，靳云鹏内阁流产，杨度未能走马上任。

三、积极营救李大钊

杨度早年主张君主立宪，发起筹安会，为袁世凯称帝奔走鼓吹，是著名的帝制祸首。然而，他又是中国共产党党员。这似乎令人费解。实际上，杨度是一位勇于补过、追求进步的知识分子。他之所以能够弃旧图新而成为中共早期秘密党员，李大钊对他的影响起了决定性作用。

杨度在"五四"新文化时期阅读过李大钊在《新青年》《每周评论》上发表的许多文章，加上李大钊还是倒袁运动的主将之一，故他对李大钊产生了敬慕之情。1922 年 9 月，杨度在上海莫利哀路拜见孙中山时，第一次见到了李大钊。此时，李大钊专程去上海会见孙中山，商讨"振兴国民党进而振兴中国"问题。这是杨度与李大钊的初次见面。

杨度与子公庶（右）、公兆（左）

这年秋，杨度在北京宣武门胡鄂公家中，再次见到了主持北方革命运动的李大钊。李大钊对杨度说："海上的雾越浓，越需要灯塔指引。你望见那光，就不会迷航了。"杨度与李大钊多次交谈之后，表示愿意在李大钊的领导下，积极奔走于北京和上海之间，为共产党朋友做些有益的工作。这样，杨度就接受了李大钊交给的任务，利用自己与段祺瑞政府上层人物中的关系，多了解些政情内幕，以帮助北方党卓有成效地开展工作。

1927年4月5日，杨度去北京太平湖饭店，参加熊希龄女儿的婚礼。他在无意中遇到了前北洋政府外交总长汪大燮。两人本来是老朋友，见面之后不免寒暄一番。杨度问："最近外交界有什么新闻没有？"

汪大燮得意地说："外交方面可以说有新闻，也可以说没有新闻。"

杨度感到奇怪，问："这是怎么回事？"

汪大燮把头凑近杨度耳旁，轻轻地说："这事还须要保密，不过告诉你是不要紧的。"

杨度知道这里面一定有文章，就仔细地听着。汪大燮说："张作霖大帅已经决定要对共产党开刀了。听说这些共产党人都躲在俄国的兵营里，把那地方当作庇护所。张大帅决定要去进行一次大搜捕、大屠杀。"

杨度大吃一惊，连忙问："那是俄国人的地方，在外交上是不允许我们进行搜捕捉人的，这不要惹出外交事件来吗？"

汪大燮从容不迫地答道："今天张大帅已经派我和另外几个人去跟各国驻北京的使馆打过招呼了，声明我们将要进入东交民巷搜查俄国兵营。理由是前方军事吃紧，后方共产党人在进行破坏活动，影响京师的治安。希望各国公使馆谅解并协助。"

杨度知道事态的严重性，急出了一身冷汗。此时李大钊等共产党人确实已经躲进苏俄使馆的兵营里，张作霖竟然不顾国际公法要闯进使馆，李大钊等人处于危险之中。

杨度连忙推说有事，中途退席，回到家中后就让长子杨公庶速去章士钊公馆，向章士钊讲述了情况，让章氏从速转告李大钊离开苏俄使馆。章士钊立即将消息告诉了在苏俄使馆的李大钊。得到消息后，有人不信张作霖会敢与外交使团冲突，认为这个消息不可靠，就没有马上转移。很显然，他们认为历届北洋政府头人都惧怕外国使团，张作霖绝对不敢进入苏俄使馆。因此，只有四位同志转移别处隐蔽，而李大钊等人则留了下来。

4月6日早晨，杨度特地派杨公庶到东交民巷附近去察看动向。果然，张作霖已派兵把俄国兵营包围了，封锁了交通，并进入兵营大肆搜捕。李大钊全家4人在内的36人被捕，关押在京师警察厅看守所。

杨度得知后，不顾个人安危，立即前去安国军司令部面见张作霖，郑重提出应将李大钊等人移交地方法院审理，意使李大钊等人不致被军法速

1914 年杨度与夫人徐粲楞

决，赢得时间，再做进一步营救。尔后，杨度两次派儿子杨公庶前去京师警察厅看守所探视李大钊，通告社会各界对此案的关切情况，以示安慰。

为了营救李大钊，杨度借重时任北洋政府司法总长及教育总长的章士钊竭力周旋。同时，他断然卖掉在北京的住所——"悦庐"公馆，换得4500 元大洋，用来营救李大钊出狱。在杨度的奔走呼号下，很多名流与进步人士参与了营救。杨度在营救活动中得知北方铁路工人计划劫狱，表示同意。但李大钊坚决反对："我个人为革命为党牺牲是光荣而又应当，但已是党的损失。我不能再要同志们冒险，应当保存力量不使革命再受损失。"

1927 年 4 月 28 日，李大钊等 20 位革命同志被张作霖施以绞刑杀害。李大钊的牺牲，令杨度万分悲痛，也让他认清了北洋军阀的反动本性，同时为共产党人坚持真理、视死如归、为革命献身的伟大精神所感动。杨度读着从狱中传出来的李大钊在生命最后时刻写的一段话："钊自束发受书即矢志于民族解放之事业。实践其所信,励行其所知,为功为罪,所不敢计。"杨度以能与李大钊结为挚友为幸事,遂与妻子徐粲楞商量,卖掉北京家里的值钱首饰,变卖了在青岛的房产,将所得金钱全部用来救济死难者家属。这便是杨度"毁家纾难"美谈的来源。

革命先烈淋漓的鲜血,唤醒了杨度那颗救国救民的赤诚之心,促成了其晚年最重要的人生转变。

四、秘密加入共产党

1928 年初,杨度从北京来到上海,以卖字和为人撰写碑文及墓志铭为生。因杨度以汉隶和魏碑书法见长,文才出众,故慕名前来讨字者络绎不绝,请其代书寿诞文或撰写墓志的酬金也极为丰厚。杨度除了日常生活花销外,将所余的钱捐献给上海"中国自由运动大同盟"和"中国革命互济会"。

"中国自由运动大同盟"创立于 1930 年 2 月 12 日,由鲁迅、柔石、郁达夫、田汉、夏衍、冯雪峰等人在上海发起建立,简称"自由大同盟",其宗旨是号召争取言论、出版、结社、集会等自由,反对南京国民政府独裁统治,主张"不自由毋宁死",并出版了机关刊物——《自由运动》,并在南京、汉口、天津等地设立五十多个分会,吸收了许多学校、文艺团体和工人组织参加。与此同时成立的"中国革命互济会",是由郭沫若为首的社会名流发起成立的,主要工作是营救被反动派逮捕的革命者,或筹款救济他们的亲属。它开始称"中国济难会",后改名"中国革命互济会",并在上海开办了大同幼稚园,专门抚养中共烈士遗孤或秘密革命者的子女。

杨度断定"中国自由大同盟"和"中国革命互济会"是做好事的慈善团体,坚持不懈地给予捐款资助。正是因为杨度的诸多义举,思想上追求进步，加上决心不为反动政府做事的表现，他被中共上海地下党组织所看重。

中共党员王绍先与杨度同乡，经常到杨家聊天。王绍先与中共中央特科骨干陈赓有点亲戚关系，经常通过陈赓搞到一些进步书刊交给杨度阅读。1929年春，中共上海特科负责人陈赓在王绍先陪同下，来到杨度家里。在交谈过程中，陈赓提出希望杨度能为中国共产党做些工作。杨度当即表示，愿意为中央特科收集和提供有用的情报："为了挽救中国，愿尽一切力量为共产党工作，愿以当时的社会地位、身份、关系，为党贡献情报。"

此时的杨度，担任上海闻人杜月笙的私人顾问，为获取有价值的情报提供了便利。杜月笙是上海青帮头子，徒弟众多，控制了为数众多的基层势力，又是蒋介石的结拜兄弟、秘密高参，还与租界的巡捕房也很有交情，所以与黑白两道人物相交甚好，堪称是上海滩非常有势力的风云人物。

杜月笙为了抬高身份，附庸风雅，常请杨度为他写条幅，或题写诗词，悬挂到杜公馆大厅上，供宾客观赏。他见此时的杨度是一位闲居上海的知名人士，就聘请他为名誉顾问，每月送500元车马费，以示敬意。杨度为了便于为共产党做地下工作，接受了杜月笙的丰厚礼遇。杜月笙还将法租界华立路155弄31号（今上海瑞金二路）一栋洋楼公馆，提供给杨度居住。

杨度则投桃报李，曾为杜月笙撰写了《杜氏家之祠记》。在杨度的笔下，杜氏颇似司马迁《游侠列传》中的人物。他写道：其行谊如古之游侠者流，慷慨好义，重然诺，能与人共患难，轻财货而重交游，宾客甚盛，车骑日集。其门人有请求，无不立应，因是其名重于大江南北，识与不识，咸慕其风。又说：凡利民之务，如兴学、设医、救灾、恤贫诸举，辄捐巨金以为倡导。他表彰说："予初闻杜君名，意为其人必武健壮烈，意气甚盛；及与之交，则谦抑山下，恂恂如儒者，不矜其善，不伐其能。人向往之，其德量使然也。"很显然，杨度将杜月笙视为"侠"而"儒"的正面人物。

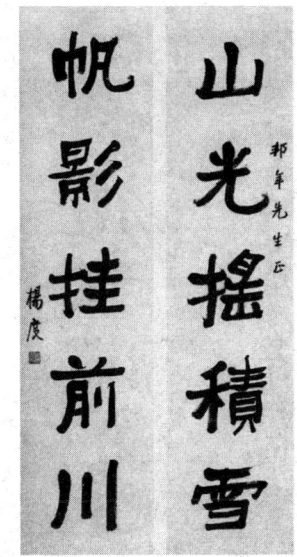

山光摇积雪 帆影挂前川

邦年先生正

杨度

杨度手书对联

　　杨度以受到杜月笙的尊重为掩护，广泛地与上海社会各界人士交往。在品茶、饮酒、打麻将，乃至进出戏院、电影院、宾馆等处游乐中，通过随意交谈，杨度收集了众多来自国民党高官大员们的反共情报或绝密军情，然后通过秘密渠道，及时转送给在中央特科里的单线联络人潘汉年。

　　1929年秋，因为对中国共产党忠诚坚定，为共产党提供情报准确无误，贡献比较突出，杨度遂由中共中央特科负责人周恩来批准，经潘汉年介绍，加入了中国共产党。周恩来是杨度晚年生前最信赖的人，他对杨度说："皙子先生，历史会替你说公道话的！"杨度颇有感慨地对自己的子女说："要想救中国，我看只有共产党来领导才能做到。"

　　杨度入党之时，正值白色恐怖猖獗，他将老母亲送回湖南长沙，做好了随时为革命献身的准备。他利用在上海特有的社会关系，在周恩来的直接领导下，为革命做了不少别人难以替代的秘密工作。由于身份比较特殊，入党后的杨度不需要参加组织生活，而是以秘密党员身份，专门在敌方营垒里担任情报员，将收集到的情报转送给中共特科。一旦遇有紧急而重要

杨度与家人，自左至右：杨云慧、杨云洁、徐粲楞、黄华、杨度母、杨度、杨云碧、杨公素、杨公敏。

的情报，又因临时脱不开身，杨度则指派妻子徐粲楞或女儿杨云碧，以假装外出购买日用品，巧妙地将情报交给地下党组织。

后来，杨度将他所住的洋房，作为被追捕的共产党人的紧急避难所。因为这座洋楼是杜月笙的私有房产，楼内住着杜月笙的上宾杨度，法租界的安南巡捕负有保证安全之责，不敢轻举妄动闯入搜查。故许多共产党人得以在杨度家里躲藏，待风声过后妥善转移。1931年夏，中共中央地下组织遭到敌人严重破坏时，曾将流落街头的毛岸英、毛岸青加以收留的中共特科成员董健吾，在身份暴露后，为了躲避敌人搜捕，就在杨度家住了几十天，等大搜捕结束后才转移出去。

1930年，中共中央决定在上海筹备出版党的地下报纸《红旗日报》，潘汉年特请书法高手杨度题写报头，为这份报纸添色增光。杨度毫不犹豫地一挥而就。只是这幅题字在《红旗日报》上刊出以后，很少有人知道这是杨度所写。

这年秋天，潘汉年奉命离开上海，到中央苏区工作，上海地下党指定由在上海文化界从事地下工作的夏衍与杨度单线联系。根据组织规定，夏衍每月与杨度联系一次，送给他一些党内刊物和市上买不到的"禁书"，向他通告国内外形势——主要是中央苏区以及鄂豫皖、湘鄂西苏区红军发展的情况和红军反"围剿"战争的情况。由于杨度知道许多北方军阀、国民党内部的派系矛盾，每当他与夏衍谈到这些问题时，常常高谈阔论，奇语惊人。他不止一次地把亲笔撰写的国民党内部情况，装在用火漆封印的大信封内，让夏衍转给上级党组织。

　　最初，夏衍并不知道自己负责单线联系的这位情报员就是杨度，只知道这位很有身份的姓杨的绅士是个秘密党员。后来逐渐熟悉了，杨度告诉夏衍："我就是杨皙子。"

　　夏衍听后大为吃惊。一个帝制祸首，居然是中共秘密党员，确实富有传奇色彩。杨度曾经向夏衍作了自我解剖，说自己平生做过两件错事：一是辛亥革命前，拒绝跟孙中山合作，他对孙中山说过："黄兴可以和你共事，我可不能和你合作。"对于这件事，杨度曾向中山先生认过错。二是一贯"排满"，但不相信中国能实行共和，主张中国有一个皇帝来统治，这件事直到张勋复辟后，杨度才认了错。

　　当时，上海一些小报上传说杨度是杜月笙的徒弟。杨度闻听后不以为然，既不给予承认，也不加以辩驳。他对夏衍说："我一没有递过帖子，二没有点过香烛，我称他杜先生，他叫我皙子兄。老实说，我不是青帮，我是靠卖字画为生的'清客'而已。"

　　说了这句自嘲的话，他竟仰头大笑。杨度入党之后，在共产党革命同志间从不互称"同志"，而是以"先生""兄弟"相称。如杨度对周恩来是十分敬佩的，但他也还是开口翔宇兄，闭口伍豪先生。

　　杨度秘密加入共产党涉事与闻者有限，尽管十分隐秘，但还是逐渐为一些党内人士所知晓。一个极端保守的君主立宪派和研究佛学的人，怎么会为信奉马克思列宁主义的无产阶级服务呢？有人怀疑杨度对共产党的忠诚，指责他入党是政治投机。杨度听到后，颇为气愤地对夏衍说："我是在白色恐怖最严重的时候入党的，说我投机，我投的是杀头灭族之机！"

1931年9月17日，杨度因病不治在上海逝世，终年57岁。他在弥留之际，自撰一副挽联，来表明自己充满功过毁誉的人生历程：

　　　　　　帝道真如，如今都成过去事；
　　　　　　匡民救国，继起自有后来人。

这副绝妙的挽联，由妹妹杨庄书写，悬挂在杨度遗像两旁。

为了爱国救民，杨度走了不少坎坷的道路，挨过不少讥讽嘲骂。他晚年知过就改，毁家纾难，不畏风险，最后终于找到了真理，确认马克思主义是挽救中国的唯一指针。

杨度逝世后，丧事由长子杨公庶主持，家中挂满了白色的竹布挽联，还有各方面送来的唁辞、花圈等。前来吊丧的各类人士都有，有杨度的旧友，有国民党官员，有杜月笙、张啸林等上海闻人。据说，周恩来曾派地下党

杨度家人抗战时期摄于杨度墓（上海西郊华漕）前。自左至右：郭安东（杨云慧子）、杨公敏、杨公敏妻、徐粲楞、杨云慧、杨公武妻。

员秘密前来临祭送葬。

杨度安葬在上海江湾公墓，墓碑由挚友夏寿田书写。抗战开始后，上海沦陷，日寇要在江湾修建飞机场，勒令迁坟。徐粲楞便把杨度的棺木迁往上海西郊华清乡寅春庙附近，重新修建了坟墓，墓碑仍用原碑。"十年浩劫"中，杨度坟墓不幸被毁。1978年以后，杨度在上海虹桥路万国公墓里的坟墓被重新修建。新墓落成时，将从前由夏寿田题写的"湘潭杨皙子先生之墓"的旧碑石，重新矗立在杨度的新墓前。因多数人已经不知道"杨皙子"是谁了，所以有关部门特请赵朴初在墓碑前题写了"杨度之墓"四个大字，加立在旧碑石前，并刻上两百多字的碑文，简述杨度的生平，供世人观瞻。

作为中共特科秘密党员的杨度，在其人生最后两年中，为党的事业忠诚奋斗，可歌可嘉，但他的地下秘密活动属于党内特别机密，在杨度生前只有很少几位中共领导人知情。故其逝世之后，他在中共特科工作的这段历史被尘封了很久。

新中国成立后，由于潘汉年过早地遭错捕，并长期受关押，没有人再提起某些中共特科人员是如何领导秘密党员对敌斗争的英勇事迹；而社会上的一些人仅仅记住了杨度曾是筹安会的帝制祸首。就连与杨度有短时间联系的夏衍同志，因政治环境所限，不便对杨度的地下革命活动多说。惟有批准杨度入党的周恩来，始终默默地记着晚年杨度的其人其事。

1975年冬，身居病房接受治疗的周恩来总理疲倦地躺在病榻上，由于病魔的折磨，他几天来一直处于半昏迷状态。当神志稍微清醒时，他知道自己来日无多，但还有一件事一直萦绕在心头，这就是关于杨度中共的党籍问题。他把秘书叫到跟前，请秘书转告有关方面负责人王冶秋："当年袁世凯称帝时，'筹安会六君子'的第一名杨度，最后参加了共产党，是我介绍并直接领导他的。请告诉上海《辞海》编辑部，《辞海》上若有'杨

杨度新墓（上海宋庆龄陵园右侧）

度'辞目时，要把他最后加入共产党的事写上。"

　　王冶秋听了这一番石破天惊的话以后，一面告知上海《辞海》编辑部，一面向一些还健在的老同志打听杨度当年入党的详情。大家都觉得奇怪，从来没有听说过杨度加入共产党。但是大家认为周恩来重病在身，还记住向有关同志交代这件事，说明他关心同志，不忘为革命做过任何贡献的人，确实是胸襟磊落，处处体现党的政策的典范。

　　1978 年 7 月 30 日，长期在周恩来身边做秘密工作的国家文物局局长王冶秋，在中共中央机关报《人民日报》上撰文回忆周恩来同志，将杨度最后加入共产党的内幕向社会各界公布出来。随后，夏衍、李一氓等人遵从周恩来的嘱告，分别在《人民日报》上发表纪念文章，将杨度晚年秘密加入中共及为革命做出的独特贡献，公诸于世。

　　历史是无情的，总会遗忘那些曾经显赫一时的风云人物。历史又是有情的，从来不会忘记那些曾经为国家、民族做出贡献的平凡人物。杨度若九天有灵，应该能够静心安眠了。

杨度年谱简编

1875 年　1 岁

1 月 10 日，杨度生于湖南湘潭姜畬石塘村，原名承瓒，字皙子，后改名度，别号虎公、虎禅，又号虎禅师、虎头陀、释虎。

1884 年　10 岁

父亲杨懿生因病不治，在湘潭家乡逝世。

1888 年　14 岁

杨度入衡阳东洲石鼓书院，拜名士王闿运为师，同门弟子有夏寿田、齐白石、八指头陀、杨锐、刘揆一等。

1892 年　18 岁

伯父杨瑞生为其捐了监生的功名，杨度获得参加乡试资格。

1893 年　19 岁

杨度参加顺天府乡试，考中第 55 名举人。

1894 年　20 岁

杨度与夏寿田赴北京参加会试，夏氏考中探花，杨氏落第。

1895 年　21 岁

杨度继续师从王闿运研习经史辞赋，并醉心于王闿运的"帝王之学"。

1896 年　22 岁

杨度研读《八代诗选》《王壮武公年谱》《皇清经解》《说文》《史记》《春秋》《初唐诗》《汉书》《真西山集》《国策》《诗经》《国策》《仪礼》《国语》《隋书》等。

1897年　23岁

杨度研读《春秋》《说文》《水经注》《古韵通说》《毛诗》《东华录》、刘勰《文心雕龙》等；他赴长沙买得洋书数种，阅看了《时务报》；妹妹杨庄嫁给王闿运的第四子王代懿。

1898年　24岁

杨度赴长沙与时务学堂总教习梁启超讨论时务学堂章程及学术问题，两人激烈辩论；旋转道上海北上赴京参加会试，再度落榜。在杨瑞生的总兵衙门开始接触电报等西洋器物，他回籍路经武昌时购买许多洋务书籍，遍读西学新书。

1900年　26岁

杨度接触西学知识后，思想发生转变，与恩师王闿运之间观念冲突加剧。

1902年　28岁

杨度自费留学日本，入东京弘文学院师范速成班，与黄兴等人创办《游学译编》，并与日本教育家嘉纳治五郎就国民性和教育问题进行辩论。年底回国返湘。

1903年　29岁

杨度被保荐入京参加经济特科考试，初取一等第二名；第一名梁士诒因其名字被说成"梁头康尾"而被慈禧太后除名。他受到牵连受到通缉，辗转再赴东京，入弘文学院学习。10月，杨度在横滨再次结识梁启超，作《湖南少年歌》，名言"若道中华国果亡，除非湖南人尽死"广为传唱。

1904年　30岁

杨度转入日本法政大学速成科，与汪精卫、蔡锷熟识，集中研究各国宪政；他因热心国事、友善同学、才华出众，在留日学生界颇具声望。

1905年　31岁

杨度当选为留日学生总会干事长，后被推举为留美、留日学生维护粤汉铁路代表团总代表；他发表《粤汉铁路议》，并以总代表的身份回国拜见湖广总督张之洞，促成粤汉铁路收回自办。他在东京与孙中山就中国革命问题辩论数次，并将黄兴等人介绍给孙中山，促成孙黄合作。他与孙中山约定："吾主君主立宪，吾事成，愿先生助我；先生号召民族革命，先生成，度当尽弃其主张，以助先生。努力国事，斯在今日，勿相妨也。"11月，日本文部省颁布《清国留日学生取缔规则》，他以干事长的名义递交抗议书，主张理性地处理这次风潮，受到激进留学生的指责。

1906 年　32 岁

清政府派载泽、端方、徐世昌等五大臣出洋考察宪政，杨度代为捉刀，撰写了《中国宪政大纲应吸收东西各国之所长》和《实行宪政程序》，由此博得大名，成为闻名朝野的"宪政专家"，推动了清政府预备立宪。

1907 年　33 岁

杨度在东京创立《中国新报》月刊，任总编撰，发表《金铁主义》等许多文章，鼓吹金铁主义，宣传君主立宪，主张成立政党，召开国会，实行宪政；他组织政俗调查会（后改名宪政讲习会、宪政公会），以设立民选议院为立宪运动的中心目标。10 月，他回国为伯父杨瑞生奔丧。12 月，他与梁焕奎、范旭东等人成立湖南宪政公会，出任会长并起草《湖南全体人民民选议院请愿书》，开了清季国会请愿运动之先河。

1908 年　34 岁

在袁世凯、张之洞联合保荐下，杨度出任宪政编查馆提调，候补四品；6 月，他在颐和园向皇族亲贵演说立宪精义，主张开设民选议院，并在北洋法政专门学堂礼堂发表了著名的要求清政府开设国会、实行立宪的演说；参与起草了《钦定宪法大纲》《议院法要领》《钦定逐年筹备事宜清单》等宪政重要文件。

1909 年　35 岁

袁世凯被开缺回原籍后，杨度处境比较艰难；他与袁树勋、梁焕奎等人联合创立了湖南华昌炼矿公司，从吉林、山东、湖南、湖北、江苏筹借了16万两的巨款；8月，他请假回籍省亲，专心从事于实业活动。10月，江苏咨议局局长张謇发起第一次国会请愿运动，将杨度倡议的速开国会方略付诸实施。

1910 年　36 岁

3月，因资政院行将召集，宪政编查馆电催杨度离湘入京；他离开长沙北上途经汉口时，因致函邮传部尚书徐世昌主张粤汉铁路官商合办，遭到湘鄂两省拒款代表的围攻和殴打。在国会请愿运动热火朝天之时，他打破了较长时间的沉默，奏请立即召集国会。秋，他遭到了御史胡思敬的奏劾，主持朝政的摄政王载沣将此奏折留中未发，遂得以幸免。12月2日，他以宪政编查馆特派员的身份在资政院发表了名动一时的演讲，将刑律不能不改良的理由以及新刑律与旧刑律的异同之处作了详细说明。

1911 年　37 岁

5月，清政府成立"皇族内阁"，杨度被任命为统计局局长；武昌起义爆发后，他赴河南彰德与袁世凯密谋出山之事，并在随后的袁内阁中出任学部副大臣。11月15日，他与汪精卫发起国事共济会，向资政院上陈情书，建议南北即日停战。12月5日，他宣布解散国事共济会，直接与黄兴函电商讨南北议和问题。他以参赞名义随唐绍仪南下上海，秘密斡旋南北议和，为袁世凯就任中华民国临时大总统立下大功。

1912 年　38 岁

3月，杨度成立了"共和促进会"，转而支持共和，但拒绝了黄兴、胡瑛邀请加入国民党的要求。10月8日，梁启超从国外返抵天津，他代表来宾致欢迎词；随后被推举为实业共济会副会长，出席了中华全国矿务联合会筹备会议。

1913 年　39 岁

熊希龄组织"名流内阁",原拟杨度出任交通总长,但因梁士诒从中作梗而泡汤;11 月,他被袁世凯指派为政治会议议员,充当了袁世凯背叛共和、走向独裁专制的帮凶。

1914 年　40 岁

从唐绍仪内阁到孙宝琦内阁,杨度在五届内阁中未占一席,仅仅被任命为汉口商场督办、参政院参政等闲差。杨度气闷至极,苦苦思索进身之路。

1915 年　41 岁

4 月,杨度撰写了《君宪救国论》一文,全面阐述了"君宪救国"思想。该文分上、中、下三篇,以问答式的对话体,阐述了"非立宪不足以救国,非君主不足以成立宪"的核心观点。该文经夏寿田秘密转呈给袁世凯后,深得袁氏欣赏,并亲笔写了"旷代逸才"四字,由政事堂制成匾额赐赠杨度,给予表彰。8 月 14 日,他与孙毓筠、严复、刘师培、李燮和、胡瑛六人联名通电全国,发表了筹组筹安会宣言;8 月 23 日,筹安会在石驸马大街正式成立,杨度被推选为理事长,孙毓筠为副理事长,严复、李燮和、胡瑛、刘师培为理事;随后,该会越出"学理"讨论的范围,对国体投票表决,一致主张君主立宪。10 月,他将筹安会改名为宪政协进会。12 月 12 日,袁世凯接受了推戴书,宣布复辟帝制,接受百官朝贺,杨度因推戴有功被授予最高级的公爵。12 月 25 日,蔡锷在云南发起护国运动,领衔致电袁世凯,要求将杨度等人明正典刑,以谢天下。

1916 年　42 岁

3 月 22 日,袁世凯正式宣布撤销帝制,杨度对此举极为不满,辞去参政院参政。5 月 1 日,他对《京津泰晤士报》记者公开声称:"政治运动虽然失败,政治主张绝不变更。我现在仍是彻头彻尾主张'君宪救国'之一人，一字不能增，一字不能减。"6月6日，袁世凯在忧愤中死去，杨度写就一副挽联："共和误民国，民国误共和？百世而后，再平是狱；君宪负明公，明公负君宪？九泉之下，三复斯言。"7月14日，北洋政府发布通缉惩办洪宪祸首文告，杨度名列榜首，被迫躲进天津租界。

1917 年　43 岁

杨度拒绝入京参加张勋复辟，并通电张、康："所可痛者，神圣之君宪主义，经此牺牲，永无再见之日。度伤心绝望，更无救国之方。从此披发入山，不愿再闻世事。"

1918 年　44 岁

北洋政府以"时事多艰，人才难得"为由，对洪宪祸首和张勋复辟案犯一律实行特赦，杨度特赦返京，学佛参禅，阐发"无我主义"的新佛教论。

1922 年　48 岁

杨度受孙中山委托，作为中山特使游说曹锟，阻止吴佩孚援助陈炯明，帮助孙中山度过政治危机。随后，他到上海会晤孙中山，实现当年东京约定，跟随孙中山开始走上民主革命道路，认识了李大钊等人。

1925 年　51 岁

3月12日，孙中山病逝于北京，杨度呈送一副挽联表示吊唁："英雄作事无他，只坚忍一心，能全世界能全我；自古成功有几，正疮痍满目，半哭苍生半哭公。"他随后通过胡鄂公和李大钊参加了"反帝国主义大同盟"活动。

1926 年　52 岁

春，杨度担任山东军务督办张宗昌的总参议，往来于北京、天津、济南之间，对北洋军阀作了一些策反瓦解工作，并积极营救著名报人林白水。

1927 年　53 岁

4月6日，张作霖搜捕了李大钊等革命党人，杨度卖掉在北京的住所积极营救；李大钊英勇就义后，他毁家纾难，救济死难者家属。

1928 年　54 岁

杨度从北京来到上海，以卖字和为人撰写碑文及墓志铭为生，并向"中国自由运动大同盟"和"中国革命互济会"捐款。他为杜月笙门下"清客"，为共产党提供过不少情报。

1929 年　55 岁

秋，由中共中央特科负责人周恩来批准，经潘汉年介绍，杨度秘密加入了中国共产党，专门在敌方营垒里担任情报员。

1930 年　56 岁

杨度为中共中央地下报纸《红旗日报》题写报头，继续秘密为中共提供情报；潘汉年离开上海后，由夏衍与他单线联系。

1931 年　57 岁

9 月 17 日，杨度因病不治在上海逝世，终年 57 岁。他自撰一副挽联，来表明自己充满功过毁誉的人生历程："帝道真如，如今都成过去事；匡民救国，继起自有后来人。"

主要参考资料

《杨度日记》，新华出版社 2001 年版

《荣庆日记》，西北大学出版社 1986 年版

《雷铁崖集》，华中师范大学出版社 1986 年版

《宋教仁集》，中华书局 1981 年版

《辛亥革命前十年间时论选集》，三联书店 1963 年版

刘晴波主编：《杨度集》，湖南人民出版社 1986 年版

丁文江、赵丰田编：《梁启超年谱长编》，上海人民出版社 1983 年版

陈锡祺主编：《孙中山年谱长编》，中华书局 1991 年版

故宫博物院明清档案部编：《清末筹备立宪档案史料》，中华书局 1979 年版

侯宜杰：《二十世纪初中国政治改革风潮》，人民出版社 1993 年版

何汉文、杜迈之：《杨度传》，湖南人民出版社 1979 年版

杨云慧：《从保皇派到秘密党员——回忆我的父亲杨度》，上海文化出版社 1987 年版

陶菊隐：《筹安会"六君子"传》，中华书局 1981 年版

章士钊：《与黄克强相交始末》，《辛亥革命回忆录》第二集，中华书局 1962 年版

黄中兴：《杨度与民国政治》，台北"国立"台湾师范大学历史研究

所专刊 1986 年版

　　田遨：《杨度外传》，河南人民出版社 1984 年版

　　唐浩明：《杨度》，湖南文艺出版社 1995 年版

　　蔡礼强：《晚清大变局中的杨度》，经济管理出版社 2007 年版